5 応用ファイナンス講座
森平爽一郎・小暮厚之 [編集]

オプション市場分析への招待

宮﨑浩一 [著]

朝倉書店

まえがき

　有名なブラック–ショールズモデル（Black and Scholes, 1973，以下 BS モデルと呼ぶ）が公表されてから 30 年以上が経過するが，この間にオプション評価モデルは爆発的に発展し現在もその勢いは留まるところがない．この発展過程の捉え方としてさまざまなアプローチが考えられるが，最も大枠での捉え方は，新しい金融保険派生証券の出現とそれに対応する評価モデルの提案の歴史という捉え方であろう．例えば，1980 年代〜1990 年代前半にかけては為替や株式を原資産とするエキゾチックオプションの発展に目を見張るものがあったし，1990 年代を通しては金利期間構造モデルが爆発的に発展し，1990 年代の後半は信用リスクに関する派生証券の評価法が整備され，2000 年以降は非完備市場の理論と相まって保険デリバティブの評価に焦点が当たるようになってきた．このような発展の流れは，金融や保険の実務家や研究者の多くが認識しているはずである．

　しかし，本書において伝えたいオプション市場分析の発展過程は上記とは少し趣が異なる．本書では，オプション評価モデルの発展とオプション市場の成熟（流動性の厚みが増し裁定機会がほとんど生じない）が相互に影響を与えながら洗練されていくようなオプション市場を見据えた歴史的発展過程に注目する．よって，評価対象となる原資産の性質の違いをモデル化するような形の発展（金利，信用リスク，保険リスク）は取り扱わず，株式のように原資産としては単純であるが，そのオプション市場が十分に成熟しているようなオプションを対象とする評価モデルに焦点を当てる．そして，BS モデルを用いたオプション評価をオプションの市場価格と対比させ市場価格を捉えられないのはモデル化においてどこに不具合があるのか？その点を克服するためには，どのようにモデルを改良すれば良いか？といったオプション市場における現実の価格

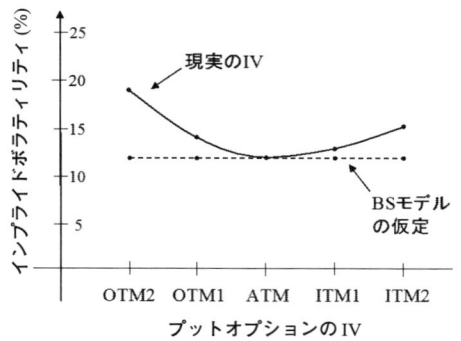

に重きをおいた実務的なモチベーション下でのオプション評価モデルの歴史的発展過程に注目する．具体的に述べると，オプション市場価格から BS モデルを通して得られるインプライドボラティリティ（以降 IV と呼ぶ）を導出した場合に，アットザマネーオプション（以降 ATM オプションと呼ぶ）の IV よりも，インザマネーオプション（以降 ITM オプションと呼ぶ）やアウトオブザマネーオプション（以降 OTM オプションと呼ぶ）の IV の方が高くなるという性質（ボラティリティのスマイル）がみられる（上図を参照）．このように，現実のオプション市場においては，行使価格帯に応じて市場におけるボラティリティが異なり，この現象がオプション評価モデルの発展のための起爆剤となった．本書では，スマイル現象を捉えるためのオプション評価モデルの発展過程を敷衍する．

　前半の基礎編（第 1〜5 章）において，オプション市場で観測される現象と整合性を持つエキゾチックオプションの評価を行うためのオプション評価モデルの発展過程を追いかける形で，これまでに開発されてきた主要なオプション評価モデルの勘所をわかりやすく解説する．よって，オプション評価モデルの歴史における主要な論文に依拠し，エッセンスのみを抽出して解説することに努めた．解説においては，まず，離散モデルを導入してモデルの特徴，つまり，各モデルにおけるどのような工夫がオプション市場価格を的確に捉えるために貢献しているかについて把握できるように心がけた．連続モデルでは，デルタヘッジをベースとした完備市場と非完備市場の相違とリスクプレミアムに関する議論には十分なスペースを割いて議論した．この 2 点が，基礎編における本

書の特徴といえる．後半の発展編（第 6～8 章）の主な目的は，日本においてオプション市場に関する実証分析が少ない状況を鑑みて，基礎編で学んだモデルを日経 225 オプション市場へ適用した著者らの実証分析結果をいくつかコンパクトに紹介することである．その際に，基礎編で紹介したモデルをもとにしたオプション市場における新しい数理分析手法についても紹介する．上記のように，本書の意図は下図で表現される．

　本書は，広く学部学生，実務家，ファイナンスに興味のある一般社会人に，著者がオプション市場分析において重要と考えるモデルを取り上げて各モデルや数理的な分析手法の勘所をわかりやすく解説し，オプション市場分析とはどういうものであるか，また，そのフロンティアがどの辺にあるかを紹介することを意図している．よって，本書を執筆する際には，拙著「証券分析への招待（サイエンティスト社）」の内容をおおむね理解された読者であれば，数式をフォローすることが可能となるような記述を心がけた．このため，厳密性を多少は犠牲にしても概念や気分が伝わるようにポイントをわかりやすく伝えることに軸足をおき，利用する定理や式変形の難所は付録として解説した．また，理工系の学生・院生・実務研究者にとっても，一読すればこの分野の大まかな見取り図が得られるように，バランスの取れた記述を心がけた．多くの読者に，十人十色の読み方をしていただければ幸いである．

　本書は，企画を朝倉書店にお話したところ，受け皿としてシリーズ『応用ファイナンス講座』が適切ではないかということで，本シリーズの編集をご担当さ

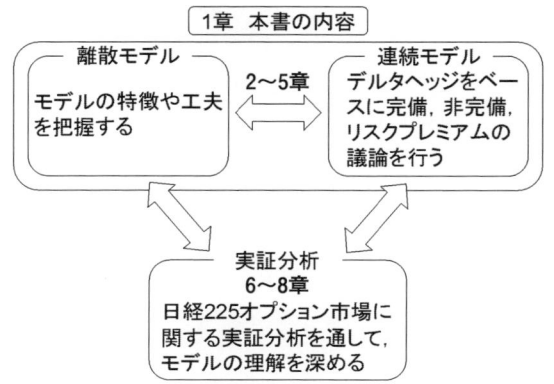

れている早稲田大学大学院ファイナンス研究科の森平爽一郎先生に打診して下さり，ご快諾が得られ出版の運びとなったものである．森平爽一郎先生には，心から御礼申し上げます．

　本書の実証分析編（第6～8章）で紹介する著者らの実証分析結果は，査読つき論文のエッセンスをコンパクトにまとめたものである．原論文において実証分析を深めるに当たって，匿名のレフェリーから査読を通して懇切丁寧なご指導を頂いており，ここに深く感謝致します．

　最後に，実証分析編で紹介する論文の共著者である野村哲史，佐々木豊史，星加裕文，内田康嗣，伊藤翔，樋野雅浩の諸氏に感謝します．また，本書の図表の作成や編集作業を手伝ってくれた宮崎研究室の岡本雅生，回渕純治，田中健太郎の諸君にも感謝します．

　2009年3月

宮﨑浩一

目 次

1. **オプション市場分析：本書の内容** ——————————— *1*
    1.1 オプション市場分析の出発点　*1*
    1.2 BSモデル再訪とBSモデルの拡張（第2章）　*2*
    1.3 デタミニスティックボラティリティモデル（第3, 6章）　*4*
    1.4 ジャンプ拡散モデル（第4, 7章）　*6*
    1.5 確率ボラティリティモデル（第5, 8章）　*7*

2. **BSモデル再訪とBSモデルの拡張** ——————————— *10*
    2.1 二項モデルとBSモデルの株価過程　*10*
        2.1.1 二項モデルとランダムウォーク　*10*
        2.1.2 マルコフ連鎖とランダムウォーク　*14*
        2.1.3 ブラウン運動と幾何ブラウン運動　*17*
    2.2 二項モデルのオプション評価　*21*
        2.2.1 二項モデルのデルタヘッジ法　*21*
        2.2.2 二項モデルのリスク中立評価法　*23*
    2.3 二項モデルに基づくBSモデルのツリー構築法　*26*
    2.4 BSモデルのオプション評価　*28*
        2.4.1 BSモデルのデルタヘッジ法　*28*
        2.4.2 BSモデルのリスク中立評価法　*29*
    2.5 デタミニスティックモデルの紹介　*31*
    2.6 ジャンプ拡散モデルの紹介　*32*
        2.6.1 ポアソン過程と複合ポアソン過程　*32*
        2.6.2 ジャンプ拡散モデル　*35*

2.7 確率ボラティリティモデルの紹介　37
　2.7.1 確率ボラティリティモデル　37
　2.7.2 OU過程とエーレンフェストの壺モデル　38

3. デタミニスティックボラティリティモデル ───── 40
　3.1 インプライドリスク中立確率の抽出法　40
　3.2 インプライドツリーの構築法 (1)　44
　　3.2.1 二項モデルに基づくインプライドリスク中立確率の抽出　45
　　3.2.2 インプライド確率過程の仕組み　46
　　3.2.3 インプライドツリーの構築法　49
　　3.2.4 局所ボラティリティとオプションのデルタ　50
　3.3 インプライドツリーの構築法 (2)　53
　　3.3.1 Derman and Kani(1994) のインプライドツリーの構築法　53
　　3.3.2 Li(2000/2001) のインプライドツリーの構築法　59
　3.4 オプション市場価格に基づく局所ボラティリティの推定法　62

4. ジャンプ拡散モデル ───── 66
　4.1 ツリーモデルにおけるデルタヘッジと非完備性　66
　4.2 ジャンプ拡散過程のツリー構築法　72
　4.3 ジャンプリスクプレミアム　76
　4.4 ジャンプ拡散モデルのデルタヘッジとオプション評価式　79
　4.5 均衡モデルに基づくリスクプレミアムを含むオプションの評価式　82

5. 確率ボラティリティモデルと特性関数に基づくオプション評価 ───── 89
　5.1 確率ボラティリティモデルのツリー構築法　89
　　5.1.1 Britten-Jones and Neuberger(2000) によるツリー構築の理論　89
　　5.1.2 複合二項ツリー構築法　96

5.2 無リスクポートフォリオの構築に基づく評価法とリスク中立評価法 *101*
   5.2.1 無リスクポートフォリオの構築に基づく評価法 *101*
   5.2.2 確率ボラティリティモデルに関するリスク中立評価法 *105*
5.3 特性関数を用いたオプション評価 *106*
   5.3.1 積率母関数と特性関数 *106*
   5.3.2 特性関数を用いた解析的なオプション評価 *108*
   5.3.3 離散フーリエ変換を用いたオプション評価式の計算方法 *110*
5.4 Heston モデルと特性関数を用いたオプション評価 *112*

6. インプライド確率分布の実証分析 ── *119*

6.1 オプション評価における正規分布と NIG 分布に関する実証分析 *119*
   6.1.1 本節の概要 *119*
   6.1.2 オプションの権利行使価格帯別の流動性 *120*
   6.1.3 ヒストリカル確率分布,リスク中立確率分布,インプライド確率分布 *121*
   6.1.4 実証分析 *124*
6.2 DVM のインプライドラティスに関する実証分析 *128*
   6.2.1 本節の概要 *128*
   6.2.2 3種の局所ボラティリティ *129*
   6.2.3 Li アルゴリズムを用いたオプション評価法とモデル価格と市場価格との整合性の検証手法 *132*
   6.2.4 実証分析 *133*

7. ジャンプ過程に関連するオプション評価モデルの計量分析 ── *138*

7.1 MJD モデルのエッジワース展開に基づくオプション評価 *138*
   7.1.1 本節の概要 *138*
   7.1.2 エッジワース展開とオプション価格の導出 *139*
   7.1.3 数値実験 *142*

- 7.2 ジャンプ拡散過程におけるデルタヘッジ　*148*
  - 7.2.1 本節の概要　*148*
  - 7.2.2 株価過程とオプション評価式デルタヘッジ　*149*
  - 7.2.3 数値実験　*153*
  - 7.2.4 ジャンプ幅パラメータに関するデルタヘッジ収益の感応度　*156*
- 7.3 株式オプション価格が織り込む連続成分とジャンプ成分　*158*
  - 7.3.1 本節の概要　*158*
  - 7.3.2 Carr and Wu(2003a)におけるオプション価格が織り込む連続過程とジャンプ過程の判定手法　*159*
  - 7.3.3 日経225オプションに関する実証分析　*164*

8. 確率ボラティリティモデルに関連するオプション評価モデルの計量分析 ───── *170*
- 8.1 インプライドツリーに基づくオプション評価モデルと市場価格との整合性　*170*
  - 8.1.1 本節の概要　*170*
  - 8.1.2 分析対象となる株価モデル　*171*
  - 8.1.3 分析手法　*174*
  - 8.1.4 実証分析　*174*
- 8.2 日経225オプション市場のボラティリティリスクプレミアム　*179*
  - 8.2.1 本節の概要　*179*
  - 8.2.2 ヘッジとヘッジゲイン　*180*
  - 8.2.3 分析手法　*184*
  - 8.2.4 実証分析　*186*

付　録　*195*
文　献　*203*
索　引　*207*

オプション市場分析：本書の内容

1.1 オプション市場分析の出発点

　オプション市場におけるスマイルといった現象が，オプション評価モデルの発展のための起爆剤となったことは「はじめに」で述べたが，具体的にどのようなものであるかについて丁寧に本節で説明する．本書では，すべて株式オプション，特に日経225オプションを想定して記述する．上場オプションは，通常，オプションの満期日に該当する月を表す限月と権利行使価格によって特定される．例えば，1月限月で権利行使価格が15000円のコールオプションのように特定される．満期を1月限月に特定すれば，500円刻みでいくつか異なる権利行使価格のオプションが存在する．また，権利行使価格を15000円に特定すれば，2月限月，3月限月のようにいくつか満期が異なるオプションが存在する．これらのオプションには，オプション市場において価格がついており，これを市場価格と呼ぶ．このように，オプション市場には，満期や権利行使価格の観点から多様なオプションが存在する．オプション市場分析の出発点は，「BSモデルは，これらの多様なオプションの市場価格を整合的に説明できるのであろうか？」という問掛けにある．答えは，「否」である．

　読者もよくご存知のように（そうでない場合は第2章を熟読されたい），BS

モデルでは，オプション価格は，(1) 現在の原資産価格，(2) 権利行使価格，(3) 残存期間，(4) 無リスク金利，(5) ボラティリティの5つの要因によって決定される．これらの5つのパラメータのうち，(1), (4) は評価する時点を定めれば外生的に与えられるものであり，また，(2) と (3) についても，先に述べたオプションの種類を特定すれば外生的に与えられる．よって，自由度は，ただ1つ，ボラティリティのみである．このように，現実のオプション市場には多様なオプションが存在するにもかかわらず，本質的に BS モデルでは自由度が1つしか許されていないことによる歪みが，ボラティリティのスマイルやスキューとなって現れる．つまり，ある権利行使価格のオプションの市場価格とその BS モデル価格が一致するように求めたインプライドボラティリティ（以降 IV と呼ぶ）は，別の権利行使価格のオプションの市場価格と BS モデル価格が一致するように求めた IV とは必ずしも一致しないという結果が現れているのである．これを解決しようとする試みが，第3～5章で紹介するオプション評価モデルである．もちろん，これらは，すべて BS モデルから発展した評価モデルである．

1.2 BS モデル再訪と BS モデルの拡張（第2章）

第2章のタイトルは BS モデル再訪と BS モデルの拡張であるが，これは，BS モデルのメカニズムを離散モデルと連続モデルを通して確認して（再訪部分），第3～5章のモデルでは BS モデルのどこをどのように拡張しようと試みているかを明らかにする（拡張部分）ことを意図している．また，その際に，ランダムウォークやブラウン運動といった金融工学における必須のツールを整理しておくことも意識している．

本書は，一貫して離散モデルを説明した後に連続モデルを導入するスタイルを取る．第2章でも，まず，2.1.1項で BS モデルの株価過程を二項モデルやランダムウォークを用いて表現した後で，2.1.3項のブラウン運動と幾何ブラウン運動を導入している．次に，オプション評価法に関しても，まず，2.2節で二項モデルにおけるデルタヘッジ法とリスク中立評価法を解説して，BS モデルのツリー構築法を示している．その後で，連続モデル（株価が幾何ブラウン運動に従う）に関するデルタヘッジ法とリスク中立評価法を導入している．このよ

うな順序を踏むことで，BSモデルのメカニズムを的確に汲み取ることができると考えている．

さて，モデルの拡張は，大きく分けて2通りの方向性で進展してきた．1つは，完備なモデルの範囲で株価モデルのボラティリティに関する項に自由度を与えようというアプローチであり，2.5節で導入するデタミニスティックボラティリティモデルがこの範疇に入る．完備なモデルとは，オプション価格が，株式と無リスク資産のポートフォリオのみで構築可能となるようなモデルである．2.5節では，デタミニスティックボラティリティモデルが完備なモデルであることをBSモデルと比較して説明する．

もう1つは，モデルが非完備となることを許して，株価モデルのボラティリティに関する項に自由度を与えようというアプローチであり，非完備モデルは大きく分けて2通りのモデル化が行われている．2通りのモデルとは，2.6節で述べるジャンプ拡散モデルと2.7節で導入する確率ボラティリティモデルである．ジャンプ拡散モデルでは，BSモデルの株価過程である幾何ブラウン運動にジャンプの影響を加えたモデル化である．2.6節では，ポアソン過程と複合ポアソン過程に関して説明したうえで，ジャンプ拡散モデルを導入する．

一方，確率ボラティリティモデルとは，BSモデルでは定数とされていたボラティリティ項自体を確率過程で表現するモデル化である．そのモデル化には，OU過程が利用されるため，このメカニズムを理解するためにエーレンフェストの壺モデルについても解説する．

ジャンプ拡散モデルではジャンプの項が，確率ボラティリティモデルでは確率ボラティリティの項が新たなリスクファクターとして導入される．このため，オプション価格を株式と無リスク資産のポートフォリオのみで構築することは不可能となり，ジャンプリスクプレミアムやボラティリティリスクプレミアムの影響を考慮しなければならないが，この点に関してはそれぞれ第4，5章で議論する．

1.3 デタミニスティックボラティリティモデル（第3, 6章）

デタミニスティックボラティリティモデルに関しては，第3章で理論や手法の解説を行い，第6章で日経225オプション市場に関する実証分析結果を紹介する．

オプション市場で観測されるボラティリティスマイルと整合性を持つように原資産のリスク中立価格過程のツリー（インプライドボラティリティに整合的なツリーという意味で，インプライドツリーと呼ばれる）を構築して，エキゾチックオプションの評価を試みる研究が，3本立て続けに1994年に提案された．それらは，Dupire(1994), Rubinstein(1994), Derman and Kani(1994)である．第3章では，デタミニスティックボラティリティモデルに関してモデルの仕組みをわかりやすく提示したうえで，インプライドツリーの構築法とその理論の解説を行う．

最初に，3.1節では，Breeden and Litzenberger(1978) に依拠して，オプション市場価格から原資産の従うオプション満期における確率密度関数を抽出するための基本的な手法を示す．この手法は，必ずしもデタミニスティックボラティリティモデルを対象とする必要があるわけではなく広く一般的に利用可能な手法であるが，インプライドツリーの構築の際に頻出する手法であるため，ここで取り上げる．

3.2節では，Rubinstein(1994) によるインプライドツリーの構築法について示す．ルビンシュタインは，二項モデルを用いたリスク中立確率分布を事前分布として，そこから得られるヨーロピアンコールオプションのモデル価格を，対応するオプション市場価格に整合させることで事後分布として，オプション満期 T におけるインプライド確率分布を導出している．この満期 T におけるインプライド確率分布から，後ろ向き帰納法を用いてインプライド確率過程に対応するインプライドツリーの構築を行っている．

3.3.1項で紹介する Derman and Kani(1994) のインプライドツリーの構築法は興味深いものではあるが，そこでの構成法に問題点があり，ボラティリティのスキューがある大きさを超えると株価の推移確率が負となるような状況が発

生するため,安定的なインプライドツリーの構築が困難になる.この問題点を克服し,かつ,非常に簡便なインプライドツリーの構築法が Li(2000/2001) で提案されており,この構築法については 3.3.2 項で述べる.

最後に,インプライドツリーの構築についての数理的側面を把握しておくために,3.4 節で Dupire(1994) の手法を Shreve(2004) に基づいて確認する.Dupire(1994) は,インプライドボラティリティの曲面に関する情報から,オプション価格と整合性が取れる局所ボラティリティを特定する手法を示している.つまり,オプション市場価格が織り込む原資産の価格過程を導出したうえで,インプライドツリー上の各ノードの値がアロー–デブリュー価格となるようなインプライドツリーの構築法を示しており,オプションの価格付けの観点から大変見通しの良い手法となっている.

第 6 章では,デタミニスティックボラティリティモデルに関する日経 225 オプション市場の実証分析を 2 つ紹介する.具体的には,6.1 節において野村・宮﨑(2006),6.2 節において Hoshika and Miyazaki(2008) のエッセンスを取り出して紹介する.

野村・宮﨑(2006) では,インプライド確率分布の推定法として 3.2.1 項に示したルビンシュタインの方法(デリバティブ価格情報からデリバティブの満期時点での原資産価格の確率分布の推定)を用い,ファーアウトオブザマネーオプション(以下,FOTM オプションと呼ぶ)の評価における正規分布と NIG 分布との比較に関する実証分析を行っている.

Hoshika and Miyazaki(2008) では,3 通りの局所ボラティリティの関数形(パラメータ数が,2つ,3つ,7つの3通り)について,日経 225 オプションの市場価格とモデル価格との二乗誤差を最小にするようにモデルのパラメータを推定し,どの程度柔軟な関数形を採用すればオプションの市場価格に十分近い評価モデルが得られるかについて検証している.また,これらのモデルに基づいてエキゾチックオプションを評価すると,価格にどの程度の相違(モデルリスクと呼ぶ)が生じるかについても議論している.

1.4 ジャンプ拡散モデル（第 4, 7 章）

　ジャンプ拡散モデルに関しては，第 4 章で理論や手法の解説を行い，第 7 章で日経 225 オプション市場に関する実証分析結果を紹介する．

　ジャンプ拡散モデルといえば，Merton(1976) があまりにも有名であるのに対して，あるいはそのためなのか，離散モデルを用いた解説はあまりなされていないように思われる．本書では，第 4 章でも離散モデルを説明した後に連続モデルを導入するスタイルを貫く．

　ジャンプ拡散モデルのメカニズムを離散モデルの枠組みで深く考察した重要な論文に Amin(1993) がある．4.1 節のツリーモデルにおけるデルタヘッジと非完備性では，Amin(1993) に依拠して，まず，離散モデルの観点から，BS モデルとジャンプ拡散モデルの相違点を明らかにする．その過程で，ジャンプ拡散モデルが非完備なモデルであること，ジャンプリスクプレミアムに対する考え方などを議論する．また，Amin(1993) は，ジャンプ拡散モデルに関するツリーの構築法も提案しており，これについては 4.2 節で紹介する．2.3 節における二項モデルに基づく BS モデルのツリー構築法と比較することで，ジャンプのモデル化に関するメカニズムを明確に理解することができる．

　4.3 節では，ジャンプリスクプレミアムに関して，従来どのように取り扱われてきたかについて手短にレビューしておく．

　4.4 節では，ジャンプ拡散モデルのデルタヘッジとオプション評価式について述べる．4.1 節ですでに，離散モデルによってジャンプ拡散モデルのデルタヘッジを考察しているので，理解は容易であろう．また，2.4.1 項における BS モデルのデルタヘッジ法と比較すれば，ここで利用する伊藤の公式は，2.4.1 項のものとは異なり，ジャンプ拡散過程に対応可能なように拡張されたものである．オプション評価式に関しては，4.5 節で導入する均衡モデルに基づくリスクプレミアムを含むオプション評価式の補題として導く．

　4.5 節では，Naik and Lee(1990) の均衡モデルに基づいて，ジャンプリスクプレミアムも明示的に考慮することが可能なジャンプ拡散過程に関するオプション評価式を導く．Naik and Lee(1990) では，数値実験に基づいて，ジャンプリ

スクや拡散リスクに対するプレミアムの重要性を指摘している．

第7章では，ジャンプ拡散モデルに基づくオプション評価に関する数値実験結果を2つと，日経225オプション市場に関する実証分析を1つ紹介する．具体的には，7.1～7.3節にかけて順に佐々木・宮﨑・野村 (2006)，伊藤・宮﨑(2008)，野村・宮﨑(2005) のエッセンスを取り出して紹介する．

佐々木・宮﨑・野村 (2006) では，オプションの評価において，(1) 原資産収益率プロセスが生成する確率分布を，正規分布と高次キュムラント（3次，4次）を用いた確率分布で近似した場合に，オプション価格がどの程度まで近似できるか？ (2) ジャンプ成分を含む原資産収益率プロセスが生成する確率分布に基づくオプション評価において，どの程度の強さで中心極限定理が働くか？について，高次キュムラントの観点から考察している．

伊藤・宮﨑(2008) では，オプションのデルタヘッジに関する数値実験を行っている．オプション理論の想定とは異なり，現実には連続的にデルタヘッジを行うことはできないので，離散的にデルタヘッジを行う場合のヘッジ誤差について議論している．株価過程としてはジャンプ拡散過程を想定し，離散化によるヘッジ誤差に加えてモデルにジャンプが導入されることによるヘッジ誤差を計量している．

7.3節では，野村・宮﨑(2005) を紹介する．そこでは，Carr and Wu(2003a) によるオプション市場価格に織り込む原資産価格過程が，連続過程なのかジャンプ過程なのかを判定する手法を整理したうえで，日経225オプションの価格データを用いた実証分析を行い，日米の株式オプション市場が織り込む原資産リターンの従う過程の共通点と相違点を考察する．また，日本株式オプションの原資産リターン過程のモデル化においては，代表的な拡散過程，ジャンプ過程，ジャンプ拡散過程の中で，どのようなモデル化が望ましいかについて検討している．

1.5　確率ボラティリティモデル（第5, 8章）

確率ボラティリティモデルに関しては，第5章で理論や手法の解説を行い，第8章で日経225オプション市場に関する実証分析結果を紹介する．

確率ボラティリティモデルに基づくオプション評価に関する論文では，Heston(1993) がきわめて重要である．確率ボラティリティモデル自体は，1980 年代から導入されていたが，Heston(1993) の斬新さは，確率ボラティリティモデルをオプション評価に導入する際に，オプション評価を特性関数に基づいて行ったことにある．第 5 章の目標は，Heston(1993) が提供する強力なツールを習得することである．第 5 章でも離散モデルを説明した後に連続モデルを導入するスタイルを貫く．

5.1 節では，Britten-Jones and Neuberger(2000) による確率ボラティリティモデルのツリー構築法を紹介する．このツリー構築法では，株価の条件付推移確率を，オプション価格を用いて表現するアイデアを用いている．また，第 2 章で導入した OU 過程のメカニズムを表現するエーレンフェストの壺モデルの考え方がモデル化されている．このツリー構築法は，オペレーションズ・リサーチ的に非常に美しく興味深いものであるが，Derman and Kani(1994) のインプライドツリーの構築法と同様の弱点も有する．そこで，このような弱点を克服するための 1 つの手法として，樋野・宮﨑(2009) の複合二項ツリー構築法を紹介する．

5.2 節では，株価過程として確率ボラティリティモデルを採用した場合に関して，無リスクポートフォリオの構築に基づく評価法とリスク中立評価法について述べる．ここで，ボラティリティリスクプレミアムの存在がオプション評価に与える影響が明らかにされる．

5.3 節では，Heston(1993) によって導入された特性関数ベースのオプション評価を効率的に行う手法である離散（高速）フーリエ変換に基づく計算手法を Carr and Madan(1999) に依拠して解説する．この手法を用いれば，オプション価格の計算時間が大幅に短縮される．また，原資産株価過程として確率ボラティリティモデルのみを対象としているわけではなく，特性関数が陽的に得られるものであれば利用可能であるため適用範囲は広い．

5.4 節では，第 5 章の中心に位置する Heston(1993) のアプローチに関する革新的部分を整理する．そこでは，ファインマン–カックの公式が活用される．また，どのような経緯で，特性関数ベースのオプション評価が導入されたかについて知ることができる．

1.5 確率ボラティリティモデル

　第8章では，確率ボラティリティモデルに基づくオプション評価において，日経 225 オプション市場を対象とした実証分析を 2 つ紹介する．

　8.1, 8.2 節においてそれぞれ，樋野・宮﨑(2009)，内田・宮﨑(2008) における実証分析の結果のエッセンスを紹介する．

　樋野・宮﨑(2009) では，デタミニスティックボラティリティモデル，確率ボラティリティモデル，混合対数正規モデルのようなさまざまなオプション評価モデルを採用して，日経 225 オプションの市場価格にどのモデルが最も整合的となるかについて検証している．このようなモデル間の検証を行うことによって，各モデルの特徴や利点・弱点が明らかになる．

　内田・宮﨑(2008) では，Bakshi and Kapadia(2003) の手法を用いて，日経 225 オプション市場に内在するボラティリティリスクプレミアムについて詳細に検証している．また，得られた分析結果を米国の S&P500 オプションを対象としたものと比較して類似点や相違点に関して考察している．さらに，日経 225 オプションに関しては，ボラティリティリスクプレミアムをボラティリティの 2 次式として表現する必要性を指摘している．

2

BSモデル再訪とBSモデルの拡張

2.1 二項モデルとBSモデルの株価過程

2.1.1 二項モデルとランダムウォーク

コインを投げて表が出れば1状態だけ上昇し，裏が出れば1状態だけ下落するような株価モデルを考える．図2.1は，コイン投げを8回行い（表，裏，裏，表，裏，表，表，表）という結果となった場合に，株価が各状態をどのように推移するかについて示したものである．各回のコイン投げの結果が，独立で同一な分布に従っている確率変数の列 X_i, $i = 1, 2, \cdots$ で表されるとみなせるとき，このコイン投げのような試行をベルヌイ試行という．確率変数の列 X_i, $i = 1, 2, \cdots$ で，コインを投げて表が出れば $+1$（確率は $p > 0$），裏が出れば -1（確率は $1 - p > 0$）となるようなものを特に $X_i^{(1)}$, $i = 1, 2, \cdots$ とする．この確率変数の列を用いて上記の株価モデルとして，株価モデル1（$S_n^{(1)}$）を式 (2.1) で構築することができる．このようにして構築される確率変数の列 $S_n^{(1)}$, $n = 0, 1, 2, \cdots$ をランダムウォーク，あるいは確率 p を明示して p ランダムウォークと呼ぶ．また，$p = 0.5$ の場合を対称ランダムウォーク，$p \neq 0.5$ の場合を非対称ランダムウォークと呼ぶ．

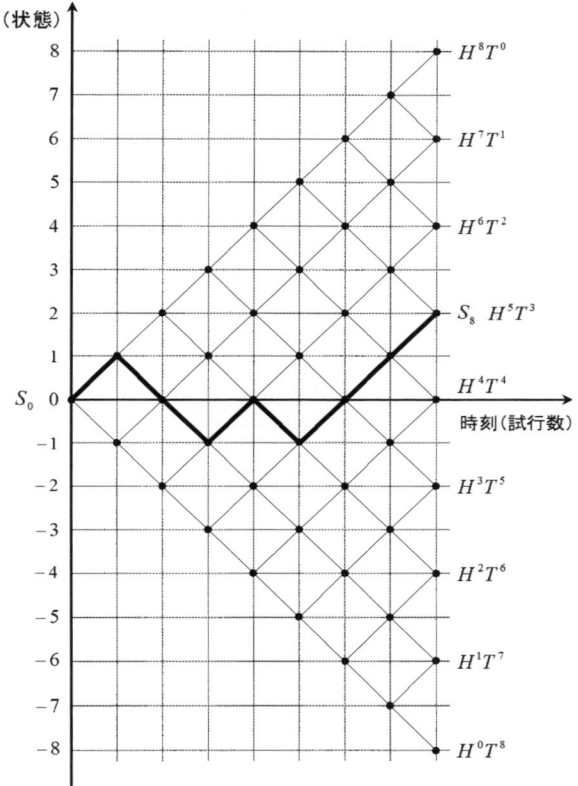

図 2.1 株価の状態推移

$$S_n^{(1)} = S_0^{(1)} + \sum_{i=1}^{n} X_i^{(1)} \tag{2.1}$$

ここで，n はコイン投げが n 回終了したこと，あるいは時刻 0 から株価を観測し始めて現在の時刻が n であることを表している．この株価モデル 1 は，時間の経過とともに株価が上下に推移する様子を捉えてはいるが，状態が 1 刻みであること，株価が負の値を取ることなどの問題点がある．

上記の説明は，状態に着目したものである．図 2.1 をみるとわかるように，株価は奇数の時刻には奇数の状態のみを取り，偶数の時刻には偶数の状態のみを取ることがわかる．今度は，状態ではなくノード（図 2.1 中の黒丸）に着目し

て株価推移をみることにする．コインを8回投げた後に株価は状態2にあるが，これはノードでみると，時刻8における最下層のノード（いずれの時刻においてもノード0とする）から数えて5番目のノードにあり，表が出た回数が5回であったことを示している．よって，ノードに着目した株価モデル $S_n^{(2)}$ は，時刻 n において何回表が出たかで株価の状態を表現するようなモデルといえる．このような株価モデルを構築するためには，ベルヌイ試行を表す確率変数の列 X_i, $i = 1, 2, \cdots$ として，コインを投げて表が出れば $+1$（確率は $p > 0$），裏が出れば0（確率は $1 - p > 0$）となるようなものを採用すればよく，それを $X_i^{(2)}$, $i = 1, 2, \cdots$ と記すことにする．このとき，株価モデル $S_n^{(2)}$ は，確率変数の列 $X_i^{(2)}$, $i = 1, 2, \cdots$ を用いて式 (2.2) のように表される．

$$S_n^{(2)} = S_0^{(2)} + \sum_{i=1}^{n} X_i^{(2)} \tag{2.2}$$

時刻 n において株価が最下層のノードから数えて S_n 番目のノードに位置することを表し，図2.1の例では，$S_8^{(2)} = 5$ となる場合が描かれていることになる．さて，一般に $S_n = k$ となるケースは何通りあるか考えよう．n 回のコイン投げの中から，表が出る k 回を選択する組合せであるから，${}_nC_k$ 通りの場合がある．また，そのいずれの場合についても発生確率は $p^k (1 - p)^{n-k}$ である．よって，これらを寄せ集めると，$\{S_n^{(2)} = k\}$ となる確率が式 (2.3) で与えられる．

$$\Pr \{S_n^{(2)} = k\} = {}_nC_k p^k (1 - p)^{n-k} \tag{2.3}$$

このように確率変数 $X_i^{(2)}$（この場合指数 p のベルヌイ分布に従う）から構築した式 (2.3) の確率分布に従う確率変数 $S_n^{(2)}$ のことを二項分布と呼ぶ．

株価モデル2（$S_n^{(2)}$）では株価が下落する状況を表現できないため，株価モデル1（$S_n^{(1)}$）よりも劣ったものと思われがちであるが，実は株価モデル1における2つの問題点を解決するような株価モデル3（$S_n^{(3)}$）を構築する際に利用価値がある．株価モデル3では，ベルヌイ試行を表す確率変数の列 X_i, $i = 1, 2, \cdots$ として，コインを投げて表が出れば $u > 0$（確率は $p > 0$），裏が出れば $d > 0$（確率は $1-p > 0$）となるような確率変数 $X_i^{(3)}$ を導入する．この確率変数 $X_i^{(3)}$ を用いて，式 (2.4) のように株価モデル3（$S_n^{(3)}$）を構築する．

$$S_n^{(3)} = S_0^{(3)} \prod_{i=1}^{n} X_i^{(3)} \tag{2.4}$$

まず，株価モデル3が株価モデル1, 2と大きく異なる点は，ベルヌイ試行を表す確率変数の積で株価をモデル化している点である．また，株価モデル1との相違点は，確率変数 $X_i^{(3)}$ はコイン投げの結果が表裏のどちらであっても正の値しか取らないので（$u > 0$, $d > 0$），株価がマイナスの値を取ることはないことである．さらに，株価モデル2との相違点は，株価モデル3（$S_n^{(3)}$）にある $\prod_{i=1}^{n} X_i^{(3)}$ が，$u > 0$, $d > 0$ を適切に設定すれば，コイン投げの結果に応じて1よりも大きくなったり（初期の株価 $S_0^{(3)}$ より株価は上昇），小さくなったりする（初期の株価 $S_0^{(3)}$ より株価は下落）ため，株価が上下に動く状況を表現することが可能となる点である．

ここで，株価モデル2（$S_n^{(2)}$）における事象 $\{S_n^{(2)} = k\}$ に，株価モデル3（$S_n^{(3)}$）における事象 $\{S_n^{(3)} = S_0^{(3)} u^k d^{n-k}\}$ が対応することに注目する．これらの事象の発生確率は等しいため，式 (2.5) が得られる．

$$\Pr\{S_n^{(3)} = S_0^{(3)} u^k d^{n-k}\} = {}_nC_k p^k (1-p)^{n-k} \tag{2.5}$$

株価モデル3（$S_n^{(3)}$）が従う確率分布は式 (2.5) からわかるように二項分布であり，このような株価モデル3のことを二項モデルと呼ぶ．

最後に，二項モデルと BS モデルの株価過程との接続を意識して，株価モデル4（$S_n^{(4)}$）を導入しておく．確率変数 $X_i^{(3)}$ の対数を取った確率変数 $X_i^{(4)} = \log X_i^{(3)}$ を導入する．よって，確率変数 $X_i^{(4)}$ は，コインを投げて表が出れば $\log u$（確率は $p > 0$），裏が出れば $\log d$（確率は $1 - p > 0$）となるようなものである．このとき株価モデル4（$S_n^{(4)}$）は，株価の粗収益率の対数を取ったものが確率変数 $X_i^{(4)}$ の和として式 (2.6) で与えられるようなモデルである．

$$\log \frac{S_n^{(4)}}{S_0^{(4)}} = \sum_{i=1}^{n} X_i^{(4)} \tag{2.6}$$

式 (2.6) は，式 (2.7) のように変形できる．

$$S_n^{(4)} = S_0^{(4)} \exp\left(\sum_{i=1}^{n} X_i^{(4)}\right) \tag{2.7}$$

2.1.2 マルコフ連鎖とランダムウォーク

株価モデルがランダムウォークから構成されることを前項で述べたが,ここでは,ランダムウォークをマルコフ連鎖モデルの中で位置づけて,ランダムウォークの一般化を行う.本項では,前項の確率変数 S_n を具体例として取り上げて説明する.

$\mathbf{S}$ を整数 $\{\cdots, -2, -1, 0, 1, 2, \cdots\}$ からなる離散的な状態空間とする.図 2.1 における状態に相当する.一般的な確率過程 X_n では,X_{n+1} の従う確率分布は,時刻 n までにどのような状態を辿ってきたかに依存するため,式 (2.8) のように表される.

$$\Pr\{X_{n+1} = k | X_0 = i_0, \cdots, X_{n-1} = i_{n-1}, X_n = j\}, \quad k \in \mathbf{S} \tag{2.8}$$

これに対して,式 (2.8) がすべての状態 j,k と時刻 n に対して,

$$\begin{aligned}&\Pr\{X_{n+1} = k | X_0 = i_0, \cdots, X_{n-1} = i_{n-1}, X_n = j\}\\ &= \Pr\{X_{n+1} = k | X_n = j\}\end{aligned} \tag{2.9}$$

と表されるとき,$\{X_n\}$ はマルコフ性を持つといい,このような離散時間の確率過程をマルコフ連鎖と呼ぶ.

ここで,確率変数 S_n について図 2.1 に示した株価推移の例を用いてマルコフ性を確認しておく.

$$\begin{aligned}\Pr\{S_9 = k | S_0 = 0, S_1 = 1, S_2 = 0, S_3 = -1, S_4 = 0,\\ S_5 = -1, S_6 = 0, S_7 = 1, S_8 = 2\}\end{aligned} \tag{2.10}$$

について考える.確率変数 S_9 の取る値を考えると,S_n がどのように推移しようと時刻 8 で状態 2 にあるなら,投げたコインが表(その確率は p)であれば $S_9 = 3$,裏(その確率は q)であれば $S_9 = 1$ となり,S_9 がその他の値を取ることはできない.つまり,

$$\begin{aligned}&\Pr\{S_9 = 3 | S_0 = 0, S_1 = 1, S_2 = 0, S_3 = -1, S_4 = 0,\\ &\qquad\qquad\qquad S_5 = -1, S_6 = 0, S_7 = 1, S_8 = 2\}\\ &= \Pr\{S_9 = 3 | S_8 = 2\}\\ &= p\end{aligned}$$

$$\Pr\{S_9 = 1 | S_0 = 0, S_1 = 1, S_2 = 0, S_3 = -1, S_4 = 0,$$
$$S_5 = -1, S_6 = 0, S_7 = 1, S_8 = 2\}$$
$$= \Pr\{S_9 = 1 | S_8 = 2\}$$
$$= q$$
$$\Pr\{S_9 \neq 3, 1 | S_0 = 0, S_1 = 1, S_2 = 0, S_3 = -1, S_4 = 0,$$
$$S_5 = -1, S_6 = 0, S_7 = 1, S_8 = 2\}$$
$$= \Pr\{S_9 \neq 3, 1 | S_8 = 2\}$$
$$= 0$$

上記の類推から，確率過程 S_n の推移を一般的に記述すると，

$$\Pr\{S_{n+1} = j+1 | S_0 = 0, S_1 = i_1, \cdots, S_n = j\}$$
$$= \Pr\{S_{n+1} = j+1 | S_n = j\} = p \tag{2.11}$$
$$\Pr\{S_{n+1} = j-1 | S_0 = 0, S_1 = i_1, \cdots, S_n = j\}$$
$$= \Pr\{S_{n+1} = j-1 | S_n = j\} = q \tag{2.12}$$
$$\Pr\{S_{n+1} \neq j+1, j-1 | S_0 = 0, S_1 = i_1, \cdots, S_n = j\}$$
$$= \Pr\{S_{n+1} \neq j+1, j-1 | S_n = j\} = 0 \tag{2.13}$$

となる．

このように，マルコフ連鎖 $\{X_n\}$ の将来の確率的な振舞いが，現時点における状態にのみ依存し，過去の履歴に無関係であるなら，その確率的な振舞いはすべての状態 j，k と時刻 n に対して，式 (2.14) のような一期間における状態の推移確率が与えられれば決定される．

$$p_{jk}(n) = \Pr\{X_{n+1} = k | X_n = j\} \tag{2.14}$$

上記の推移確率は，一期間において状態 j から k に推移する確率が現在の時刻 n に依存する形で表現されているが，推移確率が式 (2.15) で表されるように時刻に依存しない場合には，マルコフ連鎖 $\{X_n\}$ は斉時的であるという．

$$p_{jk} = \Pr\{X_{n+1} = k | X_n = j\} \tag{2.15}$$

確率過程 S_n はどうだろうか？ 式 (2.11) から式 (2.13) をみると，もちろん斉時的である．さらに，確率過程 S_n の推移確率は，上昇する場合と下落する場合の推移確率が異なるものの，各時点における株価の状態にも依存せず，推移確率は一定であることがわかる．これは，連続時間モデルの株価のボラティリティが状態に依存せずに一定である場合に対応している．

斉時マルコフ連鎖 $\{X_n\}$ の推移確率は，現在の状態 j と推移先の状態 k のセットに対して推移確率 p_{jk} が与えられるから，推移確率を行列の要素とする推移確率行列を用いて表現することができる．記法の簡便化のため，状態空間 **S** を $2n+1$ 個の整数 $\{-N, \cdots, -2, -1, 0, 1, 2, \cdots, N\}$ からなる離散的で有限な状態空間とする．斉時マルコフ連鎖 $\{X_n\}$ の推移確率行列は，図 2.2 で与えられる．図 2.2 では，行列の左側に示した状態が現在の状態（例えば $X_n = j$）であり，行列の上側に示した状態が推移先の状態（例えば $X_n = k$）を表しており，行列の j, k 成分が状態 j から k への推移確率 p_{jk} を表している．よっ

$$\mathbf{P} = \begin{pmatrix} & -N & -N+1 & \cdots & \cdots & \cdots & N \\ -N & P_{-N,-N} & P_{-N,-N+1} & \cdots & & & P_{-N,N} \\ -N+1 & P_{-N+1,-N} & P_{-N+1,-N+1} & & & & P_{-N+1,N} \\ \vdots & \vdots & \vdots & \ddots & & & \vdots \\ \vdots & \vdots & \vdots & & \ddots & & \vdots \\ \vdots & \vdots & \vdots & & & \ddots & \vdots \\ N & P_{N,-N} & P_{N,-N+1} & \cdots & & & P_{N,N} \end{pmatrix}$$

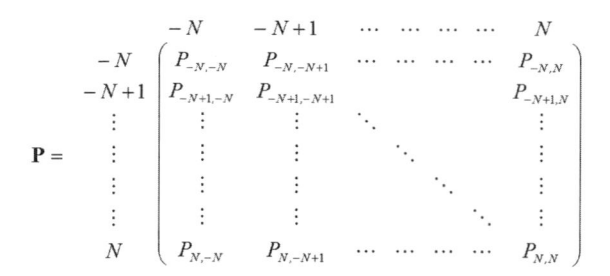

図 **2.2** 斉時マルコフ連鎖の推移確率行列

$$\mathbf{P}_s = \begin{pmatrix} & -N & -N+1 & \cdots & \cdots & \cdots & N \\ -N & 0 & p & & & & \\ -N+1 & 1-p & 0 & p & & & \\ \vdots & & 1-p & \ddots & \ddots & & \\ \vdots & & & \ddots & \ddots & & \\ \vdots & & & & \ddots & \ddots & \\ \vdots & & & & & \ddots & p \\ N & & & & & 1-p & 0 \end{pmatrix}$$

図 **2.3** 確率過程 S_n の推移確率行列

て，特に，確率過程 S_n の推移確率行列が図 2.3 で与えられることもわかる．

2.1.3 ブラウン運動と幾何ブラウン運動

ブラウン運動は，ランダムウォークにおいて離散的な時間や状態の刻みを無限小に近づけた連続時間かつ連続状態空間バージョンとして位置づけられるが，まずは，定義から述べることにする．

実数を状態空間に持つ時間に連続な確率過程 $X(t)$ が次の (1)〜(3) の性質を満たすとき，$X(t)$ はブラウン運動であるという．

性質 (1)　増分 $X(s+t) - X(s), t > 0$ は正規分布 $N(0, \sigma^2 t)$ に従う．

性質 (2)　すべての排反な時間区間における増分は独立である

性質 (3)　$X(t)$ のサンプルパスは $t = 0$ において連続である．

ここで，上記のブラウン運動の定義と前項までで述べてきたこととの対応を確認しておこう．2.1.2 項ではマルコフ連鎖を取り上げマルコフ性について述べた．マルコフ性とは現時点から次の時点への推移は現時点における状態によって決まり，過去の履歴に依存しないことであったが，性質 (2) からブラウン運動はマルコフ性を満たす．また，性質 (1) をみると，時刻 $s \sim s+t$ にかけての増分を表す確率分布が正規分布 $N(0, \sigma^2 t)$ で与えられることから，現在の時刻 s や現在の状態 $X(s)$ に依存せずに与えられるため，ブラウン運動は斉時的であり，状態に関しても斉時的であることがわかる．よって，ブラウン運動の確率的性質を議論する際には，現時点 (0) から時間の経過 (t) がいかほどであるかが重要である．ブラウン運動は状態空間を実数全体に取るため，離散モデルの推移確率に対応するものとして，推移確率分布を考える．推移確率分布 $P(y,t)$ を時刻 0 で $X(0)$ の状態が 0 であったときに，時刻 t に $X(0+t)$ の状態が y 以下である確率とすると，性質 (1) から，

$$P(y,t) = \Pr\{X(t) \leq y | X(0) = 0\} = \int_{-\infty}^{y} \frac{1}{\sqrt{2\pi t}\sigma} \exp\left\{-\frac{u^2}{2\sigma^2 t}\right\} du \tag{2.16}$$

が得られる．また，推移確率分布 $P(y,t)$ を y で微分することによって，式 (2.17) の推移確率密度 $p(y,t)$ を得る．

$$p(y,t) \equiv \frac{\partial}{\partial y} P(y,t) \tag{2.17}$$

性質 (1) において特に，$\sigma^2 = 1$ を満たす場合，$X(t)$ は標準ブラウン運動またはウィナー過程に従うという．以下では，標準ブラウン運動，その推移確率分布，推移確率密度を，それぞれ，$\{W(t), t \geq 0\}$，$Q(y,t)$，$q(y,t)$ と記すことにする．式 (2.16)，(2.17) から，

$$Q(y,t) = \Phi\left(\frac{y}{\sqrt{t}}\right) \tag{2.18}$$

$$q(y,t) = \frac{1}{\sqrt{t}}\phi\left(\frac{y}{\sqrt{t}}\right) \tag{2.19}$$

であることがわかる．ここで，$\Phi(x)$，$\phi(x)$ は，それぞれ標準正規分布の確率分布と確率密度関数である．

本項の冒頭で，ブラウン運動は，ランダムウォークにおいて離散的な時間や状態の刻みを無限小に近づけた連続時間連続状態空間バージョンであるとしたが，実際 2.1.1 項で取り上げた株価モデル 1 で $p = q = 1/2$ のときには，株価モデル 1 の無限小極限として標準ブラウン運動をみることができる．詳しくは，木島 (1994)p.139 を参照されたい．

標準ブラウン運動 $W(t)$ では，増分の期待値が 0 で分散は初期時刻から経過した時間 t の標準正規分布に従っている．実用的なモデルにするためには，増分の期待値をプラス（株価モデルでは株価の上昇トレンドを表現）やマイナス（株価モデルでは株価の下落トレンドを表現）に，また，増分の分散を大小さまざまに設定できることが望まれる．そこで，式 (2.20) で与えられる確率過程 $\{X(t), t > 0\}$ を導入する（図 2.4 を参照）．

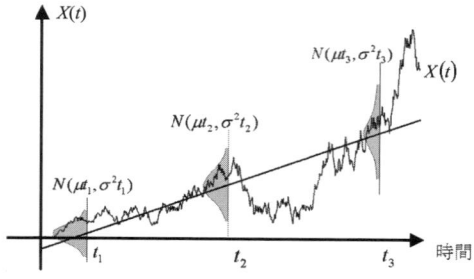

図 **2.4** 株価モデルからのサンプルパス

$$X(t) \equiv \mu t + \sigma W(t) \tag{2.20}$$

標準ブラウン運動の微小時間 dt における増分 $W(t+dt) - W(t)$ は，正規分布 $N(0, \sigma^2 dt)$ に従うから，確率過程 $\{X(t), t > 0\}$ の微小時間 dt における増分は，

$$X(t+dt) - X(t) = \mu((t+dt) - t) + \sigma(W(t+dt) - W(t)) \tag{2.21}$$

と表され，その分布は，正規分布 $N(\mu dt, \sigma^2 dt)$ に従う．図 2.4 では，時刻 0 から推移した状況を描いているので，時刻 t_1, t_2, t_3 において確率過程 $\{X(t), t > 0\}$ の分布がそれぞれ $N(\mu t_1, \sigma^2 t_1)$, $N(\mu t_2, \sigma^2 t_2)$, $N(\mu t_3, \sigma^2 t_3)$ に従う様が描かれている．式 (2.21) で形式的に $dX(t) \equiv X(t+dt) - X(t)$, $dW(t) \equiv W(t+dt) - W(t)$ と書くと，

$$dX(t) = \mu dt + \sigma dW(t) \tag{2.22}$$

が得られる．式 (2.22) で与えられる確率過程を (μ, σ^2) ブラウン運動または一般化ウィナー過程と呼ぶ．

一般化ウィナー過程 $\{X(t), t > 0\}$ の推移確率分布 $P(x, y, t)$ （時刻 0 において $X(0) = x$ であったものが，時刻 t において $X(t) \leq y$ となる確率）を与える．

$$x = X(0) = \mu \cdot 0 + \sigma W(0), \quad X(t) = \mu t + \sigma W(t) \leq y$$

であるから，$W(0) = \frac{x}{\sigma}$ から出発して $W(t) \leq \frac{y - \mu t}{\sigma}$ となる推移確率分布に同じであり，さらに状態空間に関する斉時性から，$W(0) = 0$ から出発して $W(t) \leq \frac{y - x - \mu t}{\sigma}$ となる推移確率分布に等しい．よって，(2.17) を用いて，

$$P(x, y, t) = Q\left(\frac{y - x - \mu t}{\sigma}, t\right) = \Phi\left(\frac{y - x - \mu t}{\sigma \sqrt{t}}\right), \quad t > 0 \tag{2.23}$$

であることがわかる．実は，この推移確率分布 $P(x, y, t)$ は，拡散方程式（式 (2.24)）を初期条件（式 (2.25)）の下で解いた唯一の解となっている．

$$\frac{\partial P}{\partial t} = \mu \frac{\partial P}{\partial x} + \frac{\sigma^2}{2} \frac{\partial^2 P}{\partial x^2} \tag{2.24}$$

$$P(x, y, 0) = \begin{cases} 1, & x \leq y \\ 0, & x > y \end{cases} \tag{2.25}$$

幾何ブラウン運動 $S(t)$ とは，(μ, σ^2) ブラウン運動 $\{X(t), t > 0\}$ の指数をとったもので，式 (2.26) で与えられる．

$$S(t) \equiv e^{X(t)} = S(0) e^{X(t) - X(0)} = S(0) e^{\mu t + \sigma W(t)}, \ t \geq 0 \ ; \ S(0) \equiv e^{X(0)} \tag{2.26}$$

式 (2.26) は，

$$\log \frac{S(t)}{S(0)} = X(t) - X(0) \tag{2.27}$$

の形でも表せる．

幾何ブラウン運動 $S(t)$ の特徴としては，式 (2.26) からわかるように指数関数の形をしているため，状態空間は正の実数全体となり負の値を取らない．また，式 (2.27) からわかるように，対数リターンが (μ, σ^2) ブラウン運動に従うため，正や負の値を取りながら変動する状況を記述することができる．よって，時間に連続な株価モデルとして適したものといえる．また，式 (2.6) と式 (2.27) を見比べると，この幾何ブラウン運動 $S(t)$ は，株価モデル4（$S_n^{(4)}$）の連続バージョンになっていることがわかる．

1次元の伊藤の公式（付録1参照）を利用することで，幾何ブラウン運動 $S(t)$ の従う確率微分方程式を (μ, σ^2) ブラウン運動 $\{X(t), t > 0\}$ の従う確率微分方程式 (2.22) から導いて（式 (2.28)），幾何ブラウン運動のドリフト関数と拡散関数を式 (2.29) で与えることができる．

$$dS(t) = \left(\mu + \frac{1}{2}\sigma^2\right) S(t) \, dt + \sigma S(t) \, dW(t) \tag{2.28}$$

$$\text{ドリフト関数} = \left(\mu + \frac{1}{2}\sigma^2\right) S(t), \ \text{拡散関数} = \sigma S(t) \tag{2.29}$$

式 (2.29) のドリフト関数をみると，通常，幾何ブラウン運動として定義される $\mu S(t)$ と異なるが，これは幾何ブラウン運動の定義を式 (2.28) を解いた式 (2.26)，つまり，$S(t) = S(0) e^{\mu t + \sigma W(t)}$ で与えられているからであり，ドリフト関数が通常の幾何ブラウン運動の定義式

$$dS(t) = \mu S(t) \, dt + \sigma S(t) \, dW(t) \tag{2.30}$$

のドリフト項のように $\mu S(t)$ の形をしている場合には，その解は $S(t) = S(0) e^{(\mu - 1/2\sigma^2) t + \sigma W(t)}$ と式 (2.26) における μ から $\frac{1}{2}\sigma^2$ 減じたものとなる．

2.2 二項モデルのオプション評価（デルタヘッジ法とリスク中立評価法）

2.2.1 二項モデルのデルタヘッジ法

株価モデル 3 が二項モデルであることは，2.1.1 項において述べた．ここでは，まず，一期間モデルを用いてコールオプション価格を評価する中で，デルタヘッジの概念とリスク中立確率を確認する．簡便のため，株価モデル 3 を表す記号 (3) は省略する．

現在 1000 円の株価（$S_0 = 1000$）は一期間後に上昇して 1200 円（$uS_0 = 1200$）になるか下落して 800 円（$dS_0 = 800$）になるかのいずれかとする．また，無リスク金利は 5%（$r = 0.05$）とする．この設定の下で，一期間後に 1000 円で株式を 1000 株購入することができるコールオプション（権利行使価格 $K = 1000$）の価格 C_0 を求める．

次の 2 つの取引について考える．

取引 1：1 年後に 1000 円で原資産株式を購入する権利 1000 株分を，C_0 円で購入．

取引 2：株式 500 株（$\Delta = 500$）を，119048 円の手元資金と 380952 円の借入（債券 B を発行して資金調達する，$B = -380952$）により購入．

一期間における株価，取引 1，取引 2 の様子をそれぞれ図 2.5〜2.7 に示した．図 2.6 と図 2.7 からわかるように，取引 1 と 2 の価値は，一期間後に株価が上昇する場合（200000 円）でも下落する場合（0 円）でも等しくなる．よって，証券の価格付けの原則である無裁定条件（リスクを取ることなしに超過収益を得る取引は存在しない）を満足するためには現在の価値も等しくなければなら

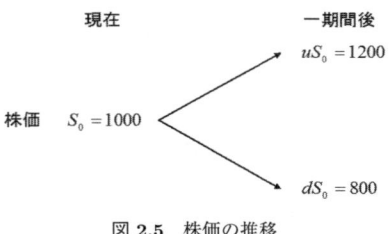

図 2.5 株価の推移

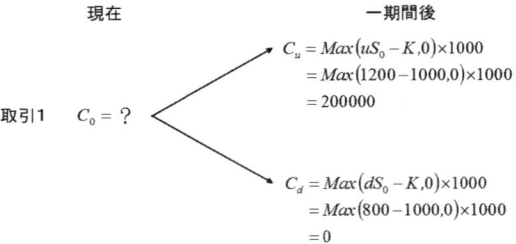

図 2.6 コールオプションの価値の推移

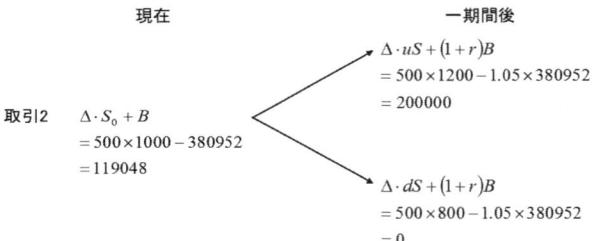

図 2.7 複製ポートフォリオの価値の推移

ず $C_0 = 119048$ となる.

上記のことを連立方程式で表現し，それを解くことによって，一期間におけるコールオプションの評価式が得られる．次式の右辺が取引 1 のペイオフ，左辺が取引 2 のペイオフを表している．

$$uS_0 \cdot \Delta + (1+r) B_0 = C_1^u \tag{2.31}$$

$$dS_0 \cdot \Delta + (1+r) B_0 = C_1^d \tag{2.32}$$

連立方程式を解くと，

$$\Delta = \frac{C_1^u - C_1^d}{(u-d) S_0} \tag{2.33}$$

$$B_0 = \frac{u \cdot C_1^d - d \cdot C_1^u}{(u-d)(1+r)} \tag{2.34}$$

となり，コールオプション価格は，式 (2.35) で与えられる．

$$C_0 = \Delta \cdot S_0 + B_0 = \frac{\frac{1+r-d}{u-d}C_1^u + \left(1 - \frac{1+r-d}{u-d}\right)C_1^d}{1+r} \tag{2.35}$$

と表される．取引2のように，株価がどのような状態へ推移してもオプションの価値 C と等しくなるようなポートフォリオ $\Delta \cdot S_0 + B_0$ を複製ポートフォリオと呼ぶ．式 (2.35) を

$$-C_0 + \Delta \cdot S_0 = -B_0 \tag{2.36}$$

と変形すれば，オプションを売却した場合に（$-C_0$），そのリスクを Δ 単位の株式を購入することで（$\Delta \cdot S_0$），無リスクの債券ポートフォリオ（$-B_0$）を保有した状態へとヘッジ可能であることを示しており，これがデルタヘッジである．また，多期間モデルや連続モデルにおいて，株式の売却数である Δ 単位は，一般に期間に応じて変わるため，デルタヘッジはダイナミックヘッジとも呼ばれる．

このように，株式（原資産）と債券（無リスク資産）から，オプションの複製ポートフォリオを構築することができる，言い換えると，オプションをデルタヘッジすることで無リスクポートフォリオを構築することが可能となるモデルを完備モデルと呼ぶ．第2章の表題にBSモデルの拡張とあるが，完備モデルの範囲でBSモデルを拡張したものが，デタミニスティックボラティリティモデルであり，第3章で詳しく議論する．BSモデルの拡張を非完備モデルにまで広げて拡張したモデルとして主なものに，ジャンプ拡散モデルと確率ボラティリティモデルがあり，それぞれ，第4，5章で取り上げる．

2.2.2 二項モデルのリスク中立評価法

次に，リスク中立評価法について説明する．オプション評価式 (2.35) を，

$$q = \frac{1+r-d}{u-d} \tag{2.37}$$

を用いて（$u > 1+r > d$ の場合には，$q > 0$，$(1-q) > 0$ となり，q は確率であり，リスク中立確率と呼ばれる）書き換えると，

$$C_0 = \frac{qC_1^u + (1-q)C_1^d}{1+r} \tag{2.38}$$

となる．式 (2.38) の分母を払えば式 (2.39) が得られる．

$$C_0(1+r) = qC_1^u + (1-q)C_1^d \tag{2.39}$$

式 (2.39) の左辺を，現在におけるオプションの価格に相当する金額を一期間無リスク資産で運用した後に確実に手に入れることができる金額と考え，右辺を，当該オプションを一期間後まで保有したときに得られる（確率 q で金額 C_1^u，確率 $1-q$ で金額 C_1^d が得られるくじの期待値）期待金額と捉えると，これらが等号で結ばれる式 (2.39) は，リスク中立的な投資家を想定した評価式であることを示唆している．

リスク中立確率 q を用いて期待値を計算することを E^Q，一期後のコールオプションのペイオフを表す確率変数を $C_{(1)}$ と表せば式 (2.40) が得られる．

$$C_0 = \frac{qC_1^u + (1-q)C_1^d}{1+r} = E^Q\left[\frac{1}{1+r}C_{(1)}\right] \tag{2.40}$$

リスク中立確率は，過去の株価データから統計的に推定した株価の変動確率（2.1 節の株価モデルにおける p，以下ではエンピリカル確率と呼ぶ）とは異なる．

ここで二項モデルを二期間に拡張しよう．二期間の二項モデルに関して，株価とコールオプションの価値の推移をそれぞれ，図 2.8，2.9 に示した．この場合には，株価の推移は（上昇・上昇），（上昇・下落），（下落・上昇），（下落・下落）の 4 通りとなるが，重要な点は，BS モデルに関する二項モデルの場合には，（上昇・下落）と推移しても（下落・上昇）と推移しても二期後の株価が同じ（前者は udS_0，後者は duS_0 で等しい）になり，ラティスが再結合する点である．2.4 節で紹介するように，同じ完備モデルに分類されるデタミニスティックボラティリティモデルでは一般にラティスは再結合せず，時刻 n が大きくなると 2^n でラティスが増大することになる．よって，この問題点を克服する手法を提案することは重要な課題であり，効率的なラティスの構築法は，大きな研究テーマである．

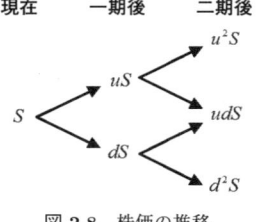

図 2.8　株価の推移

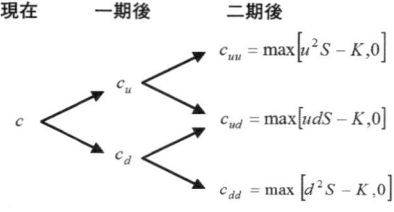

図 2.9　コールオプションの価値の推移

2.2 二項モデルのオプション評価

二期間モデルを用いたコールオプションの評価法は，一期間の場合とまったく同様で，以下の Step を踏めばよい．

Step 1：式 (2.37) を用いて，リスク中立確率を求める．

Step 2：図 2.9 における C_2^{uu}, C_2^{ud}, C_2^{dd}, つまり，二期後に株価が各状態にある場合のコールオプションのペイオフを求める．

Step 3：二期後のコールオプションのペイオフ C_2^{uu}, C_2^{ud}, C_2^{dd}, 無リスク金利 r，リスク中立確率 q に基づいて，式 (2.40) と同様の式 (2.41)，式 (2.42) から一期後のコールオプションの期待ペイオフ C_1^u, C_1^d を求める．

$$C_1^u = \frac{qC_2^{uu} + (1-q)C_2^{ud}}{1+r} \tag{2.41}$$

$$C_1^d = \frac{qC_2^{ud} + (1-q)C_2^{dd}}{1+r} \tag{2.42}$$

Step 4：一期後のコールオプションの期待ペイオフ C_1^u, C_1^d, 無リスク金利 r，リスク中立確率 q に基づいて，式 (2.40) からコールオプションの価格 C_0 を求める．

$$C_0 = \frac{q^2 C_2^{uu} + 2q(1-q)C_2^{ud} + (1-q)^2 C_2^{dd}}{(1+r)^2} = E^Q\left[\frac{1}{(1+r)^2}C_{(2)}\right] \tag{2.43}$$

ここで，E^Q は，リスク中立確率を用いて期待値を計算することを示し，$C_{(2)}$ は二期後のコールオプションのペイオフを表す確率変数である．

二項モデルの評価法は，多期間（n 期間）に拡張しても同様である．株価モデル 3 では，n 回のコイン投げで k 回表が出た場合，時刻 0 で株価が S_0 であった株価はオプションの満期時刻 n には $S_n = S_0 u^k d^{n-k}$ へ推移し，そのときコールオプションのペイオフ $\max(u^k d^{n-k} S_0 - K, 0)$ である．また，その確率は，式 (2.5) で与えられた．

$$\Pr\{S_n^{(3)} = S_0^{(3)} u^k d^{n-k}\} = {}_nC_k p^k (1-p)^{n-k} \tag{2.5}$$

式 (2.5) における p は，エンピリカル確率であったことに注意しよう．オプション評価には，リスク中立確率 q の下での期待値 E^Q を取る必要がある．式 (2.44) で与えられる L_n を掛けることで，リスク中立測度の下で株価が $S_n^{(3)} = S_0^{(3)} u^k d^{n-k}$ となる確率 $Q(S_n^{(3)} = S_0^{(3)} u^k d^{n-k})$ が式 (2.45) のよう

に与えられる．

$$L_n = \left(\frac{q}{p}\right)^k \left(\frac{1-q}{1-p}\right)^{n-k} \tag{2.44}$$

$$Q(S_n^{(3)} = S_0^{(3)} u^k d^{n-k}) = {}_nC_k q^k (1-q)^{n-k} \tag{2.45}$$

n 期間モデルの場合，現在価値を求めるには $(1+r)^n$ で割り引けばよいので，n 期間モデルのコールオプション評価式は，

$$c = \frac{\sum_{x=0}^n {}_nC_x q^x (1-q)^{n-x} \max(u^x d^{n-x} S - K, 0)}{(1+r)^n} = E^Q\left[\frac{1}{(1+r)^n} C_{(n)}\right] \tag{2.46}$$

となる．ここで，$C_{(n)} = \max(u^k d^{n-k} S - K)$ である．

2.3 二項モデルに基づく BS モデルのツリー構築法

まず，u, d, q をどのように設定すれば，式 (2.46) が BS モデルの離散近似となるかについて検討しよう．ここでは，オプションの満期までの期間を τ とし，この期間を n 等分した微小時間を $h_n = \tau/n$ と表す．微小時間 h_n は n を大きくすれば 0 に近づく．BS モデルでは，株価 $S(t)$ が幾何ブラウン運動に従うので，

確率微分方程式： $\quad \dfrac{dS}{S} = rdt + \sigma dW$

確率微分方程式の解： $S(t) = S(0) e^{(r - \frac{\sigma^2}{2})t + \sigma W(t)}$

を満たす．確率微分方程式の解を少し変形して，

対数リターン： $\quad \log \dfrac{S(t)}{S(0)} = \left(r - \dfrac{\sigma^2}{2}\right) t + \sigma W(t) \tag{2.47}$

を得る．対数リターンは，時刻 t までの累積粗リターン $\frac{S(t)}{S(0)}$ の対数を取ったものである．

まず，Cox, Ross and Rubinstein (1979)（以降，CRR と略す）による BS モデルの離散近似法について説明する．CRR では3つの条件式に基づいて，u, d, q を設定している．第 1 の条件式は，株価の微小時間におけるフォワード

価格が微小時間後の株価のリスク中立確率に基づく期待値に等しいことを表す $Se^{rh_n} = qSu + (1-q)Sd$ の両辺にある S を消去した.

$$e^{rh_n} = qu + (1-q)d \tag{2.48}$$

第2の条件式は,微小時間における粗リターンのリスク中立確率の下での分散が $\sigma^2 h_n$ に等しいとする $qu^2 + (1-q)d^2 - [qu + (1-q)d]^2 = \sigma^2 h_n$ に式 (2.48) を代入して得られる.

$$e^{rh_n}(u+d) - ud - e^{2rh_n} = \sigma^2 h_n \tag{2.49}$$

第3の条件式は,株価が1状態ずつ上昇と下落した場合にはもとの状態に戻ることを制約した $ud = 1$ である.これらの3つの条件式から,CRR では,q, u, d を

$$q = \frac{e^{rh_n} - d}{u - d} \tag{2.50}$$

$$u = e^{\sigma\sqrt{h_n}} \tag{2.51}$$

$$d = e^{-\sigma\sqrt{h_n}} \tag{2.52}$$

と設定している.u, d, q として,それぞれ,式 (2.50)〜(2.52) を採用した場合に式 (2.48) が成り立つことは,直接代入することで確かめられる.式 (2.49) に関しては,u, d, e^{rh_n}, e^{2rh_n} について,テーラー展開 (順に,$u = 1 + \sigma\sqrt{h_n} + \frac{1}{2}\sigma^2 h_n$, $d = 1 - \sigma\sqrt{h_n} + \frac{1}{2}\sigma^2 h_n$, $e^{rh_n} = 1 + rh_n$, $e^{2rh_n} = 1 + 2rh_n$) による h_n までの近似によって成立することが確認できる.上記の設定によって,n 期間モデルのコールオプション評価式 (2.46) が実際に BS モデルの評価式に収束することの証明は,山下 (2001) などを参照されたい.

次に,対数リターンをベースにした近似法について述べる.この近似法では,q, u, d を次のように設定する.

$$q = 1/2 \tag{2.53}$$

$$u = e^{(r - \frac{\sigma^2}{2})h_n + \sigma\sqrt{h_n}} \tag{2.54}$$

$$d = e^{(r - \frac{\sigma^2}{2})h_n - \sigma\sqrt{h_n}} \tag{2.55}$$

この近似法は,2.1.1 項で導入した株価モデル 4 を想定すると理解しやす

い．株価が上昇した場合と下落した場合の対数リターンは，それぞれ，$\log u = (r - \frac{\sigma^2}{2})h_n + \sigma\sqrt{h_n}$，$\log d = (r - \frac{\sigma^2}{2})h_n - \sigma\sqrt{h_n}$ となり，これらの確率は共に $q = 1/2$ であるから，期待対数リターンは，$(r - \frac{\sigma^2}{2})h_n$ となり，式 (2.47) における右辺の第 1 項の t を微小時間 h_n に置き換えたものに他ならない．また，対数リターンの分散を計算すると，

$$\left(\log u - \left(r - \frac{\sigma^2}{2}\right)h_n\right)^2 \cdot \frac{1}{2} + \left(\log d - \left(r - \frac{\sigma^2}{2}\right)h_n\right)^2 \cdot \frac{1}{2} = \sigma^2 h_n$$

となり，式 (2.47) における右辺の第 2 項の微小時間 h_n における確率分布の分散に一致している．上記のことから，この近似法において微小時間 h_n を 0 に近づけた場合に二項モデルが BS モデルに収束することがわかる．

2.4 BS モデルのオプション評価（デルタヘッジ法とリスク中立評価法）

2.4.1 BS モデルのデルタヘッジ法

BS モデルのデルタヘッジ法は，株価モデルを株価モデル 3 から幾何ブラウン運動へ変更することを除いて，2.2.1 項で述べた二項モデルのデルタヘッジ法に同じである．

株価 $S(t)$ の確率過程が幾何ブラウン運動に従う場合（式 (2.56)），株式を原資産とするオプション $f(S(t),t)$ の従う確率過程は，伊藤の公式（付録 1）から式 (2.57) に従うことがわかる．

$$dS = \mu S dt + \sigma S dW_t \tag{2.56}$$

$$df = \left(\frac{\partial f}{\partial S}\mu S + \frac{\partial f}{\partial t} + \frac{1}{2}\frac{\partial^2 f}{\partial S^2}\sigma^2 S^2\right)dt + \frac{\partial f}{\partial S}\sigma S dW_t \tag{2.57}$$

株価 $S(t)$ の確率過程の拡散項は $\sigma S dW_t$，オプション $f(S(t),t)$ の確率過程の拡散項は $\frac{\partial f}{\partial S}\sigma S dW_t$ であるから，オプションを 1 単位売却した場合に，株式を $\frac{\partial f}{\partial S}$ 単位購入すれば，確率的な振舞いをする項が消去されて無リスクポートフォリオが得られる．この無リスクポートフォリオを Π と記すと Π は式 (2.58) で表され，これは，$\Delta = \frac{\partial f}{\partial S}$ と思えば，式 (2.36) の連続バージョンである．

$$\Pi = -f + \frac{\partial f}{\partial S}S \tag{2.58}$$

このポートフォリオの微小時間 dt における価値変動量は,

$$d\Pi = -df + \frac{\partial f}{\partial S}dS \tag{2.59}$$

で表される.式 (2.59) に式 (2.56), (2.57) を代入することで,

$$d\Pi = \left(-\frac{\partial f}{\partial t} - \frac{1}{2}\frac{\partial^2 f}{\partial S^2}\sigma^2 S^2\right)dt \tag{2.60}$$

が得られる.ポートフォリオ Π は無リスクポートフォリオであるから,その収益率は無リスク金利に等しく,

$$d\Pi = r\Pi dt \tag{2.61}$$

となる.ここで,式 (2.60) と式 (2.61) が等しいこと,無リスクポートフォリオが式 (2.59) で表されることから,

$$\left(-\frac{\partial f}{\partial t} - \frac{1}{2}\frac{\partial^2 f}{\partial S^2}\sigma^2 S^2\right)dt = r\left(-f + \frac{\partial f}{\partial S}S\right)dt \tag{2.62}$$

となり,式 (2.62) を dt に関する恒等式とみれば,

$$\frac{\partial f}{\partial t} + rS\frac{\partial f}{\partial S} + \frac{1}{2}\sigma^2 S^2 \frac{\partial^2 f}{\partial S^2} = rf \tag{2.63}$$

が得られる.これが,ブラック–ショールズ–マートンの偏微分方程式(以下,適宜 BSMPDE と略す)と呼ばれているものである.この偏微分方程式を満たすオプション価格 $f(t, S_t)$ は無数に考えられるが,境界条件を付すことでオプションを特定することができる.ヨーロピアンコールオプションであれば,満期におけるペイオフは,

$$f(T, S_T) = \max(S_T - K, 0) \tag{2.64}$$

で与えられるので,ヨーロピアンコールオプション価格は,BSMPDE(式 (2.63))を境界条件式(式 (2.64))の下で解くことで得られる.

2.4.2 BS モデルのリスク中立評価法

株価 $S(t)$ の確率過程が幾何ブラウン運動に従う場合(式 (2.56)),時刻 T における株価 $S(T)$ が現在の株価 S_0 を用いて,

$$S(T) = S_0 e^{(\mu - \frac{\sigma^2}{2})T + \sigma W_T} \tag{2.65}$$

と表現されることは 2.1.3 項ですでに指摘した．式 (2.65) には，W_T があるから，もちろん，$S(T)$ は確率変数である．式 (2.65) における μ, σ は，過去の株価データから推定したものであり，W_t はエンピリカル測度の下でのブラウン運動である．コールオプション評価式を得るためには，二項モデルでみたように，満期におけるコールオプションのペイオフを表す確率変数の期待値計算をリスク中立測度の下で行う必要がある．つまり，式 (2.65) で与えられる時刻 T における株価を表す確率変数をエンピリカル測度ではなく，リスク中立測度を用いて表現する必要がある．この変換には，ギルザノフの定理を利用する．

a. ギルザノフの定理

適切な仮定の下で，

$$L_T = \exp\left(-\int_0^T \theta_s dW_s - \frac{1}{2}\int_0^T \theta_s^2 ds\right) \tag{2.66}$$

とおくと，時刻 T において状態 A を取る確率 $\mathbf{P}^{(L)}(A)$ は，

$$\mathbf{P}^{(L)}(A) = \int_A L_T(\omega)\mathbf{P}(d\omega) \tag{2.67}$$

と定義できて，この $\mathbf{P}^{(L)}(\cdot)$ の下で，次で定義される $W_T^{(L)}$ はブラウン運動に従う．

$$W_T^{(L)} = W_T + \int_0^T \theta_s ds \tag{2.68}$$

ギルザノフの定理を $\theta_s = \frac{\mu - r}{\sigma}$ と特定した場合に，$\mathbf{P}^{(L)}(\cdot)$ を $\mathbf{Q}(\cdot)$，$W_T^{(L)}$ を W_T^Q と表すことにすると，式 (2.68) は，

$$\sigma W_T = -(\mu - r)T + \sigma W_T^Q \tag{2.69}$$

となり，これを式 (2.56)，(2.65) に代入すると，それぞれ，

$$dS = rSdt + \sigma S dW_t^Q \tag{2.70}$$

$$S_T = S_0 e^{(r - \frac{\sigma^2}{2})T + \sigma W_T^Q} \tag{2.71}$$

が得られる．式 (2.56) と式 (2.70)，あるいは，式 (2.65) と式 (2.71) の大きな違いは，式 (2.56)，(2.65) の μ や W_T が，式 (2.70)，(2.71) ではそれぞれ r と W_T^Q に置き換わることである．W_T^Q は，リスク中立確率の下で標準ブラウン運

動に従うので，ブラウン運動の性質 (1) から，リスク中立確率の下で σW_T^Q が従う分布は平均が 0，分散が $\sigma^2 T$ の正規分布であることがわかる．

満期 T においてコールオプションのペイオフを表す確率変数は，
$$C_{(T)} = \max(S_T - K, 0)$$

であるから，コールオプションの評価式は，
$$C_0 = E^Q\left[e^{-rT} \cdot C_{(T)}\right]$$

を具体的に計算すれば得られる．

b. コールオプションの評価式

満期までの期間：T，現在の株価：S_0，株価リターンのボラティリティ：σ，権利行使価格：K，無リスク金利：r のとき，ヨーロピアンコールオプションの評価式は，次式で与えられる．

$$S_0 \Phi(d_1) - K e^{-rT} \Phi(d_2) \tag{2.72}$$

ここで，

$$\Phi(y) = \int_{-\infty}^{y} \frac{1}{\sqrt{2\pi}} e^{-x^2/2} dx, d_1 = \frac{\ln\left(\frac{S_0}{K}\right) + \left(r + \frac{\sigma^2}{2}\right)T}{\sigma\sqrt{T}}, d_2 = d_1 - \sigma\sqrt{T} \tag{2.73}$$

2.5　デタミニスティックモデルの紹介

BS モデルでは，株価過程を幾何ブラウン運動（式 (2.56)）によってモデル化した．この場合，オプション評価式における自由度はボラティリティのみであるから制約が厳しく，BS モデルによるオプション価格が市場で値付けされているさまざまな満期や権利行使価格のオプション価格と整合的（両者の価格がおおむね同じになる）とはなりにくいことを第 1 章で指摘した．この点を解消するために，幾何ブラウン運動では定数であったボラティリティ σ を株価と時間に依存可能な形 $\sigma(S_t, t)$（局所ボラティリティ関数と呼ばれる）へと拡張する試みがなされた．つまり，リスク中立測度の下での株価過程が

$$dS = rSdt + \sigma(S, t) Sd\tilde{W}_t \tag{2.74}$$

に従うようなモデル化がなされた．局所ボラティリティ関数 $\sigma(S_t, t)$ は，必ずしも関数形を定める必要はなく，オプションの市場価格データに整合するように決定すればよい．ツリーモデルの言葉で表現すると，ツリーの各ノードにおける株価と株価の推移確率をオプションのスマイル曲面に整合するように決定する．

このモデル化の利点は，主に次の 2 点である．第 1 点は，エキゾチックオプションと呼ばれている複雑なタイプのオプションを価格付けする際に，市場で観測可能な上場オプションの市場価格データをインプットすることによって，これらの価格と整合的な価格付けが可能となる点である．第 2 点は，モデルが完備モデルに留まる点である．第 1 点については，第 3 章で詳しく議論する．ここでは，第 2 点について，BS モデルと対比させて簡単に確認しておく．

株価 $S(t)$ の確率過程が式 (2.74) のようにデタミニスティックボラティリティモデルに従う場合，株式を原資産とするオプション $f(S(t), t)$ の従う確率過程は，伊藤の公式 1 から式 (2.75) に従うことがわかる．

$$df = \left(\frac{\partial f}{\partial S} \mu S + \frac{\partial f}{\partial t} + \frac{1}{2} \frac{\partial^2 f}{\partial S^2} \sigma^2(S, t) S^2 \right) dt + \frac{\partial f}{\partial S} \sigma(S, t) S dW_t \quad (2.75)$$

株価 $S(t)$ の確率過程の拡散項は $\sigma(S, t) S dW_t$，オプション $f(S(t), t)$ の確率過程の拡散項は $\frac{\partial f}{\partial S} \sigma(S, t) S dW_t$ であるから，BS モデルの場合と同様に，オプションを 1 単位売却した場合に，株式を $\frac{\partial f}{\partial S}$ 単位購入すれば，確率的な振舞いをする項が消去されて無リスクポートフォリオが得られることがわかる．よって，オプション価格は，株式と無リスク資産のポートフォリオで複製されることになり，完備モデルであることがわかる．BS モデルとの相違点は，デルタ $\frac{\partial f}{\partial S}$ の値が異なる点である．

2.6　ジャンプ拡散モデルの紹介

2.6.1　ポアソン過程と複合ポアソン過程

ポアソン過程 $\{N(t), t \geq 0\}$ とは，大まかに述べると図 2.10 のように出鱈目な時刻（図 2.10 の場合，出鱈目な時刻の実現値は t_1, t_2, t_3, t_4 である）において，ある事象（例えば，大きなニュースなど）が発生する様子を表現する確

2.6 ジャンプ拡散モデルの紹介

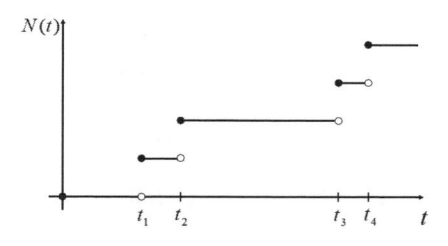

図 2.10 ポアソン過程 $N(t)$ のサンプルパス

率過程である．図 2.10 から，$\{N(t), t \geq 0\}$ は時刻 t までに事象が発生した回数を表現していること，増分 $(N(t+h) - N(t))$ は時間 h に発生した事象の数であること，非負の整数値のみを取る単調非減少関数であることなどがわかる．また，図 2.10 は，$N(0) = 0$ と仮定して描かれている．

ここで，ポアソン過程 $\{N(t), t \geq 0\}$ の性質を確認しておく．

(1) 増分 $(N(t+h) - N(t))$ が独立，つまり，増分 $(N(t+h) - N(t))$ が時刻 t までの履歴 $\{N(u), u \leq t\}$ と独立である．これは，ブラウン運動の性質 (2) の類似である．

(2) 増分 $(N(t+h) - N(t))$ が定常である（実は，(3) から，増分の従う分布は，次に従うことがわかっている．これは，ブラウン運動の性質 (1) の類似である）．

$$\Pr\{N(t+h) - N(t) = k\} = \frac{(\lambda h)^k}{k!} \exp(-\lambda h) \tag{2.76}$$

(3) $N(t)$ が希少性を持つ，つまり，式 (2.77) に示すように，$N(t)$ は微小時間 h においてたかだか 1 しか増加しない．

$$P_r\{N(h) = 1 | N(0) = 0\} = \lambda h + o(h) \;; \Pr\{N(h) \geq 2 | N(0) = 0\} = o(h) \tag{2.77}$$

ここで，λ はポアソン過程の強度と呼ばれ，これが大きいほど事象の発生する確率は高くなる．

確率過程 $\{N(t), t \geq 0\}$ が上記の定義 (1)〜(3) を満たすとき，$N(t)$ の従う確率分布が，ポアソン分布

$$\Pr\{N(t) = k\} = \frac{(\lambda t)^k}{k!} \exp(-\lambda t) \tag{2.78}$$

となるため,ポアソン過程と呼ばれている.

簡単な計算から(付録2),ポアソン過程の増分 $(N(t+h) - N(t))$ の平均と分散が

$$E[N(t+h) - N(t)] = \lambda h \tag{2.79}$$

$$Var[N(t+h) - N(t)] = \lambda h \tag{2.80}$$

であることがわかる.

ポアソン過程の増分 $(N(t+h) - N(t))$ の平均が λh であるから,平均的に $N(t)$ は微小時間 h において λh の上昇トレンドを持つ.そこで,強度 λ のポアソン過程 $N(t)$ から λt を減じた確率過程 $M(t)$

$$M(t) = N(t) - \lambda t \tag{2.81}$$

を導入する.この $M(t)$ は,増分の期待値が0となるためマルチンゲール(より正確な記述は付録3を参照)であり,図2.11に示すようなパスを持つ.

ポアソン過程 $\{N(t), t \geq 0\}$ は,事象が出鱈目に発生する様子は表現できても,事象の発生時に1つカウントするだけなので,事象の発生時における影響の大きさを柔軟に表現することができない.これを可能にする確率過程が,複合ポアソン過程 $Q(t)$ であり,そのパスは図2.12のようになる.

強度 λ のポアソン過程 $\{N(t), t \geq 0\}$ と,事象の発生時における影響の大きさを表す独立で同一な分布に従う確率変数の列 Y_1, Y_2(期待値は $\beta = EY_i$ とする)を考える.確率変数 Y_1, Y_2, はお互いに独立であり,かつ,ポアソン過程 $N(t)$ とも独立であるとする.このとき,複合ポアソン過程 $Q(t)$ を次で定義する.

$$Q(t) = \sum_{i=1}^{N(t)} Y_i, \quad t \geq 0 \tag{2.82}$$

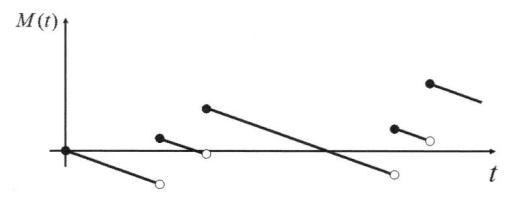

図 **2.11** ポアソン過程 $M(t)$ のサンプルパス

2.6 ジャンプ拡散モデルの紹介

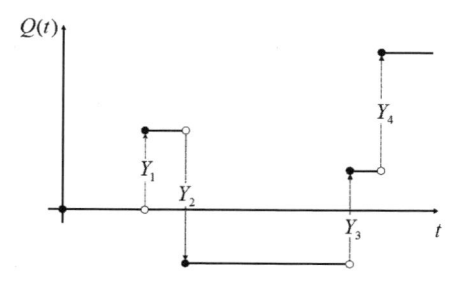

図 **2.12** 複合ポアソン過程 $Q(t)$ のサンプルパス

　複合ポアソン過程 $Q(t)$ におけるジャンプのタイミングは，ポアソン過程 $N(t)$ に同じである．違いは，$N(t)$ ではジャンプのサイズが 1 であったのに対し，$Q(t)$ ではランダムなサイズとなる点である．図 2.12 では，初回のジャンプサイズが Y_1，2 回目のジャンプサイズが Y_2 となる場合が示されている．

　ポアソン過程 $N(t)$ と同様に，複合ポアソン過程においてもその増分 $(Q(t+h) - Q(t))$

$$(Q(t+h) - Q(t)) = \sum_{i=N(t)+1}^{N(t+h)} Y_i \qquad (2.83)$$

は $Q(t)$ と独立であり，さらに，ポアソン過程の定常性も受け継ぐ．つまり，$Q(t+h) - Q(t)$ の分布と $Q(h)$ の分布は同じである．

　また，ポアソン過程のときと同様に，増分 $(Q(t+h) - Q(t))$ の平均が

$$E[Q(t+h) - Q(t)] = \beta\lambda h \qquad (2.84)$$

であるから，平均的に $Q(t)$ は微小時間 h において $\beta\lambda h$ の上昇トレンドを持つ．よって，複合ポアソン過程 $Q(t)$ から $\beta\lambda t$ を減じた確率過程 $Q(t) - \beta\lambda t$ は，増分の期待値が 0 となるため $M(t)$ と同様にマルチンゲールであることがわかる．

2.6.2 ジャンプ拡散モデル

　株価が時間の変動とともに連続的に推移していく様子をモデル化するために，2.1 節では幾何ブラウン運動を導入した．株価は，通常は連続的な動きを示すことが多く，幾何ブラウン運動はおおむね適切なモデル化といえる．しかし，企業

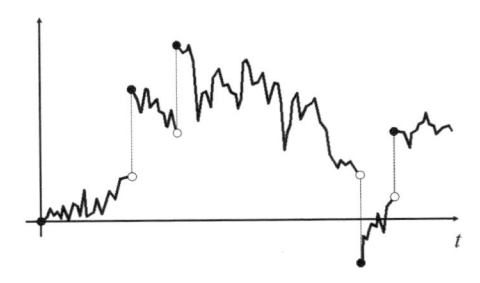

図 2.13 ジャンプ拡散モデルのサンプルパス

の不祥事や不動産バブル崩壊などのニュースが公表されると，株価がジャンプするように下落していくことがある．逆に，予想外の好業績や GDP が公表されると，株価が上方にジャンプすることがある．このような，株価の動きを表現する際には，複合ポアソンモデルは都合が良い．よって，幾何ブラウン運動に複合ポアソン過程を加えた株価モデルが考えられ，これが，ジャンプ拡散モデルである．ジャンプ拡散モデルの従う確率過程を式 (2.85) に，パスを図 2.13 に示した．図 2.13 を図 2.4 と見比べると，図 2.13 では株価の連続的な推移に加え所々で上方や下方にジャンプしていることがわかる．

$$dS = (\mu - \lambda\beta) S dt + \sigma S dW_t, \qquad \text{ニュースの公表がない場合}$$
$$dS = (\mu - \lambda\beta) S dt + \sigma S dW_t + S(Y-1), \qquad \text{ニュースの公表がある場合}$$

これらをまとめて表すと，

$$dS = (\mu - \lambda\beta) S dt + \sigma S dW_t + S(Y-1) N_t \qquad (2.85)$$

ここで，$\beta = E_Y(Y-1)$ (2.6.1 項では $\beta = E_Y Y$ とおいたが，本書ではこれ以降においてはすべて $\beta = E_Y(Y-1)$ とする) である．ニュースがある場合には，株価はジャンプによって $S(Y-1)$ だけ増大することになり，ジャンプが発生する可能性も加味した増大幅の期待値は $\lambda\beta S$ である．

ジャンプ拡散モデルが非完備モデルであり，オプション価値を原資産株式と無リスク資産のポートフォリオで複製できない点やジャンプリスクプレミアムと価格付けなどに関しては，第 4 章で離散モデルに基づいて詳しく検討する．

2.7 確率ボラティリティモデルの紹介

2.7.1 確率ボラティリティモデル

確率ボラティリティモデルとは，株価過程 $S(t)$ が，式 (2.86)～(2.88) によってモデル化されるものをいう．

$$dS_t = \mu S_t dt + \sigma_t S_t dW_t^1 \tag{2.86}$$

$$\sigma_t = f(Y_t) \tag{2.87}$$

$$dY_t = \alpha(m - Y_t) dt + \cdots + dW_t^2 \tag{2.88}$$

ここで，dW_t^1, dW_t^2 は互いの相関が ρ となるウィナー過程に従う．

式 (2.87) と式 (2.88) は，株価リターンのボラティリティ自体が，ある平均回帰的な確率過程の関数として表現されることを現している．これが，確率ボラティリティモデルと呼ばれている理由である．デタミニスティックボラティリティモデルにおいてもボラティリティ $\sigma(S,t)$ は確率的に変動するが，それはすべて株価の従う確率過程の関数として表現されており，ボラティリティ自体から生じる確率的な変動を表現するものではないことに注意されたい．

平均回帰過程の主なものに，Ornstein–Uhlenbeck 過程（以下，OU 過程と呼ぶ）と Cox–Ingersoll–Ross 過程（以下，CIR 過程と呼ぶ）がある．

$$\text{OU 過程}: dY_t = \alpha(m - Y_t) dt + \beta dW_t^2 \tag{2.89}$$

$$\text{CIR 過程}: dY_t = \alpha(m - Y_t) dt + \beta\sqrt{Y_t} dW_t^2 \tag{2.90}$$

また，ボラティリティの関数形 $f(y)$ としては，e^y, $|y|$, $\sqrt{y}$ などが採用されている．平均回帰過程とボラティリティの関数形を指定すれば，1 つの確率ボラティリティモデルが決まる．著名な確率ボラティリティモデルでは，表 2.1 に示すような選択がなされている．

オプションの価格付けにおいて，確率ボラティリティモデルが非完備モデルであり，オプション価値を原資産株式と無リスク資産のポートフォリオで複製できない点やボラティリティリスクプレミアムなどに関しては第 5 章で議論する．ここでは，主なパラメータである相関 ρ とボラティリティ（σ_t を生成する確率過程

表 2.1　確率ボラティリティモデル

著者	相関	$f(y)$	y の確率過程
Scott	$\rho = 0$	$f(y) = e^y$	OU
Stein–Stein	$\rho = 0$	$f(y) = |y|$	OU
Ball–Roma	$\rho = 0$	$f(y) = \sqrt{y}$	CIR
Heston	$\rho \neq 0$	$f(y) = \sqrt{y}$	CIR

Y_t) のボラティリティ β がオプション価格に与える影響について，Heston(1993) に従い手短に述べる．相関 ρ が正であることは，株価リターンが大きくなるときにはボラティリティも大きくなるため株価リターンは増幅され，確率ボラティリティモデルに基づく株価リターンの分布は，BS モデルの正規分布が示唆するよりも上方に裾野が厚い（ファットテイル）分布となる．これは，アウトオブザマネー（以降，OTM と呼ぶ）のオプションの価値を上昇させることになる．相関 ρ が負の場合にはこの逆である．ボラティリティ（σ_t を生成する確率過程 Y_t）のボラティリティ β が 0 の場合には，株価リターンは正規分布に従うことになるが，β が増加するに従って株価リターンの分布の尖度が高くなることが知られている．このため，β が増加すると OTM のオプションやインザマネー（以降，ITM と呼ぶ）オプションの価格は少し増加するが，ATM 付近のオプション価格は減少することになる．

2.7.2　OU 過程とエーレンフェストの壺モデル

第 5 章では確率ボラティリティモデルに関するツリーを構築することになるが，その準備として，OU 過程式 (2.89) の性質を確認したうえで，マルコフ連鎖モデルを用いて表現する方向性を示す．

OU 過程のドリフト関数は，$\alpha(m - Y_t)$ である．これは，状態の増分 dY_t の期待値を表したものである．$\alpha > 0$ とすると，現在の状態 Y_t が平均値 m よりも低ければ $\alpha(m - Y_t)$ は正の値となるため状態は期待値として増加する方向に動き，逆に，現在の状態 Y_t が平均値 m よりも高ければ $\alpha(m - Y_t)$ は負の値となるため状態は期待値として減少する方向に動く．つまり，状態 Y_t は平均値 m に回帰するような動きをすることがわかる．平均回帰の強さであるが，$\alpha > 0$ が大きければ大きいほど，$\alpha(m - Y_t)$ の値も大きいため，平均回帰の強さが増大する．よって，α のことを平均回帰係数と呼ぶ．次に，平均回帰係数

α と平均値 m が与えられたときに,どのような状態にいる場合に平均回帰の強さが大きいかについて考える.増分の期待値 $\alpha(m - Y_t)$ の絶対値は,現在の状態 Y_t が平均値 m から乖離しているほど大きくなることがわかる.このことから,OU 過程をマルコフ連鎖モデルで表現した場合に,状態の推移確率は現在の状態に応じて異なり,平均から隔たった状態では平均への推移確率が大きいことが想定される.

OU 過程を表現するようなマルコフ連鎖モデルとして,エーレンフェストの壺モデルがある.合わせて $2N$ 個の球が入っている 2 つの壺 A, B を考える.時刻 n において壺 A に入っている球の個数を表す確率変数を Y_n とすると,この状態空間は $\{0, 1, \cdots, 2N-1, 2N\}$ となる.いま,壺 A に i 個の球が入っているとする.このとき,次の時点で壺 A の状態が $i+1$ となるためには,球は壺 B から選ばれなければならない.壺 B から球が選ばれる確率は $(2N-i)/2N$ である.同様に,次の時点で壺 A の球の数が $i-1$ となるためには,球は壺 A から選ばれなければならない.壺 A から球が選ばれる確率は $i/2N$ である.他の可能性はないので,確率変数 Y_n の推移確率は,

$$\Pr\{Y_{n+1} = j \,|\, Y_n = i\} = \begin{cases} (2N-i)/2N, & j = i+1 \\ i/2N, & j = i-1 \\ 0, & \text{その他} \end{cases} \quad (2.91)$$

となる.この推移確率を推移確率行列で表現した場合に,図 2.3 における状態空間 $\{-n, \cdots, -2, -1, 0, 1, 2, \cdots, n\}$ を $\{0, 1, \cdots, 2N-1, 2N\}$ に読み替えれば,推移確率行列の形は同じになる.大きな違いは,図 2.3 では推移確率がどの状態においても一定値(p または $1-p$)であったのに対し,このモデルでは状態に依存して異なる点である.式 (2.91) で与えられる推移確率をみると,n 時点における状態 i が平均 N よりも小さい場合には,大きな状態への推移確率 $(2N-i)/2N$ は 0.5 より大きく,逆に,小さな状態への推移確率は 0.5 よりも小さく,期待値では大きな状態に推移しやすいことがわかる.n 時点における状態 i が平均 N よりも大きい場合には,この逆である.これらは,先にみた OU 過程の持つ性質に同じであり,エーレンフェストの壺モデルは,OU 過程の離散バージョンといえる.

3

デタミニスティックボラティリティモデル

3.1 インプライドリスク中立確率の抽出法 (Breeden and Litzenberger, 1978)

Breeden and Litzenberger(1978) では，Arrow(1964) と Debreu(1959) による経済の一般均衡に対する時間と状態の選好に基づくアプローチに依拠した証券の評価法を提案した．その中で大きな役割を担うのが，総消費支出に関する根源的請求権の価格である．ここでは，日々の総消費と市場ポートフォリオの水準に一対一の対応関係がある場合を取り上げる．このとき，総消費支出に関する根源的請求権の価格は市場ポートフォリオに関する根源的請求権の価格に等しい．市場ポートフォリオに関する根源的請求権とは，ある決められた日 T において，もし市場ポートフォリオの価値が M となれば1ドルが支払われ，M 以外の場合には支払いが発生しないような証券（ここでは価格を $P(M,T)$ で表す）のことである．根源的請求権の価格は，アロー–デブリュー価格とも呼ばれる．Breeden and Litzenberger(1978) では，証券の評価を根源的請求権に基づいて評価することを考え，さらに，根源的請求権の価格をヨーロピアンコールオプションの市場価格から抽出する手法も与えており，オプション市場分析の出発地点を築いたといえる．

根源的請求権に基づく証券の評価

証券 f の価値を V^f，時刻 t における証券 f のペイオフ q_t^f を時刻 t の市場の水準 M_t に関する既知の関数 $q_t^f = q_t^f(M_t)$ とすると，証券 f の価値 V^f は，根源的請求権価格 $P(M_t, t)$ を用いて，

$$V^f = \int_0^T \int_0^\infty q_t^f(M_t) P(M_t, t) dM_t dt \tag{3.1}$$

と求められる．ここで，最初の積分記号は時刻 t に関しては現在時刻 0 から証券の満期 T まで時間に関して積分することを表し，2 番目の積分記号は時刻 t における市場の水準 M_t に関して区間 $[0, \infty)$ で積分することを表す．

式 (3.1) について，少し説明しておく．式 (3.1) では各時刻 t において市場の水準 M_t に応じた配当 $q_t^f = q_t^f(M_t)$ が支払われる証券であり，連続的な時刻 t において配当が支払われることが仮定されている．各時刻 t において配当が支払われる確率密度は，市場の水準 M_t に応じた $P(M_t, t)$ で与えられる．よって，証券 f が満期 T においてのみ支払いが発生するヨーロピアン型の証券である場合には，式 (3.1) を，

$$V^f = \int_0^\infty q_T^f(M_T) P(M_T, T) dM_T \tag{3.2}$$

と読み替えればよい．通常，将来時点でキャッシュフローの支払いが約束された証券の価格を求める際には，支払い時点から現在までキャッシュフローを割り引く必要があるが，式 (3.1) や式 (3.2) には，一見すると e^{-rt}，e^{-rT} などの割引関数が見当たらない．この理由は，$P(M_t, t)$ が根源的請求権価格であるため，時刻 t において市場の水準が M_t であるときの密度にすでに e^{-rt} が掛けられているからである．

さて，式 (3.1) や式 (3.2) を利用して証券を評価するには，あらかじめ根源的請求権価格，$P(M_t, t)$，$P(M_T, T)$（ともに導出法は同じなので，以下では $t = T$ として記述する）などを求めておく必要がある．Breeden and Litzenberger(1978) では，市場の水準 M_T を原資産とするヨーロピアンコールオプションの市場価格から根源的請求権価格 $P(M_T, T)$ を次のように導出している．

まず，離散的な場合，つまり，市場の水準 M_T が 1 ドルごとの離散的な値を取るケースを考える．原資産が市場の水準 M_T であり，行使価格と満期がそれぞれ

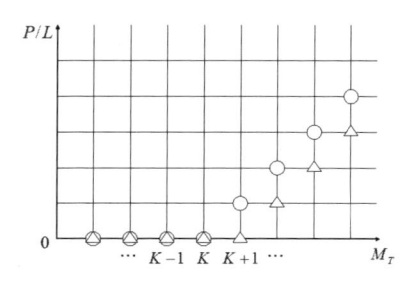

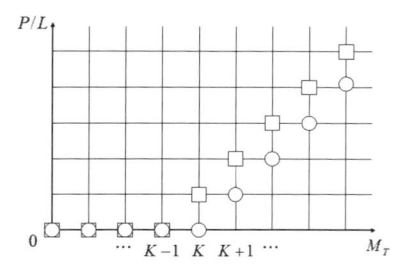

図 3.1 行使価格が K および $K+1$ のコールオプションのペイオフダイヤグラム

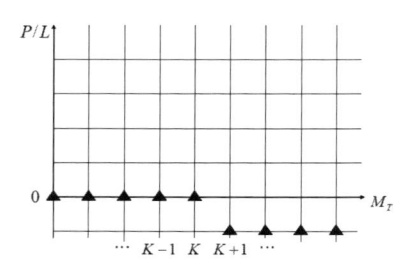

図 3.2 $c(K+1,T) - c(K,T)$ のペイオフダイヤグラム

K, T であるヨーロピアンコールオプションの市場価格を $c(K,T)$ で表す．図3.1には，満期がともに T であり，行使価格が K および $K+1$ であるヨーロピアンコールオプションのペイオフダイヤグラムをそれぞれ○印，△印で示す．図3.2には，行使価格が $K+1$ であるヨーロピアンコールオプションから行使価格が K であるヨーロピアンコールオプションを引いた（オプション価格で表記するなら $c(K+1,T) - c(K,T)$）ペイオフダイヤグラムを▲印で示した．同様にして，図3.3には，満期がともに T であり，行使価格が $K-1$ および K であるヨーロピアンコールオプションのペイオフダイヤグラムをそれぞれ□，○印で示す．図3.4には，行使価格が K であるヨーロピアンコールオプションから行使価格が $K-1$ であるヨーロピアンコールオプションを引いた（オプション価格で表記するなら $c(K,T) - c(K-1,T)$）ペイオフダイヤグラムを■印で示した．こ

図 3.3 行使価格が $K-1$ および K のコールオプションのペイオフダイヤグラム

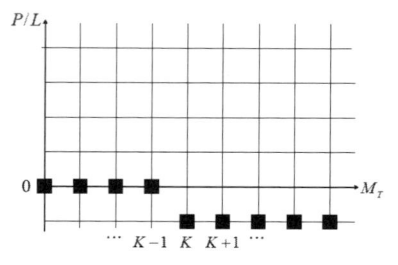

図 3.4 $c(K,T) - c(K-1,T)$ のペイオフダイヤグラム

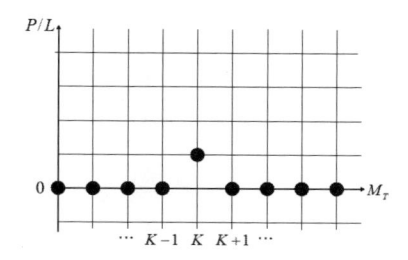

図 3.5 根源的請求権のペイオフダイヤグラム

こで，図 3.2 のペイオフダイヤグラムから図 3.4 のペイオフダイヤグラムを差し引けば，市場の水準 M_T が満期 T において K となったときにのみ 1 ドル支払われ，K 以外の場合には，支払いが発生しないような根源的請求権価格 $P(K,T)$ の満期 T におけるペイオフ（●印）を表したダイヤグラム図 3.5 が得られることがわかる．よって，市場の水準 M_T が 1 ドルごとの離散的な値を取るケースでは，根源的請求権価格 $P(K,T)$ は，ヨーロピアンコールオプションから構成されるポートフォリオの価格 $[c(K+1,T)-c(K,T)]-[c(K,T)-c(K-1,T)]$ に一致することがわかる．

次に，市場の水準 M_T が取る離散値のメッシュ間隔を 1 ドルから微小値 ΔM へと一般化させた場合を考える．この離散メッシュを採用した場合の根源的請求権価格を $P(K,T;\Delta M)$ と表示する．根源的請求権は状態と時刻が条件に合致すれば 1 ドルが支払われるものであることに注意すると，メッシュ間隔が 1 ドルの場合に考えたヨーロピアンコールオプションから構成されるポートフォリオの価格 $[c(K+1,T)-c(K,T)]-[c(K,T)-c(K-1,T)]$ の $+1$，-1 部分をそれぞれ $+\Delta M$，$-\Delta M$ で置き換えて ΔM で割れば，以下のように根源的請求権価格 $P(K,T;\Delta M)$ が得られることがわかる．

$$P(K,T;\Delta M) = \frac{1}{\Delta M}\{[c(K+\Delta M,T)-c(K,T)] \\ -[c(K,T)-c(K-\Delta M,T)]\} \qquad (3.3)$$

さらに，式 (3.3) の両辺を ΔM で割ると，

$$\frac{P(K,T;\Delta M)}{\Delta M} = \frac{1}{\Delta M}\left\{\frac{[c(K+\Delta M,T)-c(K,T)]}{\Delta M} \\ -\frac{[c(K,T)-c(K-\Delta M,T)]}{\Delta M}\right\} \qquad (3.4)$$

式 (3.4) において，離散メッシュ間隔を 0 に近づけると，

$$\lim_{\Delta M \to 0} \frac{P(K,T;\Delta M)}{\Delta M} = \frac{\partial^2 c(K,T)}{\partial K^2} = c_{KK}(K,T) \tag{3.5}$$

式 (3.5) から，

$$p(K,T) = \lim_{\Delta M \to 0} \frac{P(K=M,T;\Delta M)}{\Delta M} = c_{KK}(K=M,T) \tag{3.6}$$

であり，式 (3.6) の左辺 $p(K,T)$ は満期 T における市場の水準 M_T が M となる確率密度の割引現在価値を表現している．よって，式 (3.1) で与えられた評価式はより具体的に

$$V^f = \int_0^T \int_0^\infty q_t^f(M_t) c_{KK}(K=M_t,t) dM_t dt \tag{3.7}$$

と表される．

BL が与えた証券の評価式 (3.7) の特徴は，原資産が従う確率過程やオプション価格に関する仮定を一切おいていないことである．唯一 BL が仮定していることは，ヨーロピアンコールオプション価格 $c(K,T)$ が行使価格 K に関して 2 回微分可能であることであり，離散的な評価体系においてはこの仮定すら必要としない．個人の選好や相場予想はなんら制限されず，コールオプション価格の中に反映される．つまり，オプションの満期時点における株価の予想は，なんらかの形で満期時点におけるインプライドリスク中立確率密度関数 $(\bar{p}(K,T))$

$$\bar{p}(K,T) = e^{rT} p(K,T) = e^{rT} c_{KK}(K,T) \tag{3.8}$$

に反映されている．上記のように，BL は，オプション市場分析のルーツと呼ぶに相応しい枠組みを提供しているのである．

3.2 インプライドツリーの構築法 (1) (Rubinstein, 1994)

ルビンシュタインによるインプライドツリーの構築法は，2.3 節で述べた CRR の二項モデルをもとにした構築法である．まず，オプションの満期におけるインプライドリスク中立確率（同一満期で権利行使価格が異なるさまざまなオプション価格情報から得られる）を CRR の二項モデルに基づくリスク中立確率

にできるだけ近くなるように推定する．それから，推定された満期におけるインプライドリスク中立確率を出発点として，後ろ向き帰納法を用いて現時点までのインプライドツリーを構築するのである．

3.2.1 二項モデルに基づくインプライドリスク中立確率の抽出

2.3節で説明したCRRの二項ツリーを構築する際のボラティリティとして，ATMに近い権利行使価格のIVの平均を用いる．こうして得られた二項ツリーにおいてオプションの満期時点（二項ツリーの最終列）における株価（あるいは，リターン）の状態とその確率をインプライドツリー構築のための事前分布として利用する．オプションの満期におけるインプライドリスク中立確率を導出する際には，以下の最適化モデルを利用する．最適化モデルの目的関数は，インプライドリスク中立確率と事前分布のリスク中立確率との二乗誤差和であり，前者を後者にできるだけ近くなるような形で求めようとするものである．制約条件としては，まず，インプライドリスク中立確率が確率としての条件を満たすこと，つまり，各状態確率は正，全確率の和は1であることが課される．また，インプライドツリーによって得られる株式とオプションのモデル価格が，市場価格と乖離をきたさないこと，つまり，想定されるビッドオファー以内となることが制約条件となる．

最適化モデル

オプションの満期において，株価の状態が S_j となるリスク中立確率とインプライドリスク中立確率を，それぞれ，P'_j，P_j とすると，以下の最適化モデルを解くことによって，インプライドリスク中立確率 P_j を推定することができる．

$$\min_{P_j} \sum_j (P_j - P'_j)^2$$

$$\text{s.t} \begin{cases} \sum_j P_j = 1, \quad P_j \geq 0, j = 0, \cdots, n \\ S^b \leq S \leq S^a, \quad S = \dfrac{(q^n \sum_j P_j S_j)}{r^n} \\ C_i^b \leq C_i \leq C_i^a, \quad C_i = \dfrac{(\sum_j P_j \max[0, S_j - K_i])}{r^n}, \quad i = 1, \cdots, m \end{cases} \tag{3.9}$$

ここで r は1+無リスク金利，q は配当利回り，K_i は行使価格を表し，m は取

引されているオプションの数を表している．また S^b，S^a は株式のビッドとアスク，C_i^b，C_i^a はコールオプションのビッドとアスクを表している．

上記の最適化モデルを解けば，CRR の二項モデルに基づく満期時点のリスク中立確率にできるだけ近くなる形で，オプション市場価格に織り込まれる（オプションモデル価格がオプション市場価格と整合的になる）インプライドリスク中立確率を推定することができる．

3.2.2 インプライド確率過程の仕組み

ここでは，オプションの満期から現時点まで，つまりインプライドツリーの中身を後ろ向きに構築するための仕組みを示す．理解しやすいように，二期間モデルを用いて説明する．インプライドツリーはリターン（初期株価は S なので，満期における株価が S_j のときはリターン $R_j = S_j/S$ となる）の状態に関して構築することにする．

3.2.1 項で示した手続きによって既知となったものは，二期後におけるリターンの状態，R_0，R_1，R_2（$0 < R_0 < R_1 < R_2$，これは CRR の二項モデルによって得られている）とそれぞれの状態に対するインプライドリスク中立確率 P_0，P_1，P_2（最適化モデルを解くことによって得られている）である．これらに基づいてインプライドツリーを構築するための仮定を述べる．

仮定 1：原資産リターンが二項過程に従う．

仮定 2：二項ツリーは再結合する．

仮定 3：満期におけるリターン（の状態）は最も低いものから最も高いものへと順番に並んでいる．

二期間のインプライドツリーの状態推移を図 3.6 に示す．図 3.6 において，例えば，$u[d]$ は直前に下落した後に上昇することを表す．

上記の仮定 2 では，二項ツリーが再結合すると仮定しているので，異なるパスであっても上昇や下落の回数が同じであれば，パスが辿り着く先のノードのリターンは等しくなるという意味で，リターンに経路依存性がないことを仮定しているが，株価リターンのボラティリティが σS_t^γ に従うようなモデル（単純にラティスを構築しようとすると，再結合しない）を排除するものではない．そのようなモデルでも，リターンに経路依存性がなければ上昇や下落する際の

3.2 インプライドツリーの構築法 (1)

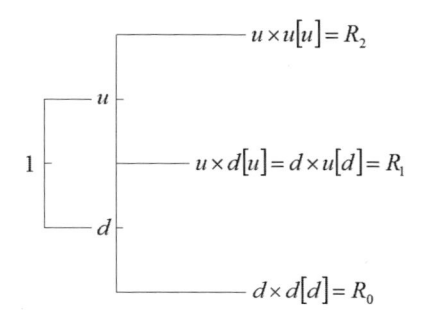

```
         ┌──── u×u[u] = R₂
    ┌ u ─┤
  1 ┤    └──── u×d[u] = d×u[d] = R₁
    └ d ─
         └──── d×d[d] = R₀
```

図 3.6 二期間のインプライドツリーの状態推移図

サイズを調整することによってラティスを再結合するようなものに変換可能である．

リターンの推移に関するリスク中立確率を図 3.7 に示した．$p[\bullet]$ は，過去の推移が [ ] 内の $\bullet$ に記載されている場合に上昇する確率，$1-p[\bullet]$ は，過去の推移が [ ] 内の $\bullet$ に記載されている場合に下落する確率である．

推移確率 $p[\bullet]$ はリスク中立確率であるため，

$$r[\bullet] = (1 - p[\bullet]) \times d[\bullet] + p[\bullet] \times u[\bullet]$$

を満たす必要がある．ここで，$r[\bullet]$ は 1+無リスク金利を表し，過去に実現した株式リターンの推移に依存可能な形にしておく．

よって，各確率はその上昇や下落の推移と次のように関連づけられる．

$$p[\bullet] = (r[\bullet] - d[\bullet]) / (u[\bullet] - d[\bullet])$$

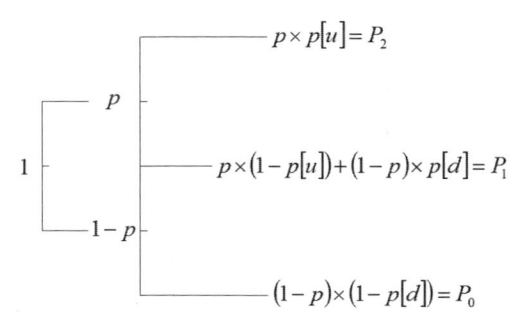

```
            ┌──── p × p[u] = P₂
       ┌ p ─┤
       │    └──── p × (1−p[u]) + (1−p) × p[d] = P₁
  1 ───┤
       └ 1−p ─
            └──── (1−p) × (1−p[d]) = P₀
```

図 3.7 リターンの推移に関するリスク中立確率

二期間モデルでは,

$$p = (r - d) / (u - d) \tag{3.10}$$

$$p[d] = (r[d] - d[d]) / (u[d] - d[d]) \tag{3.11}$$

$$p[u] = (r[u] - d[u]) / (u[u] - d[u]) \tag{3.12}$$

ここで,整理しておくと,二期間モデルの場合,二期後のリターンの状態,R_0, R_1, R_2 ($0 < R_0 < R_1 < R_2$) とそれぞれの状態に対するインプライドリスク中立確率 P_0, P_1, P_2 の6つのデータ,および,合計10本の方程式(図3.6 にある4本の方程式,図3.7にある3本の方程式,式(3.10)〜(3.12)の3本の方程式)から,次の12個の未知数を決定することになる.

$$d, u, r, p, d[d], u[d], r[d], p[d], d[u], u[u], r[u], p[u]$$

このままでは,12個の未知数を一意に決定することはできないので,新たに仮定を2つ追加する.この仮定は,仮定1〜3と比較して本質的にモデルを制約することになる.

仮定4:無リスク金利は定数とする.

仮定4を加えれば,$r = r[d] = r[u]$ であるから未知数は10個となり,先の方程式の合計10本と一致する.これで未知数は一意に決定されると思われるが,実は,図3.7にある3本の方程式は互いに独立ではないため,さらに,次の仮定を導入する.

仮定5:同じノードに辿り着くすべてのパスのリスク中立確率は同じである.

この仮定は,図3.7にある3本の方程式を,次の4本に書き換えることを意味する.

$$p \times p[u] = P_2 \equiv P_{uu}$$

$$(1-p) \times p[d] = P_1/2 \equiv P_{du}$$

$$p \times (1-p[u]) = P_1/2 \equiv P_{ud}$$

$$(1-p) \times (1-p[d]) = P_0 \equiv P_{dd}$$

ここで,変数 P_{dd}, $P_{du} = P_{ud}$, P_{uu} は,ツリー上の1つのパスに関する確率であり,パス確率と呼ぶことにする.未知数は p, $p[d]$, $p[u]$ であるから,方

程式が4本あると不都合に思われるが，各方程式の右辺の値は，全確率の和=1 ($P_{uu} + P_{du} + P_{ud} + P_{dd} = 1$) で制約されているので問題ない．

ここで紹介したインプライドツリーは，第2章で述べたCRRの二項モデルを含む形で拡張したものである．CRRモデルでは，上記の5つの仮定に加えて，ツリー全体にわたってu, dが定数であることも仮定されている．このため，$P_0 = (1-p)^2$, $P_1 = 2p(1-p)$, $P_2 = p^2$ と制約されてしまい，オプションの満期におけるインプライドリスク中立確率を二項モデルに柔軟に反映することができなかった．ここでのインプライドツリーでは，インプライドリスク中立確率 P_0, P_1, P_2 を柔軟に取り込むことが可能である．

3.2.3 インプライドツリーの構築法

実際にインプライドツリーを構築する手法（Step 1～3）について述べる．まず，Pの下に添え字のあるインプライドリスク中立確率 P_0, P_1, P_2 と区別して，下に添え字のないPでパス確率を表す．次に，ツリーにおけるノードの値をRで表す．図3.8にあるように，ツリーの終端にあるパス確率とノードの値とのセット2つ（(P^+, R^+), (P^-, R^-)）に基づいて，一期前のセット(P, R)をStep 1～3に基づいて求める．

Step 1：$P = P^- + P^+$　　　　　（一期前のパス確率）
Step 2：$p = P^+/P$, $1-p = P^-/P$（上昇および下落の推移確率）
Step 3：$R = [(1-p)R^- + pR^+]/r$（一期前のノードの値）

まず，最終（n期後のオプションの満期における）ノードでは，各ノードjに，ノードの値 R_j とその確率 P_j がセットで与えられている．仮定5から，ノードの確率をそこに至るパスの数で割ればパス確率が求められるから，ノードjに至るパスの数が $n!/j!(n-j)!$ であるので，ノードjに至る各パスのパス確

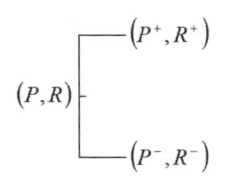

図 **3.8** インプライドツリー

率は，
$$P_j / [n!/j!(n-j)!]$$
となる．このようなパス確率が，下に添え字のない P で表される．

また，金利 r は，無裁定条件を満足するように，$P_j R_j$ の j に関する和の n 乗根とする．
$$r^n = \sum_j P_j R_j$$
上記の Step1～3 の手続きをオプションの満期から後ろ向きに現在時点まで繰り返せば，各ノードにおける状態確率や状態推移確率が求められる．

3.2.4 局所ボラティリティとオプションのデルタ

BS モデルとデタミニスティックボラティリティモデルに関して，2.5 節では，両モデルともに完備なモデルであるが，局所ボラティリティが BS モデルでは定数 σ であるのに対して，デタミニスティックボラティリティモデル ($\sigma(S,t)$) では株価 S と時間 t の関数であることを指摘した．また，オプションのデルタは同じ計算式 $\frac{\partial f}{\partial S}$ であるが，BS モデルとデタミニスティックボラティリティモデルとでは値が異なることも指摘した．これらの点が，インプライドツリーにおいてどのように反映されるかについて確認する．

インプライドツリーが構築できたならば，どのノードにおいても局所ボラティリティを次のように計算できる．

$$\mu[\bullet] \equiv ((1-p[\bullet]) \times \log d[\bullet]) + (p[\bullet] \times \log u[\bullet])$$
$$\sigma^2[\bullet] \equiv \left((1-p[\bullet]) \times (\log d[\bullet] - \mu[\bullet])^2\right) + \left(p[\bullet] \times (\log u[\bullet] - \mu[\bullet])^2\right)$$

インプライドツリーの時間間隔が細かくなり 0 に近づけば，$\sigma[\bullet]$ が $\sigma(S,t)$ に収束することになる．

次に，オプションのデルタの計算であるが，
$$\Delta = \frac{C_1^u - C_1^d}{(u-d)S_0} = \frac{C_1^u - C_1^d}{S_1^u - S_1^d} \tag{3.13}$$
を計算すればよい．インプライドツリーに基づくデルタを式 (3.13) に基づいて計算する場合には，C_1^u，C_1^d，S_1^u，S_1^d の値が CRR の二項モデルの場合と異なるが，これらを次のようにして求めることができる．図 3.9 に示す 3 期間ツ

3.2 インプライドツリーの構築法 (1)

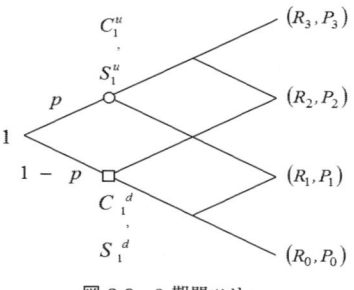

図 3.9 3 期間ツリー

リーを用いて説明する．

0 期から一期にかけて上方へ（下方へ）推移するインプライドリスク中立推移確率 p（$(1-p)$）は，満期における各ノードのインプライドリスク中立確率が P_j であることと仮定 5（同じノードに辿り着くパス確率はどれも等しい）を用いて，

$$p = \sum_j \left(\frac{j}{n}\right) P_j \tag{3.14}$$

$$1 - p = \sum_j \left(\frac{n-j}{n}\right) P_j \tag{3.15}$$

と求められる．三期間ツリーに関して式 (3.14) の妥当性を検討しておく．p を求める際には，○印をつけたノードを経由するパス確率を寄せ集めればよい．$p = \frac{3}{3}P_3 + \frac{2}{3}P_2 + \frac{1}{3}P_1 + \frac{0}{3}P_0$ であるが，順次確認していこう．満期において一番上のノードに到達する確率 P_3 は uuu のパス確率であるがこれは当然○印のノードを経由する．満期において 2 番目のノードに到達する確率 P_2 は uud, udu, duu の 3 通りのパス確率を合わせたものであるが，仮定 5 よりこれらのパス確率は等しく，また，○印のノードを経由するのは uud と udu のパスであるから $\frac{2}{3}P_2$ となる．満期において 3 番目のノードに到達する確率 P_3 は udd, dud, ddu の 3 通りのパス確率を合わせたものであるが，仮定 5 よりこれらのパス確率は等しく，また，○印のノードを経由するのは udd パスだけであるから $\frac{1}{3}P_1$ となる．満期において一番下のノードに到達する確率 P_0 は ddd のパス確率であるがこれは○印のノードを経由しないため p を求める際にはカウントされない．よって，インプライドリスク中立推移確率 p の導出法が確認できた．

式 (3.15) に関しても同様である．次に，一期後に上昇した状態（〇印の状態）あるいは，一期後に下落した状態（□印の状態）から出発した場合に満期において状態 j にある確率，それぞれ，$P_j[u]$，$P_j[d]$ は，次のように与えられる．

$$P_j[u] = \left[\left(\frac{j}{n}\right)P_j\right] \bigg/ p \tag{3.16}$$

$$P_j[d] = \left[\left(\frac{n-j}{n}\right)P_j\right] \bigg/ (1-p) \tag{3.17}$$

先に確認したように一期後に上昇した状態（〇印の状態）を経由して，満期において状態 j に到達するパス確率を寄せ集めた確率は $\left(\frac{j}{n}\right)P_j$ で与えられる．この確率を 0 期から一期への上昇確率 p で割っておけば，一期後に上昇した状態（〇印の状態）を出発点として満期において状態 j に到達するパス確率を寄せ集めた確率が得られる．$P_j[d]$ に関しても同様である．

上記のようにして $P_j[u]$ と $P_j[d]$ が求まれば，0 期から一期にかけて株価が上昇（下落）した場合の，一期における株価 S_1^u（S_1^d）やオプション価値 C_1^u（C_1^d）は，一期後から満期までのインプライドリスク中立確率（$P_j[u]$ と $P_j[d]$）に基づく期待値を取って無リスク金利で割り引くことで次のように与えられる．

$$S_1^u = \left(S\sum_j P_j[u] R_j\right) \bigg/ r^{n-1}, \quad S_1^d = \left(S\sum_j P_j[d] R_j\right) \bigg/ r^{n-1}$$

$$C_1^u = \left(\sum_j P_j[u] \max(SR_j - K, 0)\right) \bigg/ r^{n-1}$$

$$C_1^d = \left(\sum_j P_j[d] \max(SR_j - K, 0)\right) \bigg/ r^{n-1} \tag{3.18}$$

式 (3.18) から得られる値を式 (3.13) に代入すれば，DV モデルのデルタ値が求められる．この値は，BS モデルのデルタ値とは異なる．

3.3 インプライドツリーの構築法 (2) (Derman and Kani, 1994;Li, 2000/2001)

3.3.1 Derman and Kani(1994) のインプライドツリーの構築法

3.2 節で示したルビンシュタインによるインプライドツリーの構築法の弱点は，1つの満期に関するオプションの市場価格データをもとにしてインプライドツリーを構築する手法であり，満期が異なる複数個のオプション市場価格の情報をインプライドツリーに取り込むことが難しい．さらに，仮定5として課された同じノードに辿り着くすべてのパス確率が等しいとする制約は，満期が異なるオプションを含めた場合にはおかしなものとなってしまうといった弱点がある．そこで，Derman and Kani(1994) では，さまざまな満期のオプション市場価格（ここから，3.1 節に従って，オプションの満期に該当する時点のアロー–デブリュー価格が導出できる）をすべて反映させる形でインプライドツリーを構築する手法を提案している．満期が異なるオプション市場価格から求めた，さまざまな時刻におけるアロー–デブリュー価格を利用している点で，ルビンシュタインとは異なり，Breeden and Litzenberger(1978) の考え方を色濃くインプライドツリーに反映させた形になっている．また，Derman and Kani(1994) の手法は，インプライドツリーが現時点から前向きに構築される点に関しても，Rubinstein(1994) とは異なる．

以下では，n 期までのすべての行使価格，満期のオプション価格に整合するインプライドツリーが構築できたとして，$n \sim n+1$ 期へのツリーの構成法に関して述べる（図 3.10 を参照）．CRR の二項モデルと同様に，一期間における状態の推移は1つだけ上の状態または1つだけ下の状態のみである．時間間隔を Δt，$n \sim n+1$ 期までの無リスク金利は連続複利で r とする．

インプライドツリー構築の際に決定変数となるのは，次の期の株価（状態）と現時点の株価から次の時点の株価への推移確率である．インプライドツリーとしては，二項ツリーを採用するため，$n+1$ 期の株価として決定しなければならないのは $n+1$ 個である．推移確率は，上昇確率を求めれば下落確率は（1 − 上昇確率）で与えられる．また，図 3.10 からもわかるように，$n \sim n+1$ 期に

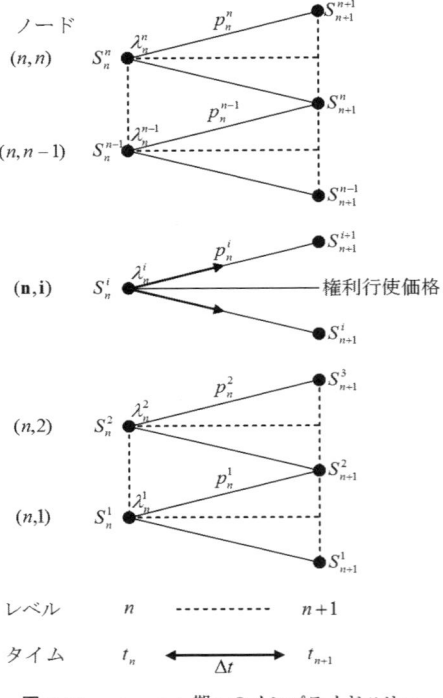

3. デタミニスティックボラティリティモデル

図 3.10　n〜$n+1$ 期へのインプライドツリー

かけて上昇する推移は n 通りであるから，n 個の上昇の推移確率を求めることになる．よって，未知変数は合計すると $2n+1$ 個となる．

　既知の値を確認しよう．n 期までのインプライドツリーが構築できているので，n 期における株価の取りうる n 個の状態はすでに決定されている．また，各期の金利や n 期までの株価の上昇の推移確率が既知であるから，n 期におけるアロー–デブリュー価格も既知である．次に，$n+1$ 期における未知変数を求めるための，新たな価格情報として，株式のフォワード価格（n 期における一期先のフォワード価格）とオプション価格（満期が $n+1$ 期であるオプションの時点 0 における価格）を利用する．n〜$n+1$ 期までの無リスク金利 r が既知なので，n 期に株価が n 通りの各状態にあるときに，対応する一期先の n 通りのフォワード価格も既知となる．また，満期が $n+1$ 期であり，権利行使価格

3.3 インプライドツリーの構築法 (2)

が n 期の株価（n 通り）に一致するような n 通りのオプション価格（時点 0 における）も既知データとして得られている（実際には，スマイル曲線をスプライン関数で補間して，各権利行使価格に対応するオプション価格を求めることになる）．よって，$n+1$ 期における $2n+1$ 個の未知変数を求めるために新たに利用可能な既知データは $2n$ 個である．

以上を整理すると，未知変数や既知変数およびそれらの記法は次のとおりである．

（未知変数 1）　$n+1$ 期において株価が取りうる $n+1$ 個の状態を $S_{n+1}^1, \cdots, S_{n+1}^{n+1}$ と表す．S の上付き・下付き文字は，それぞれ，時刻と株価の状態を表す．

（未知変数 2）　$n \sim n+1$ 期にかけての上昇の推移確率 n 個を $p_n^1, \cdots, p_n^n$ と表す．S の下付き文字は時刻が n 期であることを表し，上付き文字はその時刻に株価がどの状態にいるかを示す．例えば，p_n^1 は n 期に株価が状態 1 にあるときに，$n+1$ 期に状態 2 へと上昇する推移確率を示す．

n 期までのインプライドツリーを構築したときに既知となった変数の値．

（既知となった値 1）　インプライドツリーを n 期まで構築したときに，既知となった n 通りの株価を $S_n^1, \cdots, S_n^n$ とする．

（既知となった値 2）　n 期において，株価がインプライドツリー上の各株価水準 $S_n^1, \cdots, S_n^n$ になった場合に 1 ドル支払われる n 個のアロー–デブリュー価格を $\lambda_n^1, \cdots, \lambda_n^n$ とする．λ の下付き文字は 1 ドルの支払いが n 期に発生することを，上付き文字は株価がその状態になった場合に支払いが発生することを表している．

インプライドツリーの $n+1$ 期における未知変数を求めるために，新たに導入するデータ．

（新たに導入するデータ 1）　インプライドツリーの n 期において株価が $S_n^1, \cdots, S_n^n$ の各状態にあるときの一期先のフォワード価格を，それぞれ，$F_n^1, \cdots, F_n^n$ とする．$S_n^1, \cdots, S_n^n$ は「既知となった値 1」であり，$n \sim n+1$ 期までの無リスク金利 r も既知だから，一期先のフォワード価格も $F_n^1 = S_n^1 e^{r\Delta t}, \cdots, F_n^n = S_n^n e^{r\Delta t}$ のように既知となる．

（新たに導入するデータ 2）　満期が $n+1$ 期であり，権利行使価格が n 期の株価（n 通り）に一致するような n 通りのオプション価格（時点 0 における）

を $C\left(S_n^k, n+1\right)$, $k=i,\cdots,n$ (権利行使価格として用いる n 期における株価 S_n^k がインプライドツリーの中央の状態 i 以上の場合にはコールオプションの価格を利用する) および $P\left(S_n^k, n+1\right)$, $k=1,\cdots,i-1$ (権利行使価格として用いる n 期における株価 S_n^k がインプライドツリーの中央の状態 i 未満の場合にはプットオプションの価格を利用する) とする．ここで，S の上付きの i は時刻 n 期における株価の状態を表し，$n+1$ はオプションの満期が $n+1$ 期であることを示す．

インプライドツリーの $n+1$ 期における未知変数を求めるための方程式として本質的なものは，以下に示すように，フォワード価格に関して n 本，オプション価格に関して n 本の合計 $2n$ 本である．未知変数は $2n+1$ 個なので，方程式が 1 本足りない．そこで，テクニカルな付加的条件として，インプライドツリーの中央の状態が 2.3 節で述べた CRR の二項モデルで仮定されていたように現在 (0 期) の株価 S_0 に等しい (n 期が偶数期であれば，中央のノードはないので中央に近い 2 つのノード S_n^i と S_n^{i+1} の積が $(S_0)^2$ に等しい) とするものを方程式として加える．

フォワード価格に関する方程式

インプライドツリーから求めたフォワードのモデル価格が，既知データであるフォワード価格 $F_n^1 = S_n^1 e^{r\Delta t},\cdots,F_n^n = S_n^n e^{r\Delta t}$ に等しいとおいて方程式 (n 本) を立てる．

$$F_n^i = p_n^i S_{n+1}^{i+1} + \left(1-p_n^i\right) S_{n+1}^i, \quad i=1,\cdots,n \tag{3.19}$$

オプション価格に関する方程式

オプション価格が満たすべき条件式は，コール側のみ示すことにする．行使価格 K，満期 $n+1$ 期のコールオプションの現在時点 (0 時点) の価格 $C(K,n+1)$ は，$n+1$ 期に株価が各状態 S_{n+1}^j に到達するインプライドリスク中立確率に，株価が各状態 S_{n+1}^j にあるときのオプションのペイオフを掛けたものすべての和を取り，現在時点まで割り引くことで得られる．

$$C(K,n+1) = e^{-r\Delta t} \sum_{j=1}^n \left\{\lambda_n^j p_n^j + \lambda_n^{j+1}\left(1-p_n^{j+1}\right)\right\} \max\left(S_{n+1}^{j+1}-K,0\right) \tag{3.20}$$

式 (3.20) の { } 内は，$n+1$ 期に株価が状態 $j+1$ となるインプライドリスク中立確率を n 期分だけ割り引いたものを表している．図 3.10 をみると二項ツリーなので，$n+1$ 期に株価が状態 $j+1$ となるためには，株価が n 期に状態 j にあって上昇する（その確率は $\lambda_n^j p_n^j$），または，株価が n 期に状態 $j+1$ にあって下落する（その確率は $\lambda_n^{j+1}(1-p_n^{j+1})$）の 2 通りが考えられ，これらを加えたものが { } 内に記されている．また，3.1 節で述べたように，アロー–デブリュー価格は状態確率をすでに現時点まで割り引いた値となっているので，つまり，λ_n^j や λ_n^{j+1} は，n 期に株価が状態 j や $j+1$ となる確率をすでに n 期分だけ割り引いたものとなっているので，満期 $n+1$ 期のコールオプションの現在（0 期）の価格 $C(K, n+1)$ を求めるためには，さらに一期分割り引かなければならない．この部分が式 (3.20) の右辺の冒頭の $e^{-r\Delta t}$ である．

式 (3.20) において，権利行使価格として（新たに導入するデータ 2）で述べた S_n^i を代入して両辺に $e^{r\Delta t}$ を掛けると，

$$e^{r\Delta t} C\left(S_n^i, n+1\right) = \sum_{j=1}^{n} \left\{\lambda_n^j p_n^j + \lambda_n^{j+1}\left(1 - p_n^{j+1}\right)\right\} \max\left(S_{n+1}^{j+1} - S_n^i, 0\right) \tag{3.21}$$

となる．式 (3.21) においてインザマネーとなるのは，図 3.10 において，(1) n 期において S_n^i の状態にある株価が上昇する部分（この期待値は $\lambda_n^i p_n^i (S_{n+1}^{i+1} - S_n^i)$），(2) n 期において株価が S_n^{i+1} 以上となる部分である．式 (3.21) をフォワード価格に関する方程式 (3.19) を用いて計算すると次式を得る．

$$\begin{aligned}
e^{r\Delta t} C\left(S_n^i, n+1\right) &= \lambda_n^i p_n^i \left(S_{n+1}^{i+1} - S_n^i\right) + \sum_{j=i}^{n-1}\left\{\lambda_n^{j+1} p_n^{j+1} \left(S_{n+1}^{j+2} - S_n^i\right)\right. \\
&\quad \left. + \lambda_n^{j+1}\left(1 - p_n^{j+1}\right)\left(S_{n+1}^{j+1} - S_n^i\right)\right\} \\
&= \lambda_n^i p_n^i \left(S_{n+1}^{i+1} - S_n^i\right) + \sum_{j=i}^{n-1}\left\{\lambda_n^{j+1}\left(\left(p_n^{j+1} S_{n+1}^{j+2}\right.\right.\right. \\
&\quad \left.\left.\left. + \left(1 - p_n^{j+1}\right) S_{n+1}^{j+1}\right) - S_n^i\right)\right\} \\
&= \lambda_n^i p_n^i \left(S_{n+1}^{i+1} - S_n^i\right) + \sum_{j=i}^{n-1} \lambda_n^{j+1}\left(F_n^{j+1} - S_n^i\right)
\end{aligned}$$

$$= \lambda_n^i p_n^i \left(S_{n+1}^{i+1} - S_n^i\right) + \sum_{j=i+1}^{n} \lambda_n^j \left(F_n^j - S_n^i\right) \quad (3.22)$$

式 (3.22) の最下行の右辺第 1 項は未知変数である p_n^i と S_{n+1}^{i+1} を含むが，第 2 項は既知の値のみである．フォワード価格 F_n^i やコールオプション価格 $C(S_n^i, n+1)$ は既知なので，式 (3.19) と式 (3.22) からなる連立方程式を解けば，$n+1$ 期におけるインプライドリスク中立株価 S_{n+1}^{i+1} やインプライドリスク中立推移確率 p_n^i をすでにわかっている n 期のインプライドリスク中立株価 S_n^i を用いて，それぞれ，式 (3.23), (3.24) のように表すことができる．

$$S_{n+1}^{i+1} = \frac{S_{n+1}^i \left[e^{r\Delta t} C(S_n^i, n+1) - \Sigma\right] - \lambda_n^i S_n^i (F_n^i - S_{n+1}^i)}{\left[e^{r\Delta t} C\left(S_n^i, n+1\right) - \Sigma\right] - \lambda_n^i (F_n^i - S_{n+1}^i)} \quad (3.23)$$

$$p_n^i = \frac{F_n^i - S_{n+1}^i}{S_{n+1}^{i+1} - S_{n+1}^i} \quad (3.24)$$

ここで，$\Sigma = \sum_{j=i+1}^{n} \lambda_n^j (F_n^j - S_n^i)$ である．

インプライドリスク中立株価 S_{n+1}^i がわかれば，式 (3.23) から $n+1$ 期におけるインプライドリスク中立株価 S_{n+1}^{i+1} が求まり，これを式 (3.24) に代入することによってインプライドリスク中立推移確率 p_n^i が求まる．この手続きを添字 i に関して繰り返せば，中央値より上側のインプライドツリーが構築される．注意を要するのは，この手続きの出発点となる $n+1$ 期において中央より上で最も中央に近いノードのインプライドリスク中立株価 S_{n+1}^{i+1} も未知である点である．これを指定するための付加的条件は，インプライドツリーの中央の状態が現在（0 期）の株価 S_0 に等しい（$n+1$ 期が偶数期であれば，中央のノードはないので中央に近い 2 つのノード S_{n+1}^i と S_{n+1}^{i+1} の積が $(S_0)^2$ に等しい）とするものであった．式 (3.22), (3.24), $S_{n+1}^i S_{n+1}^{i+1} = (S_0)^2$ を用いれば，$n+1$ 期において中央より上で最も中央に近いノードのインプライドリスク中立株価 S_{n+1}^{i+1} は，

$$S_{n+1}^{i+1} = \frac{S_0 \left[e^{r\Delta t} C\left(S_0, n+1\right) + \lambda_n^i S_0 - \Sigma\right]}{\lambda_n^i F_n^i - e^{r\Delta t} C\left(S_0, n+1\right) + \Sigma}, \quad i = (n+1)/2 \quad (3.25)$$

で与えられる．このノードの株価が決まれば，式 (3.23) を用いることによって，

それよりも上のノードのインプライドリスク中立株価を決めることができる．

中央値よりも下側のノードのインプライドリスク中立株価に関してもプットオプション価格情報を利用して，次のように構築することができる．

$$S_{n+1}^i = \frac{S_{n+1}^{i+1}\left[e^{r\Delta t}P(S_n^i,n+1)-\Sigma\right] + \lambda_n^i S_n^i(F_n^i - S_{n+1}^{i+1})}{\left[e^{r\Delta t}P(S_n^i,n+1)-\Sigma\right] + \lambda_n^i(F_n^i - S_{n+1}^{i+1})} \tag{3.26}$$

ここで，$\Sigma = \sum_{j=1}^{i-1} \lambda_n^j(S_n^i - F_n^j)$ である．

3.3.2 Li(2000/2001) のインプライドツリーの構築法

Derman and Kani(1994) のインプライドツリーの構築法を採用すれば，満期が異なる複数個のオプション市場価格の情報を柔軟にインプライドツリーに組み込むことが原理的にはできるはずである．しかしながら，Li(2000/2001) が指摘するように，Derman and Kani(1994) の手法は頑健ではなく，インプライドボラティリティの傾きが急な場合には，わずか数ステップのインプライドツリーを構築するだけで，推移確率が負となるケースが現れる．この点を克服するために，Li(2000/2001) では簡便で頑健なインプライドツリーの構築法を提案している．本項では，Li(2000/2001) のインプライドツリーの構築法の概略と仕組みについて紹介する．株価プロセスは，2.4 節で示したデタミニスティックボラティリティモデル（式 (2.74)）である．

$$dS = rSdt + \sigma(S,t)Sd\tilde{W}_t \tag{2.74}$$

局所ボラティリティの時間と状態に関する滑らかさや，式 (2.74) に対応する積分方程式の解の存在と一意性などを仮定したうえで，$\sum(S,t) = 0$ であるならば，次に示す通常の手続きで構築される推移確率が定数となるツリーが，確率過程式 (2.74) に弱収束し，ツリーが再結合する．

通常のツリー構築法

$$S_{i+1}^+ = S_i\left[1 + r\Delta t + \sigma(S_i,t_i)\sqrt{\Delta t}\right] \tag{3.27}$$

$$S_{i+1}^- = S_i\left[1 + r\Delta t - \sigma(S_i,t_i)\sqrt{\Delta t}\right] \tag{3.28}$$

$$p_i = 1/2 \tag{3.29}$$

ここで，S_{i+1}^+, S_{i+1}^- は，時刻 i において S_i であった株価が時刻 $i+1$ に，それぞれ，1ノード上昇，下落した状態にあることを表す．

$\sum(S,t)$ の関数形は，

$$\sum(S,t) \equiv S\left[\frac{\partial \sigma}{\partial t} + (r+\sigma^2)S\frac{\partial \sigma}{\partial S} + \frac{1}{2}S^2\sigma^2\frac{\partial^2 \sigma}{\partial S^2}\right] \quad (3.30)$$

である．ここで，$\sum(S,t) = 0$ の仮定をおけば，式 (3.27)〜(3.29) で与えられるツリーが再結合することを確認しておく．S_{i+2}^{+-}, S_{i+2}^{-+} によって，時刻 i において S_i であった株価が時刻 $i+2$ において，それぞれ，1ノード上昇してから1ノード下落した状態，1ノード下落してから1ノード上昇した状態にあることを表すものとする．

$$S_{i+2}^{+-} = S_i\left[1 + r\Delta t + \sigma(S_i, t_i)\sqrt{\Delta t}\right]\left[1 + r\Delta t - \sigma(S_{i+1}^+, t_{i+1})\sqrt{\Delta t}\right] \quad (3.31)$$

であるから，微小時間 Δt に関する局所ボラティリティのテーラー展開

$$\begin{aligned}\sigma(S_{i+1}^+, t_{i+1}) &= \sigma(S_i + rS_i\Delta t + \sigma(S_i, t_i)S_i\sqrt{\Delta t}, t_i + \Delta t) \\ &\approx \sigma(S_i, t_i) + S_i\sigma(S_i, t_i)\frac{\partial \sigma}{\partial S_i}\sqrt{\Delta t} \\ &\quad + \left(rS_i\frac{\partial \sigma}{\partial S_i} + \frac{\partial \sigma}{\partial t} + \frac{1}{2}\frac{\partial^2 \sigma}{\partial S_i^2}\sigma^2(S_i, t_i)S_i^2\right)\Delta t \quad (3.32)\end{aligned}$$

を式 (3.31) に代入して整理すると，

$$\begin{aligned}S_{i+2}^{+-} &= S_i + S_i\left[r - \frac{1}{2}\sigma(S_i, t_i)^2 - \frac{1}{2}S_i\sigma(S_i, t_i)\frac{\partial \sigma(S_i, t_i)}{\partial S_i}\right]2\Delta t \\ &\quad - \sum(S_i, t_i)\Delta t^{3/2} + O(\Delta t^2) \quad (3.33)\end{aligned}$$

を得る．同様に，

$$\begin{aligned}S_{i+2}^{-+} &= S_i + S_i\left[r - \frac{1}{2}\sigma(S_i, t_i)^2 - \frac{1}{2}S_i\sigma(S_i, t_i)\frac{\partial \sigma(S_i, t_i)}{\partial S_i}\right]2\Delta t \\ &\quad + \sum(S_i, t_i)\Delta t^{3/2} + O(\Delta t^2) \quad (3.34)\end{aligned}$$

式 (3.33) と式 (3.34) において，Δt^2 よりも高次の項は無視できるとして，それ以外の項について比較する．式 (3.33) と式 (3.34) の右辺は第2項まで同じ

であり，第3項は符号が異なる．局所ボラティリティが $\sum(S, t) = 0$ なる関係式を満たせば，式 (3.33) と式 (3.34) の右辺が同じ値となり，ツリーが再結合することがわかる．満たさない場合でも，$\Delta t^{3/2}$ が十分小さいので，この項を無視すればツリーは再結合すると考えられるが，ツリーを前向きに構築していく過程でこの誤差が累積されてツリーが再結合しないことが懸念される．そこで，Li(2000/2001) では，式 (3.33) と式 (3.34) の右辺の第3項が大きさは同じで符号が異なることを利用して，$S_{i+2} = \frac{1}{2}(S_{i+2}^{+-} + S_{i+2}^{-+})$ とすることを提案している．このような工夫をすることで，ツリーを前向きに構築していく際に生じる $\Delta t^{3/2}$ のオーダーの誤差が累積することを巧妙に避けて，再結合するツリーによって当初のデタミニスティックボラティリティモデル（式 (2.74)）を表現している．

以上をまとめると，インプライドツリーの構築法は，次で与えられる．

時刻 j において，

$i \neq 1, j-1$ のとき，
$$S_{j+1}^{i+1} = \frac{1}{2}\{S_j^i[1 + r\Delta t + \sigma(S_j^i, t_j)\sqrt{\Delta t}] + S_j^{i+1}[1 + r\Delta t - \sigma(S_j^{i+1}, t_j)\sqrt{\Delta t}]\} \quad (3.35)$$

$i = 1$ のとき，
$$S_{j+1}^1 = S_j^1[1 + r\Delta t - \sigma(S_j^1, t_j)\sqrt{\Delta t}] \quad (3.36)$$

$i = j-1$ のとき，
$$S_{j+1}^j = S_j^{j-1}[1 + r\Delta t + \sigma(S_j^{j-1}, t_j)\sqrt{\Delta t}] \quad (3.37)$$

$$p_j^{i,i+1} = 1 - p_j^{i,i} = 1/2$$

ここで，S の下付き・上付き文字は，それぞれ，時刻，株価がその時刻におけるツリーの最下段から数えて何番目のノードであるかを表す．また，$p_j^{i,i+1}$ は，時刻 j で株価がその時刻におけるツリーの最下段から数えて i 番目のノードにあるときに，時刻 $j+1$ に株価がその時刻におけるツリーの最下段から数えて $i+1$ 番目のノードに推移する確率を表す．

上記のツリーでは，時刻 j におけるインプライドリスク中立株価の値は $j+1$ 個となるが，これを j 個のオプション価格と1個のフォワード価格から推定することができる．推定においてはフォワード価格を明示的には用いてないが，式 (3.35)～(3.37) から一期先の株価の期待値はフォワード価格に自動的に一致するように構成されている．

3.4 オプション市場価格に基づく局所ボラティリティの推定法（Dupire, 1994；Shreve, 2004）

前節まで議論してきたことは，オプション価格に基づいて局所ボラティリティを推定するアプローチである．

Rubinstein(1994) では，式 (2.74) にある局所ボラティリティの関数形を仮定することなしに，ある1つの満期のクロスセクショナルな（さまざまな権利行使価格の）オプション価格データのみを使って準ノンパラメトリックに局所ボラティリティを数値計算している．ここで，準ノンパラメトリックと準を加えたのは，同じノードに辿り着くすべてのパスのリスク中立確率は同じとする（仮定 5，49 ページ）強い人工的な仮定をおいているためである．ある1つの満期のオプション価格データしか用いていないために，時間軸に関するオプション価格からの情報を抽出することができないためにこのような仮定が導入されたと考えられる．

Derman and Kani(1994) では，局所ボラティリティの関数形を仮定することなしに，リスク中立インプライド株価とインプライド推移確率を推定しているので，結果的にノンパラメトリックに局所ボラティリティを数値計算することができる．彼らのインプライドツリー構築法では，多くの満期におけるクロスセクショナルな（さまざまな権利行使価格の）オプション価格データを利用することができるので，局所ボラティリティの推定のためのデータが十分となり，Rubinstein(1994) のような人工的な仮定は不要である．

Li(2000/2001) では，Derman and Kani(1994) の手法を頑健にしたのみでなく，局所ボラティリティの関数形を前面に出した形でインプライドツリーを構築した．つまり，局所ボラティリティの関数形をパラメトリックに与えて，それに対応するインプライドツリーの構築法を提案した．そのインプライドツリーから得られるオプションのモデル価格にオプションの市場価格が最も近くなるように，局所ボラティリティの関数形にあるパラメータを推定することによって，局所ボラティリティが数値的に得られることになる．

本節では，インプライドツリーを持ち出さずに，多くの満期におけるクロス

3.4 オプション市場価格に基づく局所ボラティリティの推定法

セクショナルなオプション価格データから，局所ボラティリティをノンパラメトリック（関数形を仮定せずに）に数値的に導出するメカニズムについてまとめておく．この原典は，Dupire(1994)であるが，そこでは無リスク金利が0である場合が紹介されている．ここでは，無リスク金利が0でない場合でも利用可能なShreve(2004)に基づいて整理する．

株価プロセスは，2.5節で示したデタミニスティックボラティリティモデル（式(2.74)）とする．

$$dS = rSdt + \sigma(S,t) Sd\tilde{W}_t \tag{2.74}$$

ここで，2.1.3項を振り返っておく．(μ, σ^2) ブラウン運動 $\{X(t), t > 0\}$ の推移確率分布 $P(x, y, t)$（時刻0において $X(0) = x$ であったものが，時刻 t において $X(t) \leq y$ となる確率）は，

$$P(x, y, t) = \Phi\left(\frac{y - x - \mu t}{\sigma\sqrt{t}}\right) \tag{2.23}$$

であり，この推移確率分布 $P(x, y, t)$ は，拡散方程式（式(2.24)）を初期条件（式(2.25)）の下で解いた唯一の解であった．

$$\frac{\partial P}{\partial t} = \mu \frac{\partial P}{\partial x} + \frac{\sigma^2}{2} \frac{\partial^2 P}{\partial x^2} \tag{2.24}$$

$$P(x, y, 0) = \begin{cases} 1, & x \leq y \\ 0, & x > y \end{cases} \tag{2.25}$$

さて，式(2.24)は，y に無関係なので，$P(x, y, t)$ を y で微分した推移確率密度 $p(x, y, t)$（時刻0において $X(0) = x$ であったものが，時刻 t において $X(t) = y$ となる確率密度）も式(2.24)を満足する．つまり，

$$\frac{\partial p}{\partial t} = \mu \frac{\partial p}{\partial x} + \frac{\sigma^2}{2} \frac{\partial^2 p}{\partial x^2} \tag{3.38}$$

が成り立つ．推移確率密度 $p(x, y, t)$ の初期条件は，

$$\lim_{t \to 0} p(x, y, t) = 0, \quad x \neq y \tag{3.39}$$

である．式(3.38)は，(μ, σ^2) ブラウン運動 $\{X(t), t > 0\}$ の推移確率密度 $p(x, y, t)$ が満たす偏微分方程式であるが，この偏微分方程式と対になるような

デタミニスティックボラティリティモデルの推移確率密度 $\bar{p}(x,y,t)$ が満たす方程式として，次のコルモゴロフの前向き方程式が知られている．

$$\frac{\partial}{\partial T}\bar{p} = -\frac{\partial}{\partial y}(ry\bar{p}) + \frac{1}{2}\frac{\partial^2}{\partial y^2}\left(\sigma^2(y,T)y^2\bar{p}(x,y,T)\right) \tag{3.40}$$

ここでは，記法を t の代わりに T とした．その理由は，時刻 0 で株価 $S_0 = x$ であるときに，満期 T，権利行使価格 K のコールオプション価格 $C(x,K,T)$ から局所ボラティリティ $\sigma(K,T)$ を導出することに対応させるためである．コールオプション価格 $C(x,K,T)$ は，$\bar{p}(x,y,t)$ を用いて，

$$C(x,K,T) = e^{-rT}\int_K^\infty (y-K)\bar{p}(x,y,T)\,dy \tag{3.41}$$

と表せる．両辺を T で微分して，

$$C_T(x,K,T) = -rC(x,K,T) + e^{-rT}\int_K^\infty (y-K)\frac{\partial}{\partial T}\bar{p}(x,y,T)\,dy \tag{3.42}$$

を得る．式 (3.42) の第 2 項の $\frac{\partial}{\partial T}\bar{p}(x,y,T)$ に式 (3.40) を代入していくつか部分積分を行うことによって，局所ボラティリティ $\sigma(K,T)$ の推定式を導出する．

まず，$\lim_{y\to\infty}(y-K)ry\bar{p}(x,y,T) = 0$ を仮定して，部分積分を 1 回行うことによって，

$$-\int_K^\infty (y-K)\frac{\partial}{\partial y}(ry\bar{p}(x,y,T))\,dy = \int_K^\infty ry\bar{p}(x,y,T)\,dy \tag{3.43}$$

を得る．また，

$$\lim_{y\to\infty}(y-K)\frac{\partial}{\partial y}\left(\sigma^2(y,T)y^2\bar{p}(x,y,T)\right) = 0$$
$$\lim_{y\to\infty}\sigma^2(y,T)y^2\bar{p}(x,y,T) = 0$$

を仮定して，部分積分を 1 回行ってからさらに積分すれば，

$$\frac{1}{2}\int_K^\infty (y-K)\frac{\partial^2}{\partial y^2}\left(\sigma^2(y,T)y^2\bar{p}(x,y,T)\right)dy = \frac{1}{2}\sigma^2(K,T)K^2\bar{p}(x,K,T) \tag{3.44}$$

となる．

ここで，式 (3.42) に式 (3.40) を代入して，式 (3.43)，(3.44)，(3.41) を用いて整理したうえで式 (3.8)（ただし，$p(K,T)$，$c_{KK}(K,T)$ をそれぞれここで

3.4 オプション市場価格に基づく局所ボラティリティの推定法

の記法 $\bar{p}(x, K, T)$, $C_{KK}(x, K, T)$ に読み替えておく必要がある) や式 (3.41) の両辺を K で微分した関係式 $(C_K(x, K, T) = -e^{-rT} \int_K^\infty \bar{p}(x, y, T)\, dy)$ を用いれば,

$$C_T(x, K, T) = e^{-rT} rK \int_K^\infty \bar{p}(x, y, T)\, dy + \frac{1}{2} e^{-rT} \sigma^2(K, T) K^2 \bar{p}(x, K, T)$$

$$= -rK C_K(x, K, T) + \frac{1}{2} \sigma^2(K, T) K^2 C_{KK}(x, K, T) \quad (3.45)$$

が得られる.局所ボラティリティ $\sigma(K, T)$ の推定式 (3.45) において,$C_T(x, K, T)$,$C_K(x, K, T)$,$C_{KK}(x, K, T)$ などの値は,すべてオプションの市場価格データから近似的に推定できる.以上が,オプション市場価格に基づく局所ボラティリティの推定法に関する数理である.

4

ジャンプ拡散モデル

4.1 ツリーモデルにおけるデルタヘッジと非完備性

株価が幾何ブラウン運動に従う場合とジャンプ拡散モデルに従う場合の相違点は，式 (2.56) と式 (2.85) を比較してわかるように，後者は複合ジャンプ過程が加わっている点である．この影響は，ツリーにおいてどのように現れるのだろうか．ここでは，2.2.1 項と同様に一期間モデルを取り上げて，ジャンプ拡散モデルにおけるデルタヘッジと非完備性について Amin(1993) に依拠して議論する．株価が幾何ブラウン運動に従うような二項モデルでは，株価が図 2.1 のノード上を推移する際には，現時刻 0（株価は S_0）〜1 までには，1 つ上のノード（株価は uS_0）または 1 つ下のノード（株価は dS_0）にしか推移できなかった．つまり，1 単位時間おいて 1 つ上の状態か 1 つ下の状態かのどちらかにしか推移できなかった．このような推移のことを局所推移と呼ぶことにする．

株価がジャンプ拡散モデルに従う場合には，時刻 0〜1 までにジャンプが発生する場合もあれば，発生しない場合もある．このようなジャンプの有無を記述する部分がポアソン過程によって表現されることは 2.6.1 項で確認した．もしジャンプが発生する場合には，1 単位時間においても，時刻 0 における状態 S_0 から 2 つ以上の状態（$u^j S_0, j = 2, 3, \cdots$）あるいは 2 つ以下の状態

4.1 ツリーモデルにおけるデルタヘッジと非完備性

($d^j S_0, j = 2, 3, \cdots$) へ推移することが可能である．各回のジャンプ発生時において，どのような状態へジャンプするかに関して，ジャンプの大きさを確率変数 Y_i（添字は i 回目のジャンプ発生時を表す）で記述する．以降，2ノード以上の推移のことをジャンプと呼ぶ．よって，ジャンプ拡散過程のツリーにおいては，各時刻に取りうる状態空間は図 2.1 のノードのみならず，すべての状態 $\{-\infty, \ldots, -2, -1, 0, 1, 2, \ldots, \infty\}$ がノードとなりうることがわかる（4.2 節で詳しく述べるが，本章で紹介するジャンプ拡散モデルのツリーは，$\ln \frac{S(t)}{S(0)}$ に関するものである）．

上記の点を踏まえて，2.2.1 項で説明した二項モデル（ここでは，ジャンプ拡散モデルのツリーモデルと区別するために CRR の二項モデルと呼ぶ）のデルタヘッジ法と株価がジャンプ拡散モデルに従う場合のツリーモデルのデルタヘッジ法がどのように異なるかについて議論する．CRR の二項モデルの場合，一期間においては1ノード上昇するか1ノード下落するかの2通りだけであった．よって，無裁定条件は，時刻0でオプションの価値 (C_0) と複製ポートフォリオの価値 ($\Delta \cdot S_0 + B$) が等しければ，時刻1で2通りのいずれの場合が生じてもオプションの価値と複製ポートフォリオの価値が等しいことであった（式 (2.31)，(2.32)）．いま，時刻0においてオプション (C_0) を購入して，複製ポートフォリオ ($\Delta \cdot S_0 + B$) を売却するポートフォリオの価値を V_0 とすると，

$$V_0 = C_0 - (\Delta \cdot S_0 + B) = 0 \tag{4.1}$$

である．このポートフォリオの価値は，時刻1において株価が1ノード上昇，下落した場合に，それぞれ，V_1^u, V_1^d になるものとする．株価が1ノード上昇するとき，

$$\begin{aligned} V_1^u &= C_1^u - (\Delta \cdot S_1^u + (1+r) B) \\ &= C_1^u - (\Delta \cdot S_1^u + (1+r) (C_0 - \Delta S_0)) \end{aligned} \tag{4.2}$$

であり，式 (4.2) の Δ に式 (2.33) を代入した後に $S_1^u = uS_0$ を用いて整理したうえで，$p = \frac{1+r-d}{u-d}$（式 (2.37) では，$q = \frac{1+r-d}{u-d}$ と記したが，ジャンプを含むモデルではこれはリスク中立確率を与えることにならないため，あえて p と記した）とおくと，

$$V_1^u = pC_1^u + (1-p)C_1^d - (1+r)C_0 \qquad (4.3)$$

が得られる．株価が下落する場合も同様にして，

$$V_1^d = C_1^d - \left(\Delta \cdot S_1^d + (1+r)B\right) = pC_1^u + (1-p)C_1^d - (1+r)C_0 \quad (4.4)$$

が得られ，株価が上昇・下落のいずれの場合でも，V_1 が時刻 1 におけるオプションの超過収益（式 (4.4) の右辺の第 1 項と第 2 項からなるオプションの期待価値から，第 3 項の無リスク資産での運用した場合の将来価値を差し引いている）を表していることがわかる．この超過収益が 0 となるような評価法が無裁定条件に基づく CRR の評価法である．

これまでの議論は，一期間において株価が 1 ノード上昇するか 1 ノード下落するかの 2 通りの場合には，いずれの場合でもオプションの価値（C_0）と複製ポートフォリオの価値（$\Delta \cdot S_0 + B$）が等しくなることに基づいていた．この設定にジャンプが加わると，一期間後の株価の状態は状態空間が $\{-\infty, \ldots, -2, -1, 0, 1, 2, \ldots, \infty\}$ と無数に存在する．どのような状態に株価が推移する場合でもオプションの価値が複製ポートフォリオの価値と等しくするためには，状態の数と同じ数の証券が必要になる．状態空間は無数個あるので，実際には，このような複製ポートフォリオを構築することはできない．つまり，投資家はジャンプの発生に対して完全にヘッジすることはできず，ジャンプの発生の際には，予測外のキャピタルゲインやキャピタルロスが発生する．このようなモデルのことを非完備なモデルという．

さて，ジャンプが発生する場合について考えよう．ジャンプが発生したときの株式のキャピタルゲインを Y，次の時刻の状態を y と記す．すると，時刻 1 でジャンプが発生した場合には，時刻 1 の株価 S_1^y は $S_0 Y$ となる．ここでは，ジャンプの定義は $y \neq u, d$ となる．時刻 1 でジャンプが発生した場合に時刻 1 におけるポートフォリオの価値 V_1^y は，

$$V_1^y = C_1^y - (\Delta \cdot S_1^y + (1+r)B) \qquad (4.5)$$

となる．この式の右辺に，$\Delta = \frac{C_1^u - C_1^d}{(u-d)S_0}$（この関数形は式 (2.33) に同じであるが，一般にオプションの価値 C_1^u, C_1^d が株価モデルにおけるジャンプの有無に

4.1 ツリーモデルにおけるデルタヘッジと非完備性

よって異なるため，ここでの Δ の値は，式 (2.33) の値とは異なる）．$S_1^y = S_0 Y$，$B = C_0 - \Delta \cdot S_0$ を代入して整理すると，

$$V_1^y = -\Delta \cdot S_0 \left(Y - (1+r)\right) + C_1^y - (1+r) C_0 \tag{4.6}$$

が得られる．先に議論したように，ジャンプが発生した場合のポートフォリオの価値 V_1^y は，局所推移 ($y = u, d$) の場合と異なり，0 になるとは限らない．よって，オプションを評価する際には，効用ベースの仮定をおく必要があり，Merton(1976) と同様に，ジャンプリスクは分散化可能と仮定する．ジャンプリスクが分散化可能としたモデルは，ジャンプのある離散時間のオプション評価の仕組みを直感的に説明するには最も単純なモデルである．

ジャンプリスクが株式間で分散化可能であるなら，効率的市場の下では均衡においてこのリスクは価格に反映されない．ヘッジポートフォリオは，局所推移に関してはヘッジされており，残るリスクはジャンプリスクのみであるため，分散化可能なリスクのみを含む．よって，時刻 1 においてジャンプに関する分布に基づくポートフォリオの価値の期待値は 0 でなければならず，この評価ルールによってオプション価格を決定する．注意しなければならないことは，期待値を取る際に，時刻 1 における株価の全体的な分布（局所推移とジャンプを合成した分布）に関して取るのではなく，ジャンプのみの分布に関して取ることである．投資家は，株価の局所推移に関してはヘッジできているので，これらの状態 ($y = u, d$) についての相対的な確率は意味をなさない．

時刻 1 にジャンプが発生する確率を $\hat{\lambda}$ とし，E_Y を Y の分布に関して期待値を取る演算子とする．時刻 1 において，ジャンプが発生する場合（確率 $\hat{\lambda}$）にはジャンプの状態に関するポートフォリオの価値の期待値（ジャンプリスクが分散化可能である場合には 0 となる）を取り，ジャンプが発生せずに局所推移となる場合（確率 $1 - \hat{\lambda}$）にはポートフォリオの価値（局所推移となる場合にはポートフォリオはヘッジされており，$V_1^{u,d} = 0$）を用いて，

$$0 = \hat{\lambda} E_Y[V_1^y] + (1 - \hat{\lambda}) V_1^{u,d} \tag{4.7}$$

を得る．式 (4.7) の右辺第 1 項に式 (4.6)，第 2 項に式 (4.3) と式 (4.4) を代入して整理すると，

$$(1+r)\,C_0 = \hat{\lambda}\left(E_Y[C_1^y] - \Delta S_0[E_Y[Y] - (1+r)]\right)$$
$$+ (1-\hat{\lambda})\left[pC_1^u + (1-p)C_1^d\right] \tag{4.8}$$

式 (4.8) は，時刻 0 におけるオプションの価値を時刻 1 におけるオプションの価値で表現しており，動的計画法を利用してオプションの評価が可能であることを示している．ここでは一期間モデルに基づいて説明したので時刻 1 から始めて時刻 0 の価値を求めたが，多期間の場合でも，オプションの満期から始めて式 (4.8) を再帰的に用いることによって，満期前におけるオプションの価値を求めることができる．

CRR の二項モデルにおけるリスク中立確率は式 (2.37) で与えられたが，ジャンプを含む場合のリスク中立確率 q はどのようになるのであろうか？ 式 (4.8) に $\Delta = \frac{C_1^u - C_1^d}{(u-d)S_0}$ と $p = \frac{1+r-d}{u-d}$ を代入して，C_1^u と C_1^d に関して整理すると，

$$(1+r)\,C_0 = \hat{\lambda}E_Y[C_1^y] + (1-\hat{\lambda})$$
$$\times \left[C_1^u \left[\frac{\frac{(1+r) - \hat{\lambda}E_Y[Y]}{1-\hat{\lambda}} - d}{u-d}\right] + C_1^d \left[\frac{u - \frac{(1+r) - \hat{\lambda}E_Y[Y]}{1-\hat{\lambda}}}{u-d}\right]\right] \tag{4.9}$$

式 (4.9) では，時刻 1 において，ジャンプの状態から得られる価値（右辺第 1 項）がジャンプでない状態から得られる価値（右辺第 2 項）から明確に分離されている．

$$q := \frac{\frac{(1+r) - \hat{\lambda}E_Y[Y]}{1-\hat{\lambda}} - d}{u-d} \tag{4.10}$$

と定義すれば，式 (4.9) は，式 (4.11) と書き換えられる．

$$(1+r)\,C_0 = \hat{\lambda}E_Y[C_1^y] + (1-\hat{\lambda})\left[qC_1^u + (1-q)\,C_1^d\right] \tag{4.11}$$

この式の右辺は，時刻 1 において各状態におけるオプションの価値の期待値を取ったものとみなせる．この期待値計算における確率測度 Q は，次のように定義される．ジャンプが発生しないという条件の下で，1 つだけノードが上昇，下落する確率をそれぞれ p, $1-p$ で記述する．さらに，ジャンプの発生確率を $\hat{\lambda}$ とし，ジャンプ発生時における株式リターンの分布はエンピリカル確率測度 P の下での分布に同じとする．

4.1 ツリーモデルにおけるデルタヘッジと非完備性

Q を時刻 1 における株式価値に適用して，式 (4.12) を得る．

$$E_{Q_0}[S_1] = E_{Q_0}[S_0[[pu + (1-p)d](1-\hat{\lambda}) + \hat{\lambda}E_Y[Y]]] \tag{4.12}$$

ここで，Q_0 は時刻 0 において利用可能な情報の下での Q に関する期待値を表す．式 (4.11) からの類推で，式 (4.12) の右辺が $(1+r)S_0$ に等しいことがわかるので，株式の期待リターンは Q の下で無リスク利子率に等しい．つまり，式 (4.12) は，局所推移とジャンプを複合したリターンを平均すれば無リスク金利に一致することを保証するものとなっている．

リスク中立測度 Q を導入したので，オプションの評価は簡単である．いかなるキャッシュフローが生じるオプションであっても，単純に Q の下でオプションのペイオフに関して期待値を取り無リスク金利で割り引けばよい．特に，一期間モデルにおけるオプションの評価において，時刻 0 におけるオプションの価値 C_0 は，時刻 1 におけるオプションの価値を表す確率変数 $C_{(1)}$ を用いて，

$$C_0 = E_{Q_0}\left[\frac{C_{(1)}}{1+r}\right] \tag{4.13}$$

と表現される．これは，形式的には式 (2.40) に同じであるが，期待値を取る確率測度が異なることに注意されたい．

式 (4.13) は，投資家が次の期までオプションを保有した場合に成立するものであり，ヨーロピアンオプションを想定した評価式である．オプションの満期までの期間において権利行使が認められるアメリカンオプションであれば，今期（ここでは形式的に時刻 0 としている）に権利行使した方が来期（ここでは形式的に時刻 1 としている）に権利行使するよりもペイオフが良くなると考えるなら，投資家は今期に権利行使を行う．よって，オプションの価値は次で与えられる．

$$C_0 = \max\left[F_0, \frac{E_{\tilde{Q}_0}[C_1]}{1+r}\right] \tag{4.14}$$

ここで，F_0 は今期に権利行使された場合のオプションの価値を表す．満期におけるオプションの価値は状態空間の既知関数なので，式 (4.14) を再帰的に用いて，各期の各状態におけるオプションの価値を満期日に近い方から順に導出することができる．

4.2 ジャンプ拡散過程のツリー構築法 (Amin, 1993)

BSモデルに基づくツリー構築法に関して，2.3節では，CRRの構築法と対数リターンに基づく構築法の2通りを示した．ここでは，対数リターンに基づいて，ジャンプ拡散過程のツリー構築法について示す．2.4節で述べた株価が幾何ブラウン運動に従う場合の確率微分方程式とその解との関係から，株価がジャンプ拡散過程（式 (2.85)）に従う場合の解を次式のように類推することができる．

$$S(t) = S(0) \exp\left[\int_0^t \left[r - \frac{1}{2}\sigma^2 - \lambda\beta \right] du \right. \\ \left. + \int_0^t \sigma dW^Q(u) + \sum_{i=1}^{\text{NJ}(t)} \ln Y_i \right] \quad (4.15)$$

ここで，r は無リスク金利，$W^Q(u)$ は確率測度 Q の下での標準ブラウン運動，$\text{NJ}(t)$ は時刻 t までのジャンプの総回数である．以下では，記述を簡便にするため

$$\alpha = r - \frac{1}{2}\sigma^2 - \lambda\beta \quad (4.16)$$

とおいて，対数リターン

$$X(t) = \ln\left[\frac{S(t)}{S(0)}\right] = \int_0^t \alpha(u)\, du + \int_0^t \sigma\, dW^Q(u) + \sum_{i=1}^{\text{NJ}(t)} \ln Y_i \quad (4.17)$$

に焦点を当てて，この $X(t)$ を適切に近似するためのツリー構築法を示す．

ツリーの状態空間は，2.3節の対数リターンのものと同様の形式にジャンプを加味することで図4.1のように設定される．2.3節と同様に，時間間隔はオプションの満期までの期間 τ を n 等分した $h_n = \tau/n$，ノード間の間隔は $\sigma\sqrt{h_n}$，時刻 h_n におけるノードは，時刻 0 におけるノードと比べて αh_n だけ上方にシフトしたものに設定している．この状態空間は，各時刻において時刻 0 からの対数リターンを表現している．よって，時刻 ih_n において状態 j にある株価は $S_{ih_n}^j = S_0 \exp[\alpha i h_n + j\sigma\sqrt{h_n}]$ で与えられる．

4.2 ジャンプ拡散過程のツリー構築法

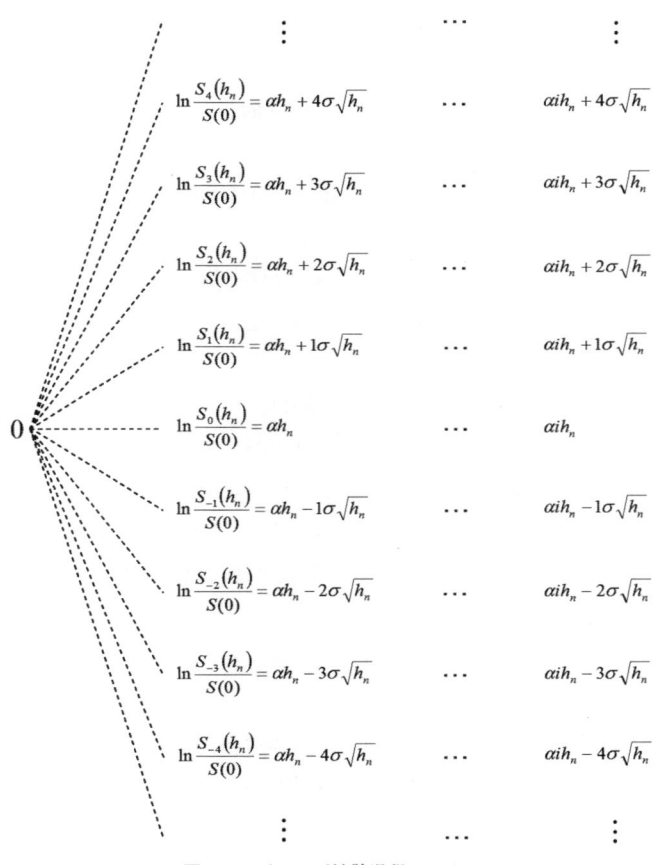

$$
\begin{array}{lll}
\vdots & \cdots & \vdots \\
\ln\dfrac{S_4(h_n)}{S(0)} = \alpha h_n + 4\sigma\sqrt{h_n} & \cdots & \alpha i h_n + 4\sigma\sqrt{h_n} \\
\ln\dfrac{S_3(h_n)}{S(0)} = \alpha h_n + 3\sigma\sqrt{h_n} & \cdots & \alpha i h_n + 3\sigma\sqrt{h_n} \\
\ln\dfrac{S_2(h_n)}{S(0)} = \alpha h_n + 2\sigma\sqrt{h_n} & \cdots & \alpha i h_n + 2\sigma\sqrt{h_n} \\
\ln\dfrac{S_1(h_n)}{S(0)} = \alpha h_n + 1\sigma\sqrt{h_n} & \cdots & \alpha i h_n + 1\sigma\sqrt{h_n} \\
\ln\dfrac{S_0(h_n)}{S(0)} = \alpha h_n & \cdots & \alpha i h_n \\
\ln\dfrac{S_{-1}(h_n)}{S(0)} = \alpha h_n - 1\sigma\sqrt{h_n} & \cdots & \alpha i h_n - 1\sigma\sqrt{h_n} \\
\ln\dfrac{S_{-2}(h_n)}{S(0)} = \alpha h_n - 2\sigma\sqrt{h_n} & \cdots & \alpha i h_n - 2\sigma\sqrt{h_n} \\
\ln\dfrac{S_{-3}(h_n)}{S(0)} = \alpha h_n - 3\sigma\sqrt{h_n} & \cdots & \alpha i h_n - 3\sigma\sqrt{h_n} \\
\ln\dfrac{S_{-4}(h_n)}{S(0)} = \alpha h_n - 4\sigma\sqrt{h_n} & \cdots & \alpha i h_n - 4\sigma\sqrt{h_n} \\
\vdots & \cdots & \vdots
\end{array}
$$

図 4.1 ジャンプ拡散過程のツリー

次に,対数正規リターン X_t(ツリーモデルでは,時刻は右下に小さく表示される)の推移確率を定義する.

まず,局所推移に関する推移確率を設定する.$X_0 = \log\dfrac{S_0}{S_0} = 0$ であり,また,$q_n \in (0, 1)$ とする.X_t の推移確率は,すべての $t \in [0, h_n, 2h_n, \ldots, \tau - h_n]$ に対して,局所推移に関する推移確率が次で与えられるものとする.ただし,q_n は現段階では未定である.

$$
\Pr\left\{X_{t+h_n} - X_t = \alpha h_n + \sigma\sqrt{h_n}\right\} = q_n
$$
$$
\Pr\left\{X_{t+h_n} - X_t = \alpha h_n - \sigma\sqrt{h_n}\right\} = 1 - q_n
$$

次に，ジャンプ成分に関する推移確率を考える．連続時間過程のポアソンジャンプ成分では，時間間隔 h_n において1つのジャンプが発生する確率は $\lambda h_n + o(h_n)$ (式 (2.77)) である．同じ時間間隔において2回以上ジャンプする確率は $o(h_n)$ (式 (2.77)) である．よって，ツリーモデルではどの時刻 $t \in [0, h_n, \dots, \tau - h_n]$ においてもジャンプする確率は λh_n であり，複数回のジャンプはしないものとする．

上記の各時刻において，ジャンプのサイズは全実数直線上に分布しており，これを互いに重ならない等間隔の区間に区切ることでジャンプのサイズとその確率（ジャンプのサイズはジャンプ拡散過程では，通常，連続型の確率変数 Y を用いて表されている）を近似する．各区間は，その時刻における状態空間の1つ（状態）が中心となる．各区間に株価が推移する確率をその区間の中心となる状態空間上の1つ（状態）に集約させる．ジャンプと局所推移とを区別するために，状態0を含む区間をより大きくするが，この点に関しては後ほど述べる．

Merton(1976) では，ジャンプサイズを表す連続型の確率変数 Y が対数正規分布に従うため，$\ln Y_i$ は正規分布に従う．$\ln Y_i$ の累積密度関数を $\Phi(x)$, $x \in R$ で表す．さらに，Y_i を時刻 $i \in [0, h_n, \dots, \tau - h_n]$ におけるジャンプを表すものとする．ただし，2.5.1 項でも述べたように，Y_i は独立で同一な分布に従うため，$\ln Y_i$ も i に依存しない．Φ_i はツリーモデルにおけるジャンプサイズの確率分布を表すものとする．Φ_i が離散分布であることに注意して，その確率を次のように与える．$\{-1, 0, 1\}$ 以外のすべての整数 l に対して，$d\Phi_i^l$ を式 (4.18) で与える．

$$\begin{aligned} d\Phi_i^l &= \Phi(\alpha h_n + (l+1/2)\sigma\sqrt{h_n}) \\ &\quad - \Phi(\alpha h_n + (l-1/2)\sigma\sqrt{h_n}) \end{aligned} \tag{4.18}$$

$d\Phi_i^l$ で表される確率は，連続時間におけるジャンプの分布を状態空間上に離散化したものに対応する．領域 $\left[\alpha h_n - (1+1/2)\sigma\sqrt{h_n},\ \alpha h_n + (1+1/2)\sigma\sqrt{h_n}\right]$ に対する Φ の確率は，$l \in \{-1, 0, 1\}$ 上の点に配分される．ここでは，この確率すべてを $l = 0$ となる点に割り当て，$l = \pm 1$ に対しては $d\Phi_i^l = 0$ とする．よって，

$$dΦ_i^0 = Φ(αh_n + (1+1/2)σ\sqrt{h_n}) - Φ(αh_n - (1+1/2)σ\sqrt{h_n})$$
$$dΦ_i^{±1} = 0 \tag{4.19}$$

$Φ_i$ はジャンプサイズに関する確率なので，4.1 節との整合性を保つために，局所的な価格変化に対応する状態（状態の変化が $±1$ となるもの）へは確率が割り当てられないようにした．しかし，$n \to \infty$ となる極限では，ジャンプの分布を上記のように定義しても状態空間上のすべてのノードで定義しても同じことになる．

よって，ツリーモデルにおいて $\ln Y_i$ の従う確率分布は，式 (4.20) となる．

$$\text{すべての整数 } l \text{ に対して } \Pr\left\{\ln Y_i = αh_n + lσ\sqrt{h_n}\right\} = dΦ_i^l \tag{4.20}$$

任意の区間においてジャンプが発生する確率が $λh_n$ であることに注意すると，$X_n(t)$ の推移確率は局所的な変化とジャンプによる変化の増分を組み合わせることによって得られる．

$$\Pr\left\{X_{t+h_n} - X_t = αh_n + σ\sqrt{h_n}\right\} = p_n(1 - λh_n)$$
$$\Pr\left\{X_{t+h_n} - X_t = αh_n - σ\sqrt{h_n}\right\} = (1 - p_n)(1 - λh_n)$$
$$\Pr\left\{X_{t+h_n} - X_t = αh_n + lσ\sqrt{h_n}; l \neq ±1\right\} = λh_n dΦ_i^l \tag{4.21}$$

離散的な定式化を完成させるために，p_n の値を特定する必要がある．3.1 節で議論したように，オプション評価ではエンピリカル確率 p_n を，式 (4.10) で与える q_n に置き換える必要がある．式 (4.10) において，$1+r = \exp(rh_n)$, $\hat{λ} = λh_n$, $u = \exp(αh_n + σ\sqrt{h_n})$, $d = \exp(αh_n - σ\sqrt{h_n})$ のように対応づけることによって，リスク中立確率 q_n は，式 (4.22) となる．

$$q_n = \frac{\frac{\exp(rh_n) - λh_n E_{Y_i}[Y_i]}{1 - λh_n} - \exp(αh_n - σ\sqrt{h_n})}{\exp(αh_n + σ\sqrt{h_n}) - \exp(αh_n - σ\sqrt{h_n})} \tag{4.22}$$

ジャンプサイズに関する構成の仕方と 2.6.2 項で導入した記法 $β$ から，

$$E_{Y_i}[Y_i(t)] = β + 1 + O(h_n) \tag{4.23}$$

である．式 (4.22) と式 (4.23) を用い，2.3 節と同様にして，h_n に関する 1 次

の項までの近似を行えば,

$$q_n = 1/2 + o(h_n) \tag{4.24}$$

を得る. n が十分に大きいときには, $q_n = 1/2$ となり, 対数リターンをベースとした BS モデルのツリーにおける推移確率に同じである.

4.3 ジャンプリスクプレミアム

ここでは, ジャンプリスクプレミアムに関する議論を振り返っておく. 4.1 節で述べたように, Merton(1976) では, ポートフォリオのジャンプ成分を分散化可能な非システマティックリスクとして取り扱い, CAPM (capital asset pricing model: 資本資産評価モデル, リスクプレミアムは分散化できないシステマティックリスクに対してベータが1より大きくなる形で考慮される) の議論を援用してオプション評価式を導出した. この点の是非に関して丁寧に検討した論文に, Jarrow and Rosenfeld(1984) がある. そこでは, 瞬間的な CAPM が均衡での期待リターンを特徴づけるための十分条件として, 株式のジャンプ成分が「非システマティック」であり, 市場ポートフォリオにおいて分散化可能となることを導いている. まず, 個別株式をジャンプ拡散過程で表したうえで, 各個別株式の拡散過程をすべての個別株式に共通の拡散過程と各個別株式に固有の拡散過程とに分解する. この各個別株式に固有の拡散過程と個別株式のジャンプ成分が, ポートフォリオで保有する際に分散化されてなくなることが, 瞬間的な CAPM が均衡での期待リターンを特徴づけるため必要としている. また, 市場ポートフォリオのリターンを実証分析したところ, そのジャンプ成分はなくならず, 瞬間的な CAPM が成り立つとはいいがたいと結論づけている.

Jarrow and Rosenfeld(1984) では, 市場ポートフォリオが従う過程としてジャンプ拡散過程と拡散過程を採用した場合にそれぞれ尤度を求め, その尤度比から得られる統計量がカイ二乗分布に従うことを利用し, ジャンプ拡散過程が単純な拡散過程から有意に棄却されるかどうかを検定している. Jorion(1988) では, 同様の手法を, 相対価格の対数が従う確率過程として, 拡散過程, ジャ

ンプ拡散過程，ARCH 過程，ジャンプ ARCH 過程の 4 通りを取り上げ拡張した形で適用している．ここで，ジャンプ過程と ARCH 過程を組み合わせたジャンプ ARCH 過程が導入されている点には注目に値する．

Merton(1976) や Jarrow and Rosenfeld(1984) のように，ジャンプ成分がポートフォリオとして分散化可能であるかどうかに焦点を当てるのではなく，ジャンプ成分に対してもヘッジを行いあくまでも無裁定条件式に基づいてオプションの評価を行ったものに，Jones(1984) がある．株価過程がジャンプ拡散過程のように拡散リスクとジャンプリスクの 2 種類からなる場合には，株式と無リスク債券のみで評価対象の派生証券を複製することはできない．ジョーンズが採用したアプローチは，派生証券価格 F を評価する際に，評価対象となる派生証券 (G) 以外にジャンプ拡散過程に従う派生証券を 1 つ (H) 導入して，株式 (S) と無リスク債券（無リスク金利として r）とを合わせた 4 資産から拡散リスクのみならずジャンプリスクもヘッジした無リスクポートフォリオを構築し，$F(S, G, H, \tau)$ が満たすべき偏微分方程式を導いている．

上記のアプローチは，いずれもジャンプリスクを除去したうえでオプション評価を試みる方向性である．一方，原資産価格過程がジャンプ拡散過程に従う場合には，株式と無リスク債券だけではヘッジポートフォリオを構築できないことを素直に認め，リスクプレミアムをオプション価格式に現れることを許したモデル化に Naik and Lee(1990) がある．そこでは，一般均衡の枠組みを用いて，投資家の選好を定数相対リスク回避効用関数に制約して，原資産がジャンプリターンを持つ市場ポートフォリオである場合にオプション評価式を導き，ジャンプリスクや拡散リスクに対するプレミアムがオプション価格のかなりの部分を占めることを示している．

ジャンプリスクがシステマティックな場合には，Naik and Lee(1990) が採用した一般均衡モデルのみが頼れるモデルとなる．評価測度が存在するモデルにおいて，無裁定条件は，時刻 T に支払われるキャッシュフロー F の時刻 t における価値を式 (4.25) で与えることができるような $M(0) = 1$ となる非負の確率過程が存在することである．

$$C(t) = \frac{1}{M(t)} E_{P(t)}[M(T) F(T)] \tag{4.25}$$

確率過程 $M(t)$ は，それを当該経済にあるいかなる証券の価格に乗じてもその値がマルチンゲールとなるため，マルチンゲール価格過程（プライシングカーネル，確率的割引ファクター）と呼ばれる．例えば，単一消費財で効用関数が時間加法的かつ状態空間とは独立である代表的個人モデルでは，$M(t)$ は時刻 t と時刻 0 における消費の限界代替率となる．

マルチンゲール価格過程は，4.1 節で議論したリスク中立確率測度を定義する．$M(t)$ は，リスク中立測度 Q の現実測度 P に対するラドン–ニコディム微分を無リスク金利で割り引いたものに等しい．4.1 節の記法を用いると，$M(t)$ は式 (4.26) で定義できる．

$$\frac{M_{i+1}^j}{M_i^k} = \frac{1}{(1+r)} \frac{q_i^{k,j}}{p_i^{k,j}} \qquad (4.26)$$

ここで，M_i^j は，時刻 i，状態 j におけるマルチンゲール価格過程の値，$q_i^{k,j}$ はリスク中立測度 Q の下で，時刻 i の状態 k から時刻 $i+1$ の状態 j へ推移する確率，$p_i^{k,j}$ は現実測度 P の下で時刻 i の状態 k から時刻 $i+1$ の状態 j へ推移する確率を表す．

原資産を取引することでオプションを完全にヘッジできるモデル（例えば，CRR の二項モデル）では，均衡モデルを持ち出さなくても $M(t)$ を定義することができる．しかし，オプション価格が完全にヘッジできない場合には，$M(t)$ を構成するために均衡モデルの議論が必要である．

実際，Naik and Lee(1990) のアプローチによると，ヨーロピアンオプションの評価式は次式で与えられる．

$$\begin{aligned} C(t) &= E_{P(t)}\left[\exp[-\phi(T-t)] \left[\frac{S(T)}{S(t)}\right]^{\gamma-1} F(T)\right] \\ &= \frac{E_{P(t)}[\exp[-\phi(T)]S(T)^{\gamma-1}F(T)]}{\exp[-\phi(t)]S(t)^{\gamma-1}} \end{aligned} \qquad (4.27)$$

ここで，$C(t)$ は時刻 t におけるオプション価格，$S(t)$ は時刻 t における市場ポートフォリオの価格，γ はリスク回避係数，ϕ は定数の割引ファクター，$F(T)$ はオプションのペイオフである．式 (4.25) と式 (4.27) から，マルチンゲール価格過程 $M(t)$ を次のように特定することができる．

$$M(t) = \exp(-\phi t)[S(t)]^{\gamma-1}$$

4.4 ジャンプ拡散モデルのデルタヘッジとオプション評価式

　ここでは，4.1 節で述べたツリーモデルにおけるジャンプ拡散モデルのデルタヘッジ法を参考にして，ジャンプ拡散モデルのデルタヘッジ法を考察する．ツリーモデルを考察してから本来のモデルを議論するアプローチは，BS モデルのときにも採用した．ジャンプ拡散モデルにおいて注意しなければならないこととして，2 点あげられる．第 1 点は，原資産価格がジャンプ拡散過程に従う場合にオプション価格の従う確率過程を導出するためには，ジャンプを含む確率過程に対する伊藤の公式を利用する必要があることである．第 2 点は，完備なモデルであった BS モデルの場合とは異なり，ツリーモデルで議論した非完備性が，当然のことながら本来のジャンプ拡散過程に基づくオプション評価においても存在する点である．

　さて，オプション価格が，株価と時間に関して 2 回連続微分可能な関数 $f(S,t)$ で表現されるとする．株価が従う確率過程が，式 (4.28) で与えられている場合に，ジャンプを含む確率過程に関する伊藤の公式（付録 4 を参照）からオプション価格が従う確率微分方程式は，式 (4.29) で与えられる．

$$dS_t = (\mu - \lambda\beta)S_t dt + \sigma S_t dW_t + (Y-1)S_t dN_t \tag{4.28}$$

$$df = \left(\frac{\partial f}{\partial S_t}(\mu - \lambda\beta)S_t + \frac{\partial f}{\partial t} + \frac{1}{2}\frac{\partial^2 f}{\partial S_t^2}\sigma^2 S_t^2\right)dt$$
$$+ \frac{\partial f}{\partial S_t}\sigma S_t dW_t + (f(YS_t) - f(S_t))dN_t \tag{4.29}$$

株価 $S(t)$ の確率過程の拡散項は $\sigma S dW_t$，オプション $f(S(t),t)$ の確率過程の拡散項は $\frac{\partial f}{\partial S}\sigma S dW_t$ であるから，オプションを 1 単位売却した場合に，株式を $\frac{\partial f}{\partial S}$（この関数形は BS デルタに同じであるが，4.1 節においても指摘したように，株価がジャンプ拡散過程に従う場合にその値は必ずしも等しくない）単位購入すれば，連続的な振舞いをする確率項が消去される．つまり，ポートフォリオ Π

$$\Pi = -f + \frac{\partial f}{\partial S}S \tag{4.30}$$

には，連続的な確率項はない．これは，ツリーモデルにおいて局所推移のリスクを取り除いたことに相当する．このポートフォリオ Π の微小時間 dt における価値変動量は，

$$d\Pi = -df + \frac{\partial f}{\partial S}dS \tag{4.31}$$

で表される．式 (4.31) に式 (4.28)，(4.29) を代入することで，

$$\begin{aligned}d\Pi = &-\left(\frac{\partial f}{\partial t} + \frac{1}{2}\frac{\partial^2 f}{\partial S^2}\sigma^2 S^2\right)dt \\ &+ \left[\frac{\partial f}{\partial S}(Y-1)S - (f(YS) - f(S))\right]dN_t\end{aligned} \tag{4.32}$$

が得られる．ポートフォリオ Π は，連続的な振舞いをする確率項がないため，連続成分のリスクはヘッジされているが，ジャンプ成分に関するリスク（式 (4.32) の右辺の第 2 項）が残っていることに注意されたい．ツリーモデルの場合と同様に，式 (4.32) の右辺の第 2 項の期待値を取って整理すると，

$$\begin{aligned}E[d\Pi] = &-\left(\frac{\partial f}{\partial t} + \frac{1}{2}\frac{\partial^2 f}{\partial S^2}\sigma^2 S^2\right)dt \\ &+ \left[\frac{\partial f}{\partial S}\lambda\beta S - \lambda E(f(YS) - f(S))\right]dt\end{aligned} \tag{4.33}$$

となる．

さて，式 (4.32) の左辺であるが，これは，オプションを 1 単位売却して株式を $\frac{\partial f}{\partial S}$ 単位購入したポートフォリオであるが，上記のように無リスクではないので，単純に $d\Pi = r\Pi dt$ とおくことはできない．式 (4.33) の右辺がこのポートフォリオの期待リターンであるため，オプションの期待リターンを $g(S_t, t)$ とすると，株式の期待リターンが μ であったことと合わせて，

$$E[d\Pi] = \left(-gf + \mu\frac{\partial f}{\partial S}S\right)dt \tag{4.34}$$

となる．式 (4.34) を式 (4.33) に代入して，dt に関する恒等式と変形すれば，

$$\begin{aligned}&\frac{\partial f}{\partial t} + (\mu - \lambda\beta)S\frac{\partial f}{\partial S} + \frac{1}{2}\sigma^2 S^2\frac{\partial^2 f}{\partial S^2} + \lambda E[f(YS) - f(S)] \\ &= g(S_t, t)f\end{aligned} \tag{4.35}$$

が得られる．Merton(1976) や 4.1 節では，ジャンプリスクは分散化可能な非システマティックリスクと仮定しているので，CAPM の考えからジャンプリスクプレミアムがないものとして評価している．つまり，均衡の下では $d\Pi$ は超過リターンを必要とせず，$E[d\Pi] = r\Pi dt$ としてよいという考え方を採用している．この場合，式 (4.34) は，

$$\frac{\partial f}{\partial t} + (r - \lambda\beta) S \frac{\partial f}{\partial S} + \frac{1}{2}\sigma^2 S^2 \frac{\partial^2 f}{\partial S^2} + \lambda E[f(YS) - f(S)] = rf \quad (4.36)$$

となる．これが，株価がジャンプ拡散過程に従う場合のブラック–ショールズ–マートンの偏微分方程式（BSMPDE）である．BS モデルと同様に，この偏微分方程式を適切な境界条件，ヨーロピアンコールオプションであれば，

$$f(T, S_T) = \max(S_T - K, 0) \quad (4.37)$$

の下で解けば，株価がジャンプ拡散過程に従う場合のヨーロピアンコールオプション価格式が得られる．

Merton(1976) では，特に，ジャンプサイズを表す確率変数 Y が対数正規分布に従う場合に解析解を与えている．確率変数 Y の対数を取った確率変数 $y = \log Y$ が平均と分散がそれぞれ，$\mu_y - \frac{\sigma_y^2}{2}$，$\sigma_y^2$ である正規分布に従うものとする．このとき，$\beta = E[Y - 1] = E[Y] - 1$ なので，$1 + \beta = E[e^y] = e^{\mu_y}$ ($\mu_y = \log(1 + \beta)$) が成り立つ．

このとき，現在の株価，残存期間，権利行使価格，無リスク金利が，それぞれ，S_t，τ，K，r である場合のヨーロピアンコールオプションの価格式は，

$$S_t^{c,\text{Merton}} = \sum_{n=0}^{\infty} \frac{e^{-\lambda(1+\beta)\tau}(\lambda(1+\beta)\tau)^n}{n!} \left(S_t \Phi\left(\frac{\log \frac{S_t}{K} + (r_n + \frac{\sigma_n^2}{2})\tau}{\sigma_n \sqrt{\tau}} \right) \right.$$
$$\left. -Ke^{-r_n\tau}\Phi\left(\frac{\log \frac{S_t}{K} + (r_n - \frac{\sigma_n^2}{2})\tau}{\sigma_n \sqrt{\tau}} \right) \right)$$

で与えられる．ここで，$r_n = r - \lambda\beta + \frac{n\log(1+\beta)}{\tau} = r - \lambda\beta + \frac{n}{\tau}\mu_y$, $\sigma_n^2 = \sigma^2 + \frac{n\sigma_y^2}{\tau}$ である．この価格式の導出は，4.5 節で議論する均衡モデルに基づくリスクプレミアムを含むオプションの評価式の補題として導く．

4.5 均衡モデルに基づくリスクプレミアムを含むオプションの評価式

ここでは，Naik and Lee(1990) に沿って，均衡モデルに基づくリスクプレミアムを含むオプションの評価式を紹介する．

最適ポートフォリオ選択を行う代表的個人を考え，選択の意思決定において代表的個人は次のような生涯における消費の期待効用を最大化するものとする．

$$E \int_{t=0}^{\infty} U(c_t, t) \, dt \tag{4.38}$$

ここで，効用関数 U は消費に関して，連続微分可能，厳密に凹，厳密に増加を満たすものとする．また，取引は自己資金充的であることなどの実行可能条件を満たすものとする．この経済における競争均衡は，次のような証券価格プロセスと消費財価格プロセスの集合である．それは，予算と実行可能条件の下で式 (4.38) の期待効用を最大化するような動的制御問題が与えられたときに，代表的個人が派生証券は保有せずに企業の証券のみを保有して，企業が発行する全配当を瞬時に消費財に換えて消費することを最適と考えて選択するような集合である．

均衡における証券の価格は，オイラー方程式から

$$S_t = \frac{E_t[\int_t^{\infty} U_c(\delta_s, s) \, \delta_s ds]}{U_c(\delta_t, t)} \tag{4.39}$$

で与えられる．ここで，$U_c(\cdot, \cdot)$ は，1 番目の変数に関して $U(\cdot, \cdot)$ を偏微分したものである．式 (4.39) は，将来に期待される配当を限界代替率によって現在まで割り引いたものの総和として現在の証券価格を表現している．Naik and Lee(1990) では，投資家の効用関数として定数相対リスク回避効用関数

$$U(c, t) = \exp[-\phi t] c^{\gamma}/\gamma, \quad \gamma \leq 1 \tag{4.40}$$

を仮定し，また，総配当がジャンプ拡散過程

$$\frac{d\delta_t}{\delta_{t-}} = (\mu - \lambda\beta) \, dt + \sigma dW_t + (\exp[y] - 1) \, dN_t \tag{4.41}$$

4.5 均衡モデルに基づくリスクプレミアムを含むオプションの評価式

に従うものとしている．式 (4.41) を解くと，

$$\delta_s = \delta_t \exp\left[\left(\mu - \frac{1}{2}\sigma^2 - \lambda\beta\right)(s-t) + \sigma(W_s - W_t) + \sum_{i=N_t+1}^{N_s} y_i\right] \quad (4.42)$$

ここで，μ と σ^2 は，それぞれ，ジャンプが発生しないときの総配当の瞬間的な変化率の期待値と分散である．W_t はウィナー過程，N_t はパラメータ λ のポアソン過程とする．y_i は，確率過程 $\log \delta_t$ における i 番目のジャンプのサイズを表す確率変数であり，すべての i に対して，平均 $\mu_y - 0.5\sigma_y^2$，分散 σ_y^2 の正規分布に従うものとする．

この特定化の下で，市場ポートフォリオの価格 S_t を決定するためのオイラー方程式 (4.39) は，

$$S_t \delta_t^{\gamma-1} = \int_t^\infty E_t\left[\exp(-\phi(s-t))\delta_s^{\gamma-1}\delta_s\right]ds \quad (4.43)$$

となる．同様に，満期 T においてのみ $b(\delta_T)$ 支払われる派生証券（無リスク割引債やオプションなど）の時刻 $t(\leq T)$ における価格は，満期 T 以外の時刻 $s \neq T$ では支払いがないため $\delta_s = 0$ であるから積分記号は必要なくなり，

$$S_t^b \delta_t^{\gamma-1} = E_t\left[\exp(-\phi(T-t))\delta_T^{\gamma-1}b(\delta_T)\right] \quad (4.44)$$

となる．まず，満期 T に 1 支払われる無リスク割引債の価格 S_t^{disc} を求める．価格 S_t^{disc} は式 (4.44) において $b(\delta_T) = 1$ とすればよいから，

$$S_t^{\text{disc}} \delta_t^{\gamma-1} = E_t\left[\exp(-\phi(T-t))\delta_T^{\gamma-1}\right] \quad (4.45)$$

を満たす．式 (4.45) を変形して式 (4.42) を代入すると

$$\begin{aligned}
S_t^{\text{disc}} &= \exp(-\phi(T-t)) E_t\left[\frac{\delta_T^{\gamma-1}}{\delta_t^{\gamma-1}}\right] \\
&= \exp(-\phi(T-t)) E_t\left[\exp\left[(\gamma-1)\left(\mu - \frac{1}{2}\sigma^2 - \lambda\beta\right)(T-t)\right.\right. \\
&\qquad\qquad\qquad\qquad\qquad \left.\left. + (\gamma-1)\sigma(W_T - W_t) + \sum_{i=N_t+1}^{N_T}(\gamma-1)y_i\right]\right]
\end{aligned}$$

$$= \exp\left(-\phi\left(T-t\right)\right) \exp\left(\left(\gamma-1\right)\left(\mu - \frac{1}{2}\sigma^2 - \lambda\beta\right)(T-t)\right)$$
$$E_t[\exp[(\gamma-1)\sigma(W_T-W_t)]] E_t\left[\exp\left[\sum_{i=N_t+1}^{N_T}(\gamma-1)y_i\right]\right] \quad (4.46)$$

式 (4.46) に,

$$E_t[\exp[(\gamma-1)\sigma(W_T-W_t)]] = \exp\left[\frac{(\gamma-1)^2 \sigma^2 (T-t)}{2}\right] \quad (4.47)$$

$$E_t\left[\exp\left[\sum_{i=N_t+1}^{N_T}(\gamma-1)y_i\right]\right] =$$
$$\exp\left[\lambda(T-t)\left\{\exp\left[(\gamma-1)\mu_y - (\gamma-1)(2-\gamma)\frac{\sigma_y^2}{2}\right] - 1\right\}\right] \quad (4.48)$$

(式 (4.48) は,正規分布の再生性 (付録5) を用いて得られる) を代入して整理すると,

$$S_t^{\text{disc}} = \exp\Bigg[\bigg\{-\phi + (\gamma-1)(\mu-\lambda\beta) + \frac{(\gamma-1)(\gamma-2)}{2}\sigma^2$$
$$+ \lambda\left(\exp\left[(\gamma-1)\mu_y + \frac{(\gamma-1)(\gamma-2)}{2}\sigma_y^2\right] - 1\right)\bigg\}(T-t)\Bigg] \quad (4.49)$$

が得られる.無リスク金利を r とすると,

$$S_t^{\text{disc}} = \exp\left[-r(T-t)\right] \quad (4.50)$$

とも表せるから,式 (4.49) と式 (4.50) から,

$$r = \phi + (1-\gamma)(\mu-\lambda\beta) + \frac{(\gamma-1)(2-\gamma)}{2}\sigma^2$$
$$+ \lambda\left(1 - \exp\left[(\gamma-1)\mu_y + \frac{(\gamma-1)(\gamma-2)}{2}\sigma_y^2\right]\right) \quad (4.51)$$

となる.関数 $a(\gamma)$ を

$$a(\gamma) = \gamma(\mu-\lambda\beta) + \frac{\gamma(\gamma-1)}{2}\sigma^2 + \lambda\left(\exp\left[\gamma\mu_y + \frac{\gamma(\gamma-1)}{2}\sigma_y^2\right] - 1\right) \quad (4.52)$$

で定義すると，式 (4.49) は，

$$S_t^{\text{disc}} = \exp[\{-\phi + a(\gamma - 1)\}(T - t)] \tag{4.53}$$

とも表せる．

次に，市場ポートフォリオの価格 S_t を求めてみよう．式 (4.43) を変形して式 (4.42) を代入し，式 (4.52) を利用すると

$$\begin{aligned}
S_t &= \int_t^\infty E_t\left[\exp(-\phi(s-t))\frac{\delta_s^\gamma}{\delta_t^{\gamma-1}}\right] ds \\
&= \delta_t \int_t^\infty E_t\left[\exp(-\phi(s-t))\exp\left[\gamma\left(\mu - \frac{1}{2}\sigma^2 - \lambda\beta\right)(s-t)\right.\right. \\
&\qquad \left.\left. + \gamma\sigma(W_s - W_t) + \sum_{i=N_t+1}^{N_s} \gamma \cdot y_i\right]\right] ds \\
&= \delta_t \int_t^\infty \exp\{[-\phi + a(\gamma)](s-t)\} ds \\
&= \frac{\delta_t}{\phi - a(\gamma)}
\end{aligned} \tag{4.54}$$

が得られる．

最後に，コールオプションの価格式について検討する．コールオプションの価格 S_t^c は，式 (4.44) において

$$b(\delta_T) = \max[S_T - K, 0] = \max\left[S_t\frac{\delta_T}{\delta_t} - K, 0\right] \tag{4.55}$$

としたものを求めればよい．つまり，

$$S_t^c = \exp[-\phi(T-t)] E_t\left[\left(\frac{\delta_T}{\delta_t}\right)^{\gamma-1} \max\left[S_t e^{\log \frac{\delta_T}{\delta_t}} - K, 0\right]\right] \tag{4.56}$$

を計算することになる．式 (4.42) から，

$$\log \frac{\delta_T}{\delta_t} = \left(\mu - \frac{1}{2}\sigma^2 - \lambda\beta\right)(T-t) + \sigma(W_T - W_t) + \sum_{i=N_t+1}^{N_T} y_i \tag{4.57}$$

が導かれるが，この分布はジャンプの回数に依存する．時間 $\tau := T - t$ の間に発生するジャンプの回数が n 回である場合，確率変数 $X_n := \log \frac{\delta_T}{\delta_t}$ の従う分

布は，式 (4.57) の右辺にある確率変数がすべて独立であるため，正規分布の再生性（付録 5 を参照）を用いると，

$$\log \frac{\delta_T}{\delta_t} = N\left(\left[\mu - \frac{1}{2}\sigma^2 - \lambda\bar{\beta} + \frac{n\left(\mu_y - \frac{1}{2}\sigma_y^2\right)}{\tau}\right]\tau, \left(\sigma^2 + \frac{n\sigma_y^2}{\tau}\right)\tau\right) \quad (4.58)$$

ここで，X_n の従う正規分布の平均と分散をそれぞれ $\nu_n\tau$，$\sigma_n^2\tau$ とおき，ジャンプの回数が n 回である場合のコールオプション価格を $S_t^{c,n}$ とする.

$$\begin{aligned} S_t^{c,n} &= \exp[-\phi(T-t)] E_t[e^{(\gamma-1)X_n} \max[S_t e^{X_n} - K]] \\ &= \exp[-\phi(T-t)]\left[S_t \int_{\log\frac{K}{S_t}}^{\infty} e^{\gamma X_n} f(X_n) dX_n \right. \\ &\qquad\qquad\qquad\qquad \left. - K \int_{\log\frac{K}{S_t}}^{\infty} e^{(\gamma-1)X_n} f(X_n) dX_n\right] \end{aligned} \quad (4.59)$$

ここで，$f(X_n)$ は X_n の密度関数であり，

$$f(X_n) = \frac{1}{\sqrt{2\pi}\sigma_n\sqrt{\tau}} e^{-\frac{(X_n - \nu_n\tau)^2}{2\sigma_n^2\tau}} \quad (4.60)$$

で与えられる．これを式 (4.59) に代入して整理すると，式 (4.59) の右辺の [ ] 内における第 1 項は

$$S_t e^{(\nu_n + \frac{\gamma}{2}\sigma_n^2)\gamma\tau} \frac{1}{\sqrt{2\pi}\sigma_n\sqrt{\tau}} \int_{\log\frac{K}{S_t}}^{\infty} e^{-\frac{(X_n - (\nu_n + \sigma_n^2\gamma)\tau)^2}{2\sigma_n^2\tau}} dX_n$$

となる．ここで，$x_n = \frac{X_n - (\nu_n + \sigma_n^2\gamma)\tau}{\sigma_n\sqrt{\tau}}$ と変数変換すれば，$dX_n = \sigma_n\sqrt{\tau}dx_n$ であることと，x_n の積分区間が $\left[\frac{\log\frac{K}{S_t} - (\nu_n + \sigma_n^2\gamma)\tau}{\sigma_n\sqrt{\tau}}, \infty\right)$ となることに注意すれば，式 (4.59) の右辺の [ ] 内における第 1 項は，

$$S_t e^{(\nu_n + \frac{\gamma}{2}\sigma_n^2)\gamma\tau} \Phi\left(-\frac{\log\frac{K}{S_t} - (\nu_n + \sigma_n^2\gamma)\tau}{\sigma_n\sqrt{\tau}}\right)$$

となることがわかる．式 (4.59) の右辺の第 2 項は，S_t と γ をそれぞれ K と $\gamma - 1$ に置き換えれば得られるから，時間 τ の間に発生するジャンプ回数が n 回の場合のコールオプションの価格は，

4.5 均衡モデルに基づくリスクプレミアムを含むオプションの評価式

$$S_t^{c,n} = S_t e^{(-\phi+\gamma\nu_n+\frac{\gamma^2}{2}\sigma_n^2)\tau} \Phi\left(-\frac{\log\frac{K}{S_t} - (\nu_n + \sigma_n^2\gamma)\tau}{\sigma_n\sqrt{\tau}}\right)$$

$$-Ke^{(-\phi+(\gamma-1)\nu_n+\frac{(\gamma-1)^2}{2}\sigma_n^2)\tau} \Phi\left(-\frac{\log\frac{K}{S_t} - (\nu_n + \sigma_n^2(\gamma-1))\tau}{\sigma_n\sqrt{\tau}}\right) \quad (4.61)$$

となり,ジャンプ回数が n 回となる分布は強度 $\lambda\tau$ のポアソン分布 $p(n)$

$$p(n) = e^{-\lambda\tau}\frac{(\lambda\tau)^n}{n!} \quad (4.62)$$

に従うから,結局,コールオプション価格 (S_t^c) は,

$$S_t^c = \sum_{n=0}^{\infty} p(n) S_t^{c,n} \quad (4.63)$$

で与えられる.

このコールオプション価格式 S_t^c では,投資家の効用関数を導入することで,連続成分とジャンプ成分の両方のリスクに対するプレミアムを価格付けに考慮している.このため,リスク回避係数がオプション価格式に入っている.Merton(1976) では,原資産価格におけるジャンプは市場ポートフォリオ価格におけるジャンプとは無相関であると仮定されており,ジャンプリスクは均衡において価格付けされない.つまり,ジャンプリスクプレミアムを 0 と仮定してオプションの価格付けがなされている.この仮定と連続成分のリスクに関する無裁定条件の議論から,時刻 t において原資産価格が S のとき,満期 T,権利行使価格 K のヨーロピアンコールオプションの価格は,

$$\exp(-r\tau) E^Q[\max(S_T^Q - K, 0)|S_t^Q = S] \quad (4.64)$$

を評価すれば得られることになる.

式 (4.64) において,r は無リスク金利,S_T^Q は,リスク中立測度の下で

$$S_T^Q = S_t^Q \exp\left[\left(r - \frac{1}{2}\sigma^2 - \lambda\beta\right)(T-t) + \sigma(W_T^Q - W_t^Q) + \sum_{i=N_t+1}^{N_T} y_i\right] \quad (4.65)$$

なる確率過程に従う.

原資産の瞬間的な期待リターンが無リスク金利に一致するとの仮定の下で，オプションのキャッシュフローの期待値を求めてその割引現在価値をオプションの価格とした Merton(1976) の評価式 (4.64) を均衡モデルに基づく評価式 (4.56) と比較しよう．式 (4.56) において，$\gamma = 1$, $\phi = r$, さらに $S_T = S_t e^{\log \frac{\delta_T}{\delta_t}}$ をリスク中立測度の下での株価過程 S_T^Q に変換して $\mu = r$ としたものが Merton(1976) の評価式 (4.64) であることがわかる．

均衡モデルに基づく評価式 (4.56) は，式 (4.45)，(4.50) および式 (4.40) を c に関して微分した限界効用 $U_c(\cdot, \cdot)$ を利用すると，次のように書き換えることができる．

$$\begin{aligned}
S_t^c &= \exp[-\phi(T-t)]E_t\left[\left(\frac{\delta_T}{\delta_t}\right)^{\gamma-1} \max[S_T - K, 0]\right] \\
&= \exp[-\phi(T-t)]E_t\left[\left(\frac{\delta_T}{\delta_t}\right)^{\gamma-1}\right]E_t[\max[S_T - K, 0]] \\
&\quad + \exp[-\phi(T-t)]Cov_t\left[\left(\frac{\delta_T}{\delta_t}\right)^{\gamma-1} \max[S_T - K, 0]\right] \\
&= S_t^{\text{disc}} E_t[\max[S_T - K, 0]] + Cov_t\left[\frac{\exp(-\phi T)\delta_T^{\gamma-1}}{\exp(-\phi t)\delta_t^{\gamma-1}} \max[S_T - K, 0]\right] \\
&= \exp[-r(T-t)]E_t[\max[S_T - K, 0]] \\
&\quad + Cov_t\left[\frac{U_c(S_T, T)}{U_c(S_t, t)} \max[S_T - K, 0]\right]
\end{aligned} \qquad (4.66)$$

式 (4.66) の第 1 項は，原資産の瞬間的な期待リターンが μ のときに，オプションのキャッシュフローの期待値を取りその割引現在価値を求めたものである．よって，Merton(1976) の評価式 (4.66) とは期待値計算の部分が異なることに注意されたい．式 (4.66) の第 2 項は，オプションに織り込まれている連続成分とジャンプ成分の両リスクの対価（リスクプレミアム）に相当する部分である．

Naik and Lee(1990) では，数値実験に基づいて，ジャンプの強度やジャンプサイズのパラメータやオプションの満期，マネーネスによっては，ジャンプリスクや拡散リスクに対するプレミアム（式 (4.66) の第 2 項）がオプション価格のかなりの部分を占めることを示している．

5

確率ボラティリティモデルと特性関数に基づくオプション評価

5.1　確率ボラティリティモデルのツリー構築法

5.1.1　Britten-Jones and Neuberger(2000) によるツリー構築の理論

Britten-Jones and Neuberger（以下，BN と略す）ツリー（図 5.1 を参照）において，時間軸（横軸）は時間間隔 h の離散時刻を対象とし，$t \in \mathbf{T}$ で，$\mathbf{T}$ は $0 \sim T$ の範囲における時刻の集合である．

$$\mathbf{T} = \{0, h, 2h, \ldots, T\} \tag{5.1}$$

株価の状態を表す状態空間（縦軸）は，$\mathbf{K}$ で表し，初期の株価を S_0 とすると，状態空間 $\mathbf{K}$ は，

$$\mathbf{K} = \{K : K = S_0 u^i, i = 0, \pm 1, \pm 2, \ldots, \pm M\}, \quad u > 1 \tag{5.2}$$

で与えられる．よって，BN ツリーは，このような時刻と価格のセット (t, K)，$t \in \mathbf{T}$ かつ $K \in \mathbf{K}$ からなる空間上に描かれることになる．BN ツリーを，第 2 章の CRR の二項モデルと比較しておこう．(1) 1 単位時間の推移では株価は 2 以上離れた状態に推移できないこと（ジャンプのない連続型のモデルであること），(2) ツリーが再結合，つまり，(上昇・下落) の推移と (下落・上昇) の推移が同じ状態に到達する点と，(3) その到達点が二期前の株価水準に戻る点

図 5.1 BN ツリー

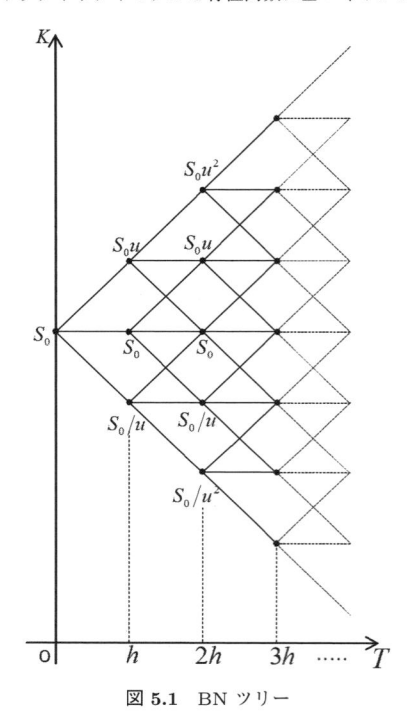

などは，CRR の二項モデルと同様である．相違点は，BN ツリーは三項モデルであるため，k 番目の時刻 kh において状態空間が $2k+1$ 個あり，CRR の二項モデルの $k+1$ 個と異なる．次に，第 3 章で議論したデタミニスティックボラティリティ（DV）モデルと比較する．BN ツリーは，上記の (1)，(2) に関しては DV モデルと同じであるが，基本的に (3) が異なる．Rubinstein(1994) のインプライドツリーでも Derman and Kani(1994) のインプライドツリーでも基本的に (3) は満たされない．ただし，Derman and Kani(1994) のインプライドツリーの場合，奇数時刻における中央のノードは，初期の株価に一致するように制約している．Li(2000/2001) のインプライドツリーに関しても同様である．最後に，第 4 章のジャンプ拡散モデルの二項ツリーとの比較では，先の (1)〜(3) のすべてが，ジャンプの存在のために異なる．BN ツリーが，連続型のモデルに入る確率ボラティリティモデルを表現するものであるから，連続型

のジャンプを含む型のモデルに入るジャンプ拡散モデルのツリーと大きくことなることも理解できる．

BN ツリーと DV モデルのツリー（特に，Rubinstein, 1994；Derman and Kani, 1994）を比較した場合，状態推移の表現において前者の制約の方が大きいと考えられる．BN ツリーは三項ツリーであるため，推移先として 3 通り選択できる自由度はあるが，ラティス上のどこに株価があっても推移幅が一定（u または $1/u$）に限られており，ツリー自体が歪んだ形とはならないため，現実に株価の位置に応じてボラティリティが大きく変化する際には，それをすべて推移確率で調整しなければならないことになる．このことによる問題点については，後ほど指摘する．

BN ツリーを構築するための理論の核心は，確率ボラティリティモデルが連続モデルの範疇にあるため，連続性の仮定をうまく利用して，株価のインプライド推移確率をオプション価格のみを用いて表現する点である．

BN ツリーにおける連続性の条件とは，「一期間の推移において，株価は上下に 1 つ推移するまたは同じ状態に推移する，のいずれかだけである」とするものである．同様の仮定は，第 4 章で述べたジャンプ拡散プロセスのツリーにおける連続部分の推移について課されていたことを思い出そう（そこでは，連続部分は二項モデルであったが）．この条件は，

$$\text{もし } |i-j| > 1, \text{なら } \Pr\{S_{t+h} = S_0 u^j | S_t = S_0 u^i\} = 0 \tag{5.3}$$

と表される．

条件式 (5.3) に基づいて，BN では，時点 t において株価が K であり，かつ，時点 $t+h$ のときの株価が K^* であるインプライド確率を式 (5.4) で与えている．

$$\Pr\{S_t = K \text{ and } S_{t+h} = K^*\}$$
$$= \begin{cases} \dfrac{C(t+h, K) - C(t, K)}{K(u-1)}, & K^* = Ku \\ \dfrac{C(t, Ku) + uC(t, K/u) - (1+u)C(t+h, K)}{K(u-1)}, & K^* = K \\ \dfrac{C(t+h, K) - C(t, K)}{K(1-1/u)}, & K^* = K/u \\ 0, & \text{その他} \end{cases} \tag{5.4}$$

式 (5.4) の右辺の第 1 番目の式は，オプションのカレンダースプレッドにつ

いて考察することで得られる．第2, 3番目の式は，条件付確率の議論を経由して得られる．満期 t で権利行使価格が K のコールオプションを売却し，権利行使価格は同じ K で，一期間後の $t+h$ に満期を迎えるコールオプションを購入することを考察する．この取引のコストは明らかに $C(t+h,K) - C(t,K)$ である．さて，時刻 t における S_t と K の大小関係に応じて，時刻 $t+h$ におけるペイオフは，

$$\begin{cases} S_{t+h} - K, & S_{t+h} > K \geq S_t \\ K - S_{t+h}, & S_{t+h} < K < S_t \\ 0, & その他 \end{cases} \tag{5.5}$$

となる．ここで，連続性の仮定を用いる．時刻 $t \sim t+h$ までの一期間においては，多くとも1つしか状態は推移できないため，$S_t = K$ かつ $S_{t+h} = Ku$ となるケースを除いては，ペイオフはゼロとなる．よって，無裁定条件によって，

$$C(t+h, K) - C(t, K) = \Pr\{S_t = K \text{ and } S_{t+h} = Ku\}(Ku - K) \tag{5.6}$$

が成り立たなければならない．

結合確率は，周辺確率と条件付確率との積で表現できるから，

$$\begin{aligned} &\Pr\{S_t = K \text{ and } S_{t+h} = Ku\} \\ &= \Pr\{S_t = K\} \Pr\{S_{t+h} = Ku | S_t = K\} \end{aligned} \tag{5.7}$$

と表される．$\Pr\{S_t = K\}$ は時刻 t において株価 S_t が K となるインプライド確率であり，これを $\pi(K;t)$ と表す．$\pi(K;t)$ は，3.1節の式 (3.3) を導出した考え方を利用すれば，

$$\begin{aligned} \pi(K;t) &\equiv \frac{C(t, Ku) - C(t, K)}{K(u-1)} - \frac{C(t, K) - C(t, K/u)}{K(1 - 1/u)} \\ &= \frac{C(t, Ku) - (1+u)C(t, K) + uC(t, K/u)}{K(u-1)} \end{aligned} \tag{5.8}$$

となる．式 (5.6)〜(5.8) を用いれば，時刻 t において株価 S_t が K であるという条件の下で，次の推移で株価が上昇する（Ku になる）インプライド確率を

$$\Pr\{S_{t+h} = Ku | S_t = K\}$$
$$= \frac{C(t+h, K) - C(t, K)}{C(t, Ku) - (1+u)C(t, K) + uC(t, K/u)} \tag{5.9}$$

と求めることができる．ここで，$\lambda(K; t)$ を

$$\lambda(K; t) \equiv \frac{1}{h} \frac{C(t+h, K) - C(t, K)}{C(t, Ku) - (1+u)C(t, K) + uC(t, K/u)} \tag{5.10}$$

と定義する．すると，

$$\Pr\{S_{t+h} = Ku | S_t = K\} = h\lambda(K; t) \tag{5.11}$$

と表せる．次に，時刻 t において株価 S_t が K であるという条件の下で，次の推移で株価が下落する（K/u になる）インプライド確率をマルチンゲール性によって求める．株価が変わらなかった場合に収益は発生しないので株価が上昇する場合と下落する場合を考慮して，マルチンゲール性が成立するためには，

$$0 = (Ku - K) h\lambda(K; t) + (K/u - K) \Pr\{S_{t+h} = K/u | S_t = K\} \tag{5.12}$$

を満たさなければならない．式 (5.12) を解けば，

$$\Pr\{S_{t+h} = K/u | S_t = K\} = uh\lambda(K; t) \tag{5.13}$$

であることがわかる．式 (5.4) の右辺の 3 番目の式を確認しておく．

$$\Pr\{S_t = K \text{ and } S_{t+h} = K^*\}$$
$$= \Pr\{S_{t+h} = K/u | S_t = K\} \pi(K; t) = uh\lambda(K; t) \pi(K; t)$$

であるから，右辺に式 (5.8)，(5.10) を代入して整理すれば，式 (5.4) の右辺の 3 番目の式が得られる．

式 (5.11) と式 (5.13) から，時刻 t において株価 S_t が K であるという条件の下で，次の推移で株価が変わらない（K に留まる）インプライド確率は，

$$\Pr\{S_{t+h} = K | S_t = K\} = 1 - (1+u) h\lambda(K; t) \tag{5.14}$$

となる．これで，すべての条件付インプライド推移確率が，オプションの市場

価格から導出できたことになる．式 (5.4) の右辺の 2 番目の式は，先と同様に，式 (5.14) に $\pi(K;t)$ を乗じ，式 (5.8), (5.10) を代入して整理すれば得られる．

これまでの話は，モデルの連続性のみを仮定して，条件付インプライド推移確率を導出するための理論部分であった．これに，確率ボラティリティに関する部分を組み込むように拡張することを考える．

これまで議論してきた時刻と価格のセット (t,K), $t \in \mathbf{T}$ かつ $K \in \mathbf{K}$ からなる空間に加えて，N 個の状態からなるボラティリティの空間 $Z = \{1, 2, \ldots, N\}$ を考える．ボラティリティ自体の推移については，2.7.2 項で導入した斉時なマルコフ連鎖（例えば，エーレンフェストの壺モデルを記述するマルコフ連鎖）として表現する．ボラティリティに関する状態推移確率を

$$\Pr\{Z_{t+h} = j | Z_t = k\} = p_{kj} \tag{5.15}$$

と記す．2.7.2 項の例であれば，ここでの p_{kj} は式 (2.91) に相当する．さて，これまで議論してきた株価の条件付推移確率（式 (5.11), (5.13), (5.14)）は，条件部分が，現在の株価の状態（$S_t = K$）に関するもののみであり，現在のボラティリティの状態に関することが含まれていない．株価の状態に加えて，ボラティリティの状態も考慮した本来の確率ボラティリティモデルの条件付推移確率（特に，次の期に株価が上昇する場合）を

$$hv(Z_t) \equiv \Pr\{S_{t+h} = Ku | S_t = K, Z_t\} \tag{5.16}$$

と記すことにする．

関数 $v(.)$ と推移確率 p_{jk} は，確率ボラティリティモデルとしてどのようなものを選択するかによって決まる．確率ボラティリティモデルの例としては，平均回帰性をもったボラティリティ過程，GARCH 過程，レジームスイッチングモデルなどがあげられる．

BN では，キャリブレーションの際に，初期のオプション市場価格にオプションモデル価格が正確に一致することが望ましいとの理由から，式 (5.16) の左辺に，時間 t と株価水準 K に依存する項 $q(t,K)$ を導入する形で式 (5.16) の左辺を，

$$\Pr\{S_{t+h} = Ku | S_t = K, Z_t = z\} = q(t,K)v(z)h \tag{5.17}$$

と拡張している．

5.1 確率ボラティリティモデルのツリー構築法

式 (5.17) の条件部分を式 (5.11) の条件部分と比較すると，ボラティリティに関する状態が導入されているため，条件となる事象空間の分割は細分化されている．よって，このように細分化された分割も，もとの式 (5.11) を満たすことを保証しなければならない．

時刻 t において株価 S_t が K となるインプライド確率を $\pi(K;t)$ と表したが，これに対応させて，時刻 t において株価 S_t が K でありかつボラティリティ Z_t が z となるインプライド確率 $\Pr\{S_t = K \text{ and } Z_t = z\}$ を $\pi(K,z;t)$ と記す．このとき，以下の等式が成立すれば，細分化された式 (5.17) は，もとの式 (5.11) を満たすことになる．

$$\lambda(K;t)\pi(K;t) = q(t,K)\sum_{z=1}^{N} v(z)\pi(K,z;t) \tag{5.18}$$

ただし $t \in \mathbf{T}$，$K \in \mathbf{K}$，かつ $z = 1,\ldots,N$ とする．

BN では，上記のツリーをキャリブレーションする手法について示している．

このように，BN のアプローチは株価過程の連続性のみに基づいて株価のインプライド推移確率をオプション価格のみで表現するものであり，独創的である．しかしながら，キャリブレーションの際に導入した $q(t,K)$ が理論的に何に相当するのか，またファイナンスにおける意味づけも不明である．実用上の難点としては，インプライド推移確率が負となりうる点である．例えば，式 (5.4) の一番上の式において，分母の $K(u-1)$ は正であるから，インプライド確率の符号は，$C(t+h,K) - C(t,K)$ の符号に依存する．ボラティリティが満期によらず一定であれば，満期の長い $(t+h)$ オプションの価格の方が満期の短いオプションの価格 (t) よりも高くなるから，$C(t+h,K) - C(t,K) > 0$ となる．しかし，ごく短い期間に注目すべき大きな経済指標などの公表が予定されている場合には，満期の短いオプションのボラティリティの方が，満期が長いオプションのボラティリティよりも相当大きくなることが考えられる．このような市場環境では，$C(t+h,K) - C(t,K) < 0$ となることが起こりえる．つまり，株価のインプライド推移確率をオプション価格のみで表現するアプローチでは，インプライド推移確率が負となることが発生し，この場合にはオプションの市場価格データを利用したオプション評価ができなくなる．このため，実務において BN のアプローチを採用することは難しいと考えられる．

5.1.2 複合二項ツリー構築法（樋野・宮﨑，2009）

BN の弱点を克服するために，ここでは，SV モデルのツリー構築法とそのキャリブレーション法として，第 2, 3 章で述べた BS モデルや DV モデルのツリー構築法とそのキャリブレーション法に準じて素直に拡張したものを紹介する．

SV モデルとして，以下のモデルを採用する．

$$\frac{dS}{S} = rdt + \sigma d\tilde{W}_1 \tag{5.19}$$

$$d\sigma = -\kappa(\sigma - \alpha)dt + \gamma d\tilde{W}_2 \tag{5.20}$$

ここで，κ は回帰速度，α は回帰平均，γ はボラティリティのボラティリティ，$d\tilde{W}_1$ と $d\tilde{W}_2$ はウィナー過程を表しており，$d\tilde{W}_1$ と $d\tilde{W}_2$ の相関は考えない．

SV モデルのツリーを構築する際には，株価の確率的推移とボラティリティの確率的推移との 2 つを離散的に表現して組み合わせなければならない．まず，SV モデルのツリーの概略を説明したうえで，株価推移およびボラティリティ推移の離散モデル化について述べる．

a. SV モデルのツリーの概略

株価の確率的推移を表現する際には，第 3 章で示した DK の構築法のように，キャリブレーションにおいて株価の推移確率が負となる場合がしばしば発生するようなツリー構築法は望ましくない．ここでは，キャリブレーションにおける頑健性に重きをおいて，第 2 章で導入した株価モデル 4 ($S_n^{(4)}$) のように，株価推移を表現するためのツリーを $y_t = \log(S_t/S_0)$ に関して構築する．この場合，対数株価の推移は上昇と下落の 2 通りであり，基本的に推移の幅はボラティリティの大きさに相当し，推移確率はドリフトの調整項部分が加わるものの上昇・下落とも 0.5 である．SV モデルでは，ボラティリティが時間の経過とともに推移するため，ツリーにおいては対数株価の推移幅が時刻によって異なるようなモデル化がなされることになる．ここで，ボラティリティが高・中・低の 3 つの状態を取る場合について，図 5.2 を用いて SV モデルのツリーの仕組みを確認しておく．時刻 0 において，株価とボラティリティの値が設定されている．時刻 0 において，ボラティリティの状態が高，中，低であれば，時刻 0〜h までの対数株価の推移は，それぞれ，実線，破線，細線のようになる．時刻 0 にお

5.1 確率ボラティリティモデルのツリー構築法

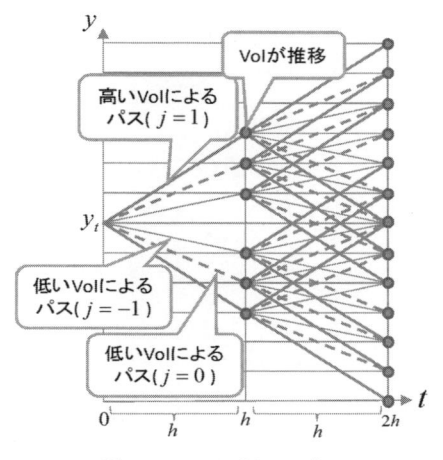

図 5.2 SV モデルのツリー

けるボラティリティの状態がいずれの場合であっても（時刻 0〜h までに実線，破線，細線のいずれの推移をしても），時刻 h でボラティリティが高の状態に推移したならば，時刻 h におけるノードから出発する時刻 $2h$ までの対数株価の推移は実線となる．時刻 h におけるボラティリティの状態が中，低の場合も同様に，それぞれ破線，細線となる．このようなツリーのことを二項ツリーが合成されているという意味合いを込めて，複合二項ツリーと呼ぶことにする．

b. SV モデルの離散モデル化

(1) ボラティリティ推移の離散モデル化

第 2 章で述べたように，式 (5.20) で与えられる平均回帰過程を有限空間のマルコフ連鎖を用いて表現するために，平均回帰過程 z_t を有限空間のマルコフ連鎖（$z_t = -J, \ldots, 0, 1, \ldots, J$）を用いて表現する．平均回帰過程 z_t は，$z_t = j$ から $z_{t+h} = k$ への推移確率 $p_{k,j}$ が式 (5.21) で与えられるマルコフ連鎖である．

$$p_{k,j} = \begin{cases} \frac{1}{2}\kappa h\left(J - j\right), & k = j + 1 \\ 1 - \kappa hJ, & k = j \\ \frac{1}{2}\kappa h\left(J + j\right), & k = j - 1 \\ 0, & \text{その他} \end{cases} \quad (5.21)$$

$\Delta z_t = z_{t+h} - z_t$ とおき，平均回帰過程 z_t のドリフトと分散を求めると，

$$
\begin{aligned}
E[\Delta z_t | z_t = j] &= 1 \cdot \tfrac{1}{2}\kappa h\,(J-j) + (-1) \cdot \tfrac{1}{2}\kappa h\,(J+j) \\
&= -\kappa h j \\
&= -\kappa z_t h
\end{aligned}
\quad (5.22)
$$

$$
\begin{aligned}
E\left[(\Delta z_t)^2 | z_t = j\right] &= 1^2 \cdot \tfrac{1}{2}\kappa h\,(J-j) + (-1)^2 \cdot \tfrac{1}{2}\kappa h\,(J+j) \\
&= \kappa J h
\end{aligned}
\quad (5.23)
$$

となる.

次に,

$$\sigma_t(z_t) = \alpha + \delta z_t \quad (5.24)$$

ここで, $\delta = \gamma/\sqrt{\kappa J}$ とする. このとき, σ_t が平均回帰過程式 (5.20) を満たすことを確認する.

$\Delta \sigma_t = \sigma_{t+h} - \sigma_t$ とおくと,

$$
\begin{aligned}
E[\Delta \sigma_t(z_t) | \sigma_t(z_t) = \sigma_t] &= \delta \cdot E\left[\Delta z_t | z_t = \tfrac{\sigma_t - \alpha}{\delta}\right] \\
&= -\kappa h \delta \tfrac{\sigma_t - \alpha}{\delta} \\
&= -\kappa(\sigma_t - \alpha) h
\end{aligned}
\quad (5.25)
$$

$$
\begin{aligned}
&E\left[(\Delta \sigma_t(z_t))^2 | \sigma_t(z_t) = \sigma_t\right] \\
&= \delta^2 \cdot \tfrac{1}{2}\kappa h\left(J - \tfrac{\sigma_t - \alpha}{\delta}\right) + (-\delta)^2 \cdot \tfrac{1}{2}\kappa h\left(J + \tfrac{\sigma_t - \alpha}{\delta}\right) \\
&= \delta^2 \kappa J h \\
&= \gamma^2 h
\end{aligned}
\quad (5.26)
$$

であるから, 確かに, 式 (5.24) が平均回帰過程式 (5.20) を表現している.

上記のモデル化によって, ボラティリティ σ_t は, 状態空間

$$(\alpha - \delta J, \ldots, \alpha, \ldots, \alpha + \delta J)$$

上を式 (5.21) で与えられる推移確率行列に従って推移していくことがわかる.

平均回帰過程 (5.20) のパラメータと複合二項ツリーとの関連について確認しておく.

① ボラティリティの状態空間の数を定める J と複合二項ツリーの時間間隔 h を与える. 図 5.2 では $J = 1$ としている.

② 平均回帰パラメータ κ が決まると，式 (5.21) から推移確率 $p_{k,j}$ がすべて決定される．

③ ボラティリティの水準 $\sigma_t(z_t)$ は，$z_t = j$ のとき $\alpha + \delta j$ で与えられる．$\delta = \gamma/\sqrt{\kappa J}$ であるから，平均回帰パラメータ κ が与えられていても，γ が推定パラメータとしてあるため，ボラティリティの水準の変化幅 δ を柔軟に与えることができる．

④ 推定された κ, γ に対して J を十分大きく取れば，δ をいくらでも小さくすることができるので，平均パラメータ α は原理的には正の整数 j_α を用いて $\alpha = \delta j_\alpha$ と表せる．ただし，状態空間におけるボラティリティの水準がすべて正であることを保証するには，$j_\alpha \geq J + 1$ が条件となる．

(2) 対数株価推移の離散モデル化

簡便のため，$j_\alpha = J + 1$（図 5.2 は $J = 1$ の場合である）として説明する．先に述べたように複合二項ツリーは，$y_t = \ln \frac{S_t}{S_0}$ に関して構築する．式 (5.19) を解くと，

$$S_t = S_0 \exp\left\{\left(r - \frac{1}{2}\sigma_t(z_t)^2\right)t + \sigma_t(z_t)W_1(t)\right\} \tag{5.27}$$

であるから，

$$y_t = \left(r - \frac{1}{2}\sigma_t(z_t)^2\right)t + \sigma_t(z_t)W_1(t) \tag{5.28}$$

を複合二項ツリーで表現する．

複合二項ツリーの特徴を 2 点確認しておく．第 1 に，y_t が微小時間 h 後に状態 y_{t+h} に推移する場合，最小のボラティリティ δ に関する二項ツリー（$y_{t+h} = y_t \pm \delta\sqrt{h}$，図 5.2 の細線）に沿った推移から最大のボラティリティ $(2J+1)\delta$ に関する二項ツリー（$y_{t+h} = y_t \pm (2J+1)\delta\sqrt{h}$，図 5.2 の実線）に沿った推移まで合計 $2J+1$ 通りの二項ツリー（上昇下落の合計は $2(2J+1)$ 通り）から構成される．第 2 に，次の微小時間 h における y_{t+h} から y_{t+2h} における推移（各ボラティリティに関する二項ツリーをどのような確率で重み付けするか）が，前の期において y_{t+h} の状態に到達する際に，どのボラティリティに関する二項ツリーを経由してきたかということとボラティリティの推移確率（式 (5.21)）に基づいて決定される．

状態 y_t の推移幅 $\sigma_t(z_t)\sqrt{h}$ は $j\delta\sqrt{h}$, $j=1,\ldots,2J+1$ となる．また，y_t に関する状態空間は，合計 $2J+1$ 通りの二項ツリーを重ね合わせたものであり，結果的に，最大のボラティリティ $(2J+1)\delta$ に関する二項ツリーにおける最小と最大の状態の間を，最小のボラティリティの推移幅 $\delta\sqrt{h}$ で分割して得られる状態空間となる．ここで述べた複合二項ツリーの利点は，異なるボラティリティからの二項ツリーの多くが再結合するように構築されているため，ラティスのステップ数 n が増加しても状態空間がステップ数の線形にしか増加しない点である．

y_t の推移は，式 (5.28) で与えられているので，その離散モデル化において，

$$\lim_{h \to 0} \frac{1}{h} E[\Delta_h y_t | y_t = y, z_t] = r - \frac{1}{2}\sigma_t(z_t)^2 \tag{5.29}$$

$$\lim_{h \to 0} \frac{1}{h} E[(\Delta_h y_t)^2 | y_t = y, z_t] = \sigma_t(z_t)^2 \tag{5.30}$$

を満たす必要がある．よって，

$$\Delta y_t | z_t = \begin{cases} \sigma_t(z_t)\sqrt{h} & : \text{確率} \frac{1}{2} + \frac{\left(r - \frac{\sigma_t(z_t)^2}{2}\right)\sqrt{h}}{2\sigma_t(z_t)} \\ -\sigma_t(z_t)\sqrt{h} & : \text{確率} \frac{1}{2} - \frac{\left(r - \frac{\sigma_t(z_t)^2}{2}\right)\sqrt{h}}{2\sigma_t(z_t)} \end{cases} \tag{5.31}$$

と離散モデル化すればよい．対数株価の推移式 (5.31) において，推移確率にドリフトの調整項部分が加わるものの上昇・下落とも基本的に $1/2$ であり，このためキャリブレーションは頑健的である．

c. 複合二項ツリーのノード確率の導出アルゴリズム

$\pi(y_{t+h} = K, j, t+h)$ は，時刻 $t \sim t+h$ までのボラティリティが $j\delta$ である場合に，時刻 $t+h$ において y_{t+h} が状態 K にある確率を表す．この記法を用いて次の再帰式を得る．

$$\begin{aligned}&\pi(y_{t+h} = K, j, t+h) \\ &= \sum_{i=1}^{2J+1} p_{i,j} \left[\begin{array}{l} \pi(y_t = K + i\delta\sqrt{h}, i, t)\left(\frac{1}{2} - \frac{\left(r - \frac{1}{2}(i\delta)^2\right)\sqrt{h}}{2i\delta}\right) \\ +\pi(y_t = K - i\delta\sqrt{h}, i, t)\left(\frac{1}{2} + \frac{\left(r - \frac{1}{2}(i\delta)^2\right)\sqrt{h}}{2i\delta}\right) \end{array} \right]\end{aligned} \tag{5.32}$$

ここで，$y_t = K \pm i\delta\sqrt{h}$ $(i=1,\ldots,2J+1)$ の中で先に定めた y_t に関する状態空間に属さないものに関しては，$\pi(y_t = K + i\delta\sqrt{h}, i, t)$, $\pi(y_t = K - i\delta\sqrt{h}, i, t)$ を 0 とする．

5.2 無リスクポートフォリオの構築に基づく評価法とリスク中立評価法

5.2.1 無リスクポートフォリオの構築に基づく評価法

ボラティリティがOU過程の関数形として表現される確率ボラティリティモデルを取り上げて，コールオプションのヘッジ（無リスク）ポートフォリオの構築法を示し，ボラティリティリスクプレミアムについて言及する．さらに，無裁定条件からヘッジポートフォリオの収益率が無リスク金利に等しいことを利用して，確率ボラティリティモデルのBSMPEDを導出する．2.4.1項に示したBSモデルのデルタヘッジ法と対比させながら解説する．

ボラティリティがOU過程の関数形として表現される確率ボラティリティモデル

$$dS_t/S_t = \mu dt + f(Y_t) dW_t^1 \tag{5.33}$$

$$dY_t = \alpha (m - Y_t) dt + \beta d\hat{W}_t^2 \tag{5.34}$$

ここで，株式のリターンとボラティリティは，それぞれ，μ, $f(Y_t)$ であり，Y_t はOU過程に従う．また，$dW_t^1 \cdot d\hat{W}_t^2 = \rho dt$ とする．

$$d\hat{W}_t^2 = \rho dW_t^1 + \sqrt{1-\rho^2} dW_t^2 \tag{5.35}$$

を用いて，式 (5.34) を

$$dY_t = \alpha (m - Y_t) dt + \beta \rho dW_t^1 + \beta \sqrt{1-\rho^2} dW_t^2 \tag{5.36}$$

と書き換えておく．ここで，dW_t^1 と dW_t^2 は独立とする．

コールオプションの時刻 t における価格を $C_t = C(S_t, Y_t, t)$ と表し Y_t の確率過程に式 (5.36) を採用するとき，2変数に関する伊藤の公式を適用することによって（付録6を参照），C_t は次の確率微分方程式に従うことがわかる．

$$\frac{dC_t}{C_t} = \mu_C dt + \sigma_{1C} dW_t^1 + \sigma_{2C} dW_t^2 \tag{5.37}$$

$$\mu_C = \frac{1}{C} \left(\frac{\partial C}{\partial t} + \mu S \frac{\partial C}{\partial S} + \alpha(m - Y) \frac{\partial C}{\partial Y} \right.$$
$$\left. + \frac{1}{2} f(Y)^2 S^2 \frac{\partial^2 C}{\partial S^2} + \rho \beta S f(Y) \frac{\partial^2 C}{\partial S \partial Y} + \frac{1}{2} \beta^2 \frac{\partial^2 C}{\partial Y^2} \right) \tag{5.38}$$

$$\sigma_{1C} = \frac{1}{C}\left(\frac{\partial C}{\partial S}f(Y)S + \beta\rho\frac{\partial C}{\partial Y}\right) \tag{5.39}$$

$$\sigma_{2C} = \frac{1}{C}\frac{\partial C}{\partial Y}\beta\sqrt{1-\rho^2} \tag{5.40}$$

確率ボラティリティモデルでは，不確実性を表すブラウン運動が dW_t^1, dW_t^2 と 2 つあるので，2.3.1 項に示した BS モデルの場合のように，売却したコールオプションを株式のみを購入するようなデルタヘッジによって無リスクポートフォリオを構築することはできない．よって，このままでは，モデルが非完備でありオプション価格を導出することができない．そこで，対象となるコールオプションと同じペイオフを持ち満期のみが異なるコールオプションも用いて，無リスクポートフォリオの構築を試みる．このように，対象となる派生証券が 2 つ以上のリスクファクターを持つ原資産の上に書かれている場合に，対象となる派生証券以外の派生証券も原資産に加えて無リスクポートフォリオを構築するアプローチは，すでにジャンプ拡散モデルにおいて Jones(1984) において試みられていることは 4.3 節で指摘した．

さて，対象となるコールオプションをコールオプション (1) と呼び，その価格を $C_t^{(1)}$ とする．無リスクポートフォリオを構築するために新たに加えたコールオプション（前者と同じペイオフで満期が長い）をコールオプション (2) と呼び，その価格を $C_t^{(2)}$ とする．コールオプション (1) を 1 単位売却して，株式とコールオプション (2) をそれぞれ，ウェイト Δ_S, $\Delta_{C^{(2)}}$ ずつ購入して，無リスクポートフォリオを構築することを試みる．自己充足的な取引では，このポートフォリオの収益率は，

$$-1\frac{dC^{(1)}}{C^{(1)}} + \Delta_S\frac{dS}{S} + \Delta_{C^{(2)}}\frac{dC^{(2)}}{C^{(2)}} \tag{5.41}$$

であるから，無リスクポートフォリオとなるためには，dW_t^1 と dW_t^2 に関する拡散項がともに 0 となる必要がある．コールオプション (1) とコールオプション (2) が満たす確率微分方程式は，式 (5.37)〜(5.40) において C をそれぞれ $C^{(1)}$, $C^{(2)}$ に置き換えたものであり，これらを式 (5.41) に代入して dW_t^1 と dW_t^2 に関する拡散項がともに 0 とおけば，

5.2 無リスクポートフォリオの構築に基づく評価法とリスク中立評価法

$$-1\sigma_{1,C^{(1)}} + \Delta_S f(Y) + \Delta_{C^{(2)}} \sigma_{1,C^{(2)}} = 0 \tag{5.42}$$

$$-1\sigma_{2,C^{(1)}} + \Delta_{C^{(2)}} \sigma_{2,C^{(2)}} = 0 \tag{5.43}$$

が得られる.さらに,このポートフォリオは無リスクポートフォリオなので,無裁定条件からその収益率は無リスク金利に等しくなければならないので,

$$-1\mu_{C^{(1)}} + \Delta_S \mu + \Delta_{C^{(2)}} \mu_{C^{(2)}} = r\left(-1 + \Delta_S + \Delta_{C^{(2)}}\right) \tag{5.44}$$

となる.

連立方程式 (5.42), (5.43) の解, $\Delta_S = \frac{\sigma_{1,C^{(1)}} \sigma_{2,C^{(2)}} - \sigma_{2,C^{(1)}} \sigma_{1,C^{(2)}}}{f(Y)\sigma_{2,C^{(2)}}}$, $\Delta_{C^{(2)}} = \frac{\sigma_{2,C^{(1)}}}{\sigma_{2,C^{(2)}}}$ を式 (5.44) に代入して整理すると,

$$\frac{f(Y)(\mu_{C^{(1)}} - r) - \sigma_{1,C^{(1)}}(\mu - r)}{\sigma_{2,C^{(1)}} f(Y)} = \frac{f(Y)(\mu_{C^{(2)}} - r) - \sigma_{1,C^{(2)}}(\mu - r)}{\sigma_{2,C^{(2)}} f(Y)} \tag{5.45}$$

が得られる.コールオプション (1) とコールオプション (2) との違いは満期のみであり,式 (5.45) は満期が異なるコールオプションに関して等しいので,

$$\gamma(S,Y,t) \equiv \frac{f(Y)(\mu_{C^{(1)}} - r) - \sigma_{1,C^{(1)}}(\mu - r)}{\sigma_{2,C^{(1)}} f(Y)} \tag{5.46}$$

と定義される $\gamma(s,y,t)$ は満期に依存しないパラメータであることがわかる.この $\gamma(s,y,t)$ をボラティリティリスクの市場価格と呼ぶ.

式 (5.38)〜(5.40) を式 (5.46)(ただし,コールオプション (1) であることを明示する (1) は落としておく)に代入することにより,

$$\frac{\partial C}{\partial t} + \frac{1}{2}f(y)^2 s^2 \frac{\partial^2 C}{\partial s^2} + \rho\beta s f(y) \frac{\partial^2 C}{\partial s \partial y} + \frac{1}{2}\beta^2 \frac{\partial^2 C}{\partial y^2}$$
$$+ r\left(s\frac{\partial C}{\partial s} - C\right) + (\alpha(m-y) - \beta\Lambda(s,y,t))\frac{\partial C}{\partial y} = 0 \tag{5.47}$$

ここで,

$$\Lambda(s,y,t) = \rho\frac{\mu - r}{f(y)} + \gamma(s,y,t)\sqrt{1-\rho^2} \tag{5.48}$$

である.終端条件は,$C(s,y,T) = \max(s - K, 0)$ であり,y の領域は $(-\infty, \infty)$ である.

Fouque et al. (2000) は，式 (5.47) の左辺に現れる偏微分作要素を次のようにグルーピングしている．

$$L_{\text{BS}}(f(y)) + 相関部分 + L_{\text{OU}} プレミアム部分 \tag{5.49}$$

ここで，

$$L_{\text{BS}}(f(y)) = \frac{\partial}{\partial t} + \frac{1}{2}f(y)^2 s^2 \frac{\partial^2}{\partial s^2} + r\left(s\frac{\partial}{\partial s} - \bullet\right) \tag{5.50}$$

$$相関部分 = \rho\beta s f(y) \frac{\partial^2}{\partial s \partial y} \tag{5.51}$$

$$L_{\text{OU}} = \frac{1}{2}\beta^2 \frac{\partial^2}{\partial y^2} + \alpha(m-y)\frac{\partial}{\partial y} \tag{5.52}$$

$$プレミアム部分 = -\beta\Lambda(s,y,t)\frac{\partial}{\partial y} \tag{5.53}$$

第 1 のグループ（式 (5.50)）は，BS の偏微分作用素のボラティリティ水準を $f(y)$ で置き換えたものとなっている．よって，式 (5.50) における $L_{\text{BS}}(f(y))$ の $f(y)$ を σ として，コールオプション価格 C_t に作用させたものを 0 とおくことで，BS モデルの BSMPDE(2.63)（ただし，式 (2.63) では，コールオプションの価格は f としていた）が得られる．第 2 のグループ（式 (5.51)）は，株価の従う確率過程とボラティリティの従う確率過程との相関によるものである．第 3 のグループ（式 (5.52)）は，ボラティリティを駆動させる OU 過程に関する生成作要素であり，最後のグループ（式 (5.53)）は，ボラティリティの市場価格に関するものである．

式 (5.48) の形をみると，株価の拡散項 dW_t^1 とボラティリティの拡散項 $d\hat{W}_t^2$ との相関が $|\rho| = 1$ のとき，ボラティリティリスクの市場価格 $\gamma(s,y,t)$ の影響がなくなることがわかる．また，オプションのリターンを表すドリフト項（式 (5.38)）は，式 (5.47)，(5.48) を用いて整理すると，

$$\mu_C = \frac{1}{C}\left(\frac{\mu-r}{f(y)}\left(sf(y)\frac{\partial C}{\partial s} + \beta\rho\frac{\partial C}{\partial y}\right) + rC + \beta\gamma\sqrt{1-\rho^2}\frac{\partial C}{\partial y}\right) \tag{5.54}$$

となることがわかる．よって，ボラティリティリスク β が微小量増加する際に，オプションのリターンが増加する量は，シャープレシオ（$\frac{\mu-r}{f(y)}$）に応じて増加する部分に加えて，ボラティリティリスクの市場価格 $\gamma(s,y,t)$ に応じて増加する部分から構成されることがわかる．

5.2.2 確率ボラティリティモデルに関するリスク中立評価法

確率ボラティリティモデルに関するリスク中立評価法について，2.4.2項に示したBSモデルのリスク中立評価法と対比させて述べる．

株価が従う確率過程をエンピリカル測度 $\mathbf{P}$ ではなく，リスク中立測度 $\mathbf{P}^{Q(\gamma)}$ を用いて表現する必要がある．ここで，

$$W_T^{1,Q(\gamma)} = W_T^1 + \int_0^T \frac{\mu - r}{f(Y_s)} ds \tag{5.55}$$

$$W_T^{2,Q(\gamma)} = W_T^2 + \int_0^T \gamma_s ds \tag{5.56}$$

とおくと，適切な条件を設定したうえでギルザノフの定理を用いれば，

$$L_T = \frac{d\mathbf{P}^{Q(\gamma)}}{d\mathbf{P}} = \exp\left(-\frac{1}{2}\int_0^T \left((\theta_s^{(1)})^2 + (\theta_s^{(2)})^2\right) ds \right.$$
$$\left. - \int_0^T \theta_s^{(1)} ds - \int_0^T \theta_s^{(2)} ds\right) \tag{5.57}$$

$$\theta_t^{(1)} = \frac{\mu - r}{f(Y_t)}$$
$$\theta_t^{(2)} = \gamma_t$$

で定義される確率測度 $\mathbf{P}^{Q(\gamma)}$ の下で，$W_T^{1,Q}$ と $W_T^{2,Q}$ は，独立な標準ブラウン運動となる．

よって，エンピリカル測度 $\mathbf{P}$ での確率ボラティリティモデル（式(5.33)，(5.34)）は，リスク中立測度 $\mathbf{P}^{Q(\gamma)}$ の下で，

$$dS_t/S_t = rdt + f(Y_t) dW_t^{1,Q(\gamma)} \tag{5.58}$$

$$dY_t = \left[\alpha(m - Y_t) - \beta\left(\rho\frac{\mu - r}{f(Y_t)} + \gamma_t\sqrt{1-\rho^2}\right)\right] dt + \beta d\hat{W}_t^{2,Q(\gamma)} \tag{5.59}$$

$$\hat{W}_t^{2,Q(\gamma)} = \rho W_t^{1,Q(\gamma)} + \sqrt{1-\rho^2} W_t^{2,Q(\gamma)} \tag{5.60}$$

に従うことがわかる．

ボラティリティリスクの市場価格 $\gamma(s, y, t)$ を設定してやれば，リスク中立測度 $\mathbf{P}^{Q(\gamma)}$ が決まり，無裁定条件を満たすオプションの評価式

$$C_0 = E^{Q(\gamma)}\left[e^{-rT} \cdot C_T\right] \tag{5.61}$$

が得られる．

5.3 特性関数を用いたオプション評価

5.3.1 積率母関数と特性関数

第 2~4 章までのヨーロピアンオプションの評価法は，満期におけるオプションのペイオフのリスク中立確率密度関数に関する期待値を現在価値に割り引くものであった．ここでは，分布関数を変換した特性関数に基づくオプション評価法について述べる．まず，積率母関数と特性関数を導入する．

確率変数 X の関数として $g(X) = e^{-uX}$ を考えて，この期待値を取ったものがラプラス変換 $(L(u) = E[e^{-ux}])$ である．X の積率母関数 $M(u)$ は，このラプラス変換 $L(u)$ を用いて，$M(u) = L(-u)$ で定義される．つまり，

$$M(u) = E[e^{ux}] = \int_{-\infty}^{\infty} e^{ux} f(x)\, dx \tag{5.62}$$

で与えられる．ここで，$f(x)$ は確率変数 X の確率密度関数である．

積率母関数が存在する場合は，任意回数の微分が可能であるから，積率母関数を用いて次のように任意の次数の積率を導出することができる．これが，$M(u)$ を積率母関数と呼ぶいわれである．

$$\frac{dM(u)}{du} = \int_{-\infty}^{\infty} x e^{ux} f(x)\, dx \Rightarrow \left.\frac{dM(u)}{du}\right|_{u=0} = E[X]$$

$$\frac{d^2 M(u)}{du^2} = \int_{-\infty}^{\infty} x^2 e^{ux} f(x)\, dx \Rightarrow \left.\frac{d^2 M(u)}{du^2}\right|_{u=0} = E[X^2]$$

$$\cdots\cdots\cdots\cdots$$

$$\frac{d^k M(u)}{du^k} = \int_{-\infty}^{\infty} x^k e^{ux} f(x)\, dx \Rightarrow \left.\frac{d^k M(u)}{du^k}\right|_{u=0} = E[X^k]$$

次に，確率変数 X の関数として $g(X) = e^{iuX}$ を考えて，この期待値を取ったものがフーリエ変換 $(\phi(u) = E[e^{iux}])$ である．X の特性関数 $\phi(u)$ とは，このフーリエ変換 $\phi(u)$ のことであり，

$$\phi(u) = E\left[e^{iux}\right] = \int_{-\infty}^{\infty} e^{iux} f(x)\, dx, \quad i^2 = -1 \tag{5.63}$$

で与えられる．

また，

$$|\phi(u)| = \left|\int_{-\infty}^{\infty} e^{iux} f(x)\, dx\right| \leq \int_{-\infty}^{\infty} \left|e^{iux} f(x)\right| dx$$

において，確率変数 X の確率密度関数 $f(x)$ は正なので $|f(x)| = f(x)$ となることと，

$$\left|e^{iux}\right| = |\cos ux + i\sin ux| = \sqrt{\cos^2 ux + \sin^2 ux} = 1$$

であることから，

$$|\phi(u)| \leq \int_{-\infty}^{\infty} f(x)\, dx = 1$$

となる．よって，特性関数はつねに存在する（積率母関数は，必ずしも存在するとは限らない）．また，積率母関数が存在するときには，積率母関数を用いて特性関数は，$\phi(u) = M(iu)$ のように求めることができる．

ここで重要なことは，分布関数と特性関数は，一対一の対応関係にあり，一方が求まれば他方が求まる関係にあることである．分布関数から特性関数を求めるフーリエ変換を Ψ とし，特性関数から分布関数を求めるフーリエ逆変換を Ψ^{-1} とするとき，2つの変換（Ψ と Ψ^{-1}）は一対一かつ連続な写像（図 5.3 を参照）である．よって，分布関数を用いた評価は，特性関数を用いても行うことができる．

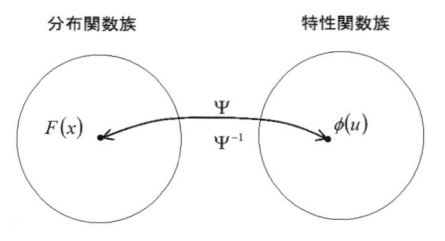

図 5.3 フーリエ変換とフーリエ逆変換

5.3.2 特性関数を用いた解析的なオプション評価

ここでは，特性関数を利用して，満期と権利行使価格が，それぞれ，T, K であるヨーロピアンコールオプションの評価を行う．記法を簡便にするため，株価や権利行使価格に関しては対数を取ったものを取り扱う．つまり，満期における株価を表す確率変数が S_T であるとき，対数株価 $s_T = \log S_T$ を用いる．また，権利行使価格の対数を取ったものを $k = \log K$ とする．対数株価 s_T のリスク中立密度関数を $q_T(s)$ で表す．このとき，対数株価 s_T の従う特性関数 $\phi_T(u)$ は，定義式 (5.63) から，

$$\phi_T(u) = \int_{-\infty}^{\infty} e^{ius} q_T(s) \, ds \tag{5.64}$$

となる．

また，現在時点（時刻 0）におけるコールオプションの価格 $C_T(k)$ は，対数株価 s_T のリスク中立密度関数 $q_T(s)$ を用いて，

$$C_T(k) = \int_k^{\infty} e^{-rT} \left(e^s - e^k\right) q_T(s) \, ds \tag{5.65}$$

で与えられる．

コールオプションの評価式 (5.65) には，対数株価 s_T のリスク中立密度関数 $q_T(s)$ が入っているが，この代わりに対数株価 s_T の従う特性関数 $\phi_T(u)$ を用いて評価することがここでの目標である．そのためには，次の Step 1, 2 を踏めばよい．

Step 1：コールオプションの価格 $C_T(k)$ をフーリエ変換したものを，対数株価 s_T の従う特性関数 $\phi_T(u)$ を用いて評価する．

Step 2：フーリエ逆変換によってコールオプションの価格に戻す．

これらの Step を行う際に問題点がある．それは，コールオプションの価格 $C_T(k)$ が $k \to -\infty$ で現在の株価 S_0 に収束するため，二乗可積分な関数にならないことである．このため，フーリエ変換が定義できない．この問題点を解決するために，Carr and Madan(1999) では，コールオプションの価格 $C_T(k)$ に $\exp(\alpha k)$, $\alpha > 0$ を乗じた修正コールオプション価格 $c_T(k)$

$$c_T(k) \equiv \exp(\alpha k) C_T(k) \tag{5.66}$$

を介在させることを提案し ($k \to -\infty$ で生じる上記の問題点を $\exp(\alpha k) \to 0$ によって回避しようとする考え方), 適切な α の選択方法についても言及している.

$c_T(k)$ のフーリエ変換を

$$\psi_T(v) = \int_{-\infty}^{\infty} e^{ivk} c_T(k) \, dk \tag{5.67}$$

と定義する. 以下, Step 1, 2 を実行する.

Step 1: フーリエ変換 $\psi_T(v)$ を特性関数 ϕ_T で表現する.

$$\begin{aligned}
\psi_T(v) &= \int_{-\infty}^{\infty} e^{ivk} \int_{k}^{\infty} e^{\alpha k} e^{-rT} \left(e^s - e^k\right) q_T(s) \, ds dk \\
&= \int_{-\infty}^{\infty} e^{-rT} q_T(s) \int_{-\infty}^{s} e^{ivk} \left(e^{s+\alpha k} - e^{(1+\alpha)k}\right) dk ds \\
&= \int_{-\infty}^{\infty} e^{-rT} q_T(s) \left(\frac{e^{(\alpha+1+iv)s}}{\alpha+iv} - \frac{e^{(1+\alpha+iv)s}}{\alpha+1+iv}\right) ds \\
&= \frac{e^{-rT} \phi_T(v-(\alpha+1)i)}{\alpha^2 + \alpha - v^2 + i(2\alpha+1)v}
\end{aligned} \tag{5.68}$$

Step 2: フーリエ逆変換によってコールオプションの価格に戻す.

$$\begin{aligned}
C_T(k) &= \frac{\exp(-\alpha k)}{2\pi} \int_{-\infty}^{\infty} e^{-ivk} \psi_T(v) \, dv \\
&= \frac{\exp(-\alpha k)}{\pi} \int_{0}^{\infty} e^{-ivk} \psi_T(v) \, dv
\end{aligned} \tag{5.69}$$

2 番目の等式は, コールオプション価格式が実数であることから, $\psi_T(v)$ の虚部が奇関数で, 実部が偶関数であることによる.

上記の Step 1 で求めた $\psi_T(v)$ を式 (5.69) に代入した後, 数値計算を実行する際には, 5.3.3 項で紹介する離散フーリエ変換を用いる.

離散フーリエ変換を適用する前に決めておかなければならないことは, α として選択する値と式 (5.68) の右辺の無限積分をどこで区切って (トランケーション) 数値計算に持ち込むかである. どちらに対しても厳密な答えはないように思われる. $\alpha = 0$ であれば, $v = 0$ において $\psi_T(0) = \infty$ となるから $\alpha > 0$ なる正の大きな値を用いるのが良さそうであるが, 逆に, あまり大きな値に取る

と $k \to \infty$ において同様の問題が生じる．$v=0$ において $\psi_T(0)$ が有限であれば，オプション評価式 (5.68) における可積分性の問題は生じない．$\psi_T(0)$ が有限であることは，式 (5.68) から，$\phi_T(-(\alpha+1)i)$ が有限であればよい．さらには，特性関数の定義式 (5.64) に立ち返ると，

$$E\left[S_T^{\alpha+1}\right] < \infty \tag{5.70}$$

が満たされればよいことがわかる．Carr and Madan(1999) では，式 (5.70) を満たす最大の α を求めて，その 4 分の 1 とするのが良いとしている．また，無限積分のトランケーション（積分範囲の上限をある値で区切ること）に関しては，許容可能なトランケーション誤差に対するトランケーションの値（積分区間）とのおおよその関係を導いている．

さらに，満期が短いアウトオブザマネーのオプションの評価を特性関数に基づくアプローチで評価する際に，フーリエ逆変換において大きな振動がみられることを指摘し，これを軽減するために，上記の $\exp(\alpha k)$，$\alpha > 0$ に対応する修正部分として，$\sinh(\alpha k)$ を用いることも提案している．詳しくは，Carr and Madan(1990) を参照されたい．

5.3.3 離散フーリエ変換を用いたオプション評価式の計算方法

目標となる評価式は，

$$C_T(k) = \frac{\exp(-\alpha k)}{\pi} \int_0^\infty e^{-ivk} \psi(v)\,dv \tag{5.71}$$

である．この積分を，離散フーリエ変換を利用して行う．

まず，積分区間の上限を $a > 0$ としたトランケーションを行う．次に，トランケーションした積分区間を N 分割して離散化し，分割した区間の幅を η とすると，a，N，η は，

$$a = N\eta \tag{5.72}$$

なる関係を満たす．このとき，$v_j = \eta(j-1)$ とおくと，式 (5.71) の離散化は，

$$C_T(k) \approx \frac{\exp(-\alpha k)}{\pi} \sum_{j=1}^N e^{-iv_j k} \psi(v_j)\eta \tag{5.73}$$

5.3 特性関数を用いたオプション評価

となる．ここで，$\psi(v)$ は，式 (5.68) から特性関数を用いて表されており，また，この特性関数は陽的に表示されることが多いので（例えば，7.3 節の表 7.7 に示したものなど），$\psi(v)$ の v に $v_j = \eta(j-1)$ を単純に代入することでその値が求まる．ここまでの話では，離散化によってサンプルした N 個の $\psi(v)$ 値（特性関数を経由して得られる）から，ある対数権利行使価格 k のコールオプション価格を求めるものである．

一般に，関数 $\psi(v)$ の離散フーリエ変換とは，間隔 η ごとに N 個サンプルしたデータ

$$\{\psi(0), \psi(1\eta), \psi(2\eta), \ldots, \psi((j-1)\eta), \ldots, \psi((N-1)\eta)\} \quad (5.74)$$

（簡便のため，これを $\psi(j), j = 0, \ldots, N-1$ と記す）をもとに関数 $\psi(v)$ のフーリエ変換 $\Psi(\omega)$

$$\Psi(\omega) = \int_{-\infty}^{\infty} \psi(t) e^{-i\omega t} dt$$

を求めるものである．よって，データ (5.74) に対応するフーリエ変換は，同じ数のデータ

$$\left\{\Psi(0), \Psi\left(1\frac{2\pi}{N}\right), \Psi\left(2\frac{2\pi}{N}\right), \ldots, \Psi\left((k-1)\frac{2\pi}{N}\right), \ldots, \Psi\left((N-1)\frac{2\pi}{N}\right)\right\} \quad (5.75)$$

（簡便のため，これを $\Psi(k), k = 0, \ldots, N-1$ と記す）が対応し，データ (5.74) とデータ (5.75) を結びつけるものが離散フーリエ変換であり，

$$\Psi(k) = \sum_{j=0}^{N-1} e^{-i\frac{2\pi}{N}k \cdot j} \psi(j), \quad k = 0, \ldots, N-1 \quad (5.76)$$

で定義される．

このため，オプション評価に離散フーリエ変換を用いる場合，離散化によってサンプルした N 個の $\psi(v)$ 値（特性関数を経由して得られる）から，N 通りの対数権利行使価格に関するコールオプション価格が一度に得られることになる．ここで，実際に評価したい対数権利行使価格が含まれるように上手に λ を選択して，N 通りの対数権利行使価格 k_u を

$$k_u = -b + \lambda(u-1), \quad u = 1, \ldots, N \quad (5.77)$$

と設定する．これによって，対数権利行使価格は，$-b \sim b$（ただし，$b = \frac{1}{2}(N-1)\lambda$）の範囲に間隔 λ で並ぶことになる．式 (5.77) を式 (5.73) に代入すると，

$$C_T(k_u) \approx \frac{\exp(-\alpha k_u)}{\pi} \sum_{j=1}^{N} e^{-iv_j(-b+\lambda(u-1))} \psi_T(v_j) \eta, u = 1, \ldots, N \quad (5.78)$$

が得られ，さらに $v_j = \eta(j-1)$ を式 (5.78) に代入すると，

$$C_T(k_u) \approx \frac{\exp(-\alpha k_u)}{\pi} \sum_{j=0}^{N-1} e^{-i\lambda \eta \cdot j \cdot u} e^{ibv_j} \psi_T(v_j) \eta, u = 0, \ldots, N-1 \quad (5.79)$$

となる．ここで，コールオプション評価式 (5.79) と離散フーリエ変換 (5.76) を比較し，

$$\lambda \eta = \frac{2\pi}{N} \quad (5.80)$$

$$\psi(j) = \frac{\exp(-\alpha k_u)}{\pi} e^{ibv_j} \psi_T(v_j) \eta \quad (5.81)$$

と設定すれば，コールオプションの評価を離散フーリエ変換によって行うことができる．また，離散フーリエ変換を実行するための効率的なアルゴリズムとして，高速フーリエ変換（FFT）が知られている．通常の，式 (5.76) に示す離散フーリエ変換では，各 k に対する $\Psi(k)$ を計算するために N 個の掛け算が必要になり，さらに，k は N 通りあるので，N^2 の計算時間が掛かることになる．これに対して，FFT を利用すれば，計算時間は $N\log_2 N$ で済む．ただし，FFT を適用するためには，そのアルゴリズムの制約上，データ数 N が 2 のべき乗に制限される．

5.4 Heston モデルと特性関数を用いたオプション評価

5.3 節で取り上げた特性関数を用いたオプション評価は，株価のランダムネスが特性関数を用いて陽的に表現できれば，確率ボラティリティモデルに限らず第 4 章で述べたようなジャンプを含むモデルなどさまざまなモデルに対して適用可能である．あえて，第 5 章で取り上げた理由は，特性関数を用いたオプ

ション評価法を広く世に知らしめた論文が,確率ボラティリティモデルを対象としたHeston(1993)であったからである.5.3節では,株価のランダムネスが特性関数を用いて陽的に表現できる場合に,離散フーリエ変換によってオプション価格を数値計算する方法について示した.ここでは,Heston(1993)のアプローチを概観することによって,株価過程が確率ボラティリティモデルに従う場合において,どのような理由から特性関数を用いたオプション評価法が生まれたのかについて確認しておく.Heston(1993)のアプローチは,主に,ファインマン–カックの定理(付録7)に依拠するものであり,期待値演算と偏微分方程式との関係を巧妙に利用している.具体的に述べると,Heston(1993)のアプローチは,次の4つのステップから構成される.

Step 1:原資産の確率過程(確率微分方程式)とその上に書かれる派生証券が満たす偏微分方程式との対応関係を見定める.

Step 2:コールオプションの評価に現れるインザマネーとなる確率を求めるために(ここでは,原資産がインザマネーとなる確率も一種の派生証券とみなす),この確率が満たすべき偏微分方程式を導出する.

Step 3:原資産のリスク中立確率密度関数の特性関数に注目し,この特性関数が満たす偏微分方程式を解くことによって特性関数を解析的(陽的)に求める.

Step 4:Step 3で求めた特性関数にフーリエ逆変換を施すことで,原資産のリスク中立確率密度関数を抽出してオプション評価に必要なインザマネーとなる確率を導く.

以下,Step 1〜4を概観する.

Hestonの確率ボラティリティモデル

リスク中立測度の下で,株価とその分散がそれぞれ確率過程(5.82),(5.83)に従うものとする.

$$dS(t) = rSdt + \sqrt{v(t)}Sd\tilde{W}_t^1 \tag{5.82}$$

$$dv(t) = (\kappa[\theta - v(t)] - \lambda(S,v,t))dt + \sigma\sqrt{v(t)}d\tilde{W}_t^2 \tag{5.83}$$

ここで,$d\tilde{W}_t^1$と$d\tilde{W}_t^2$はともに標準ブラウン運動であり,両者の相関係数はρである.Hestonの確率ボラティリティモデルは,2.7節で述べたように,ボラ

ティリティの関数形 $f(y)$ として,$f(y) = \sqrt{y}$ を採用し,分散 $v(t)$ が CIR 過程(式 (2.90))に従うモデルである.

Step 1

Step 1 では,コールオプション価格を求めるために,原資産が従う確率過程が式 (5.82),(5.83) で与えられるとき,その派生証券 $U(S, v, t)$ が満たすべき偏微分方程式を導き,これを適切な境界条件の下で解くことを目指す.

派生証券 $U(S, v, t)$ が満たすべき偏微分方程式は,5.2.1 項で導いたコールオプション価格が満たすべき偏微分方程式 (5.47) と同様である.ただし,式 (5.47) は,株価リターンのボラティリティが $f(y)$ であり,y が OU 過程に従う場合に導いたものである.また,その導出法は,無リスクポートフォリオを構築することによるものである.ここでは,付録 7 に示した 2 次元のファインマン–カックの公式を利用して派生証券 $U(S, v, t)$ が満たすべき偏微分方程式を導く.確率微分方程式 (A.7.1),(A.7.2) において,$X_1 = S$, $\beta_1 = rS$, $\gamma_{11} = \sqrt{v}S$, $\gamma_{12} = 0$, $X_2 = v$, $\beta_2 = \kappa(\theta - v) - \lambda(S, v, t)$, $\gamma_{21} = 0$, $\gamma_{22} = \sigma\sqrt{v}$ とおいたものが,確率微分方程式 (5.82),(5.83) に他ならないから,これらを式 (A.7.4) に代入すれば,式 (5.84) を得る.

$$\frac{1}{2}vS^2\frac{\partial^2 U}{\partial S^2} + \rho\sigma v S\frac{\partial^2 U}{\partial S \partial v} + \frac{1}{2}\sigma^2 v\frac{\partial^2 U}{\partial v^2} + rS\frac{\partial U}{\partial S}$$
$$+ \{\kappa[\theta - v(t)] - \lambda(S, v, t)\}\frac{\partial U}{\partial v} - rU + \frac{\partial U}{\partial t} = 0 \quad (5.84)$$

Step 2

BS モデルからの類推で,コールオプション価格 $C(S, v, t)$,つまり,偏微分方程式 (5.84) を適切な境界条件の下で解いた解が,

$$C(S, v, t) = SP_1(S, v, t) - Ke^{-r(T-t)}P_2(S, v, t) \quad (5.85)$$

の形をしているとする.右辺第 1 項 $SP_1(S, v, t)$ は,権利行使(満期 T において原資産価格が行使価格以上であれば権利行使する)が行われる確率も考慮した場合の原資産の現在価値(t 時点の価値)を表し,第 2 項 $Ke^{-r(T-t)}P_2(S, v, t)$ は,権利行使が行われる確率も考慮した行使価格支払い代金の現在価値である.各項ともに単体で派生証券と捉えて,各項が満たすべき偏微分方程式を導く.その際に,簡便のため,リスクの市場価格を $\lambda(S, v, t) = \lambda_c v$ と制約し,原資

5.4 Heston モデルと特性関数を用いたオプション評価

産株価 S の代わりにその対数を取った $x = \ln S$ を用いる．

伊藤の定理を用いると，確率微分方程式 (5.82) から，x が従うプロセスは，

$$dx(t) = \left(r - \frac{v}{2}\right) dt + \sqrt{v(t)} d\tilde{W}_t^1 \tag{5.86}$$

となり，また，確率微分方程式 (5.83) は，上記のように $\lambda(S, v, t) = \lambda_c v$ と制約するから，

$$dv(t) = (\kappa [\theta - v(t)] - \lambda_c v) dt + \sigma \sqrt{v(t)} d\tilde{W}_t^2 \tag{5.87}$$

となる．原資産の従う確率過程が式 (5.86), (5.87) で与えられる場合に，$SP_1(S, v, t) = e^x P_1(x, v, t)$ が従う偏微分方程式を求める．確率微分方程式 (A.7.1), (A.7.2) において，$X_1 = x$, $\beta_1 = r - \frac{v}{2}$, $\gamma_{11} = \sqrt{v}$, $\gamma_{12} = 0$, $X_2 = v$, $\beta_2 = \kappa(\theta - v) - \lambda_c v$, $\gamma_{21} = 0$, $\gamma_{22} = \sigma\sqrt{v}$ とおいたものが，確率微分方程式 (5.86), (5.87) に他ならないから，これらを式 (A.7.4) に代入して整理すれば，式 (5.88) を得る．

$$\frac{1}{2}v\frac{\partial^2 P_1}{\partial x^2} + \rho\sigma v\frac{\partial^2 P_1}{\partial x \partial v} + \frac{1}{2}\sigma^2 v\frac{\partial^2 P_1}{\partial v^2} + \left(r + \frac{1}{2}v\right)\frac{\partial P_1}{\partial x}$$
$$+ \{\kappa\theta - (\kappa + \lambda_c - \rho\sigma)v\}\frac{\partial P_1}{\partial v} + \frac{\partial P_1}{\partial t} = 0 \tag{5.88}$$

まったく同様にして，$Ke^{-r(T-t)}P_2(x, v, t)$ の従う偏微分方程式 (5.89) が得られる．

$$\frac{1}{2}v\frac{\partial^2 P_2}{\partial x^2} + \rho\sigma v\frac{\partial^2 P_2}{\partial x \partial v} + \frac{1}{2}\sigma^2 v\frac{\partial^2 P_2}{\partial v^2} + \left(r - \frac{1}{2}v\right)\frac{\partial P_2}{\partial x}$$
$$+ \{\kappa\theta - (\kappa + \lambda_c)v\}\frac{\partial P_2}{\partial v} + \frac{\partial P_2}{\partial t} = 0 \tag{5.89}$$

コールオプション価格が境界条件式

$$U(S, v, T) = Max(0, S_T - K) \tag{5.90}$$

を満たすためには，偏微分方程式 (5.88), (5.89) の満たすべき境界条件は，それぞれ，

$$P_1(x, v, T; \ln K) = 1_{\{x \geq \ln(K)\}} \tag{5.91}$$

$$P_2(x, v, T; \ln K) = 1_{\{x \geq \ln(K)\}} \tag{5.92}$$

となる.ここで確認しておくと,式 (5.91), (5.92) における x, v は,それぞれ,確率微分方程式 (5.86), (5.87) に従うプロセス $x(t)$, $v(t)$ に対応する.また,偏微分方程式 (5.88), (5.89) は,それぞれ,$e^x P_1$, $Ke^{-r(T-t)} P_2$ が従う偏微分方程式として導かれた.

Step 2 のポイントは,偏微分方程式 (5.88), (5.89) を,原資産(プロセス $x(t)$, $v(t)$)の従う確率過程が式 (5.86), (5.87) で与えられる場合に,それぞれ $SP_1(S,v,t) = e^x P_1(x,v,t)$, $Ke^{-r(T-t)} P_2(x,v,t)$ が従う偏微分方程式とみなすのではなく,プロセス $x(t)$, $v(t)$ が従う確率過程を式 (5.86), (5.87) から適切に変えた場合に,P_1, P_2 が満たすべき偏微分方程式と捉え直すことである.

偏微分方程式 (5.88) は,プロセス $x(t)$, $v(t)$ が,それぞれ式 (5.93), (5.94) で与えられる確率過程に従う場合に P_1 の満たすべき偏微分方程式と捉え直すことができる(付録 8 を参照).

$$dx(t) = \left(r + \frac{v}{2}\right) dt + \sqrt{v(t)} d\tilde{W}_t^1 \quad (5.93)$$

$$dv(t) = (\kappa\theta - (\kappa + \lambda_c - \rho\sigma)v) dt + \sigma\sqrt{v(t)} d\tilde{W}_t^2 \quad (5.94)$$

また,偏微分方程式 (5.89) は,付録 8 と同様にして,プロセス $x(t)$, $v(t)$ が,それぞれ式 (5.95), (5.96) で与えられる確率過程に従う場合に P_2 の満たすべき偏微分方程式と捉え直すことができる.

$$dx(t) = \left(r - \frac{v}{2}\right) dt + \sqrt{v(t)} d\tilde{W}_t^1 \quad (5.95)$$

$$dv(t) = (\kappa\theta - (\kappa + \lambda_c)v) dt + \sigma\sqrt{v(t)} d\tilde{W}_t^2 \quad (5.96)$$

ここで,

$$P_1(x,v,t;\ln K) = E\left[1_{\{X(T) > \ln(K)\}} \mid x(t) = x, v(t) = v\right] \quad (5.97)$$

$$P_2(x,v,t;\ln K) = E\left[1_{\{X(T) > \ln(K)\}} \mid x(t) = x, v(t) = v\right] \quad (5.98)$$

とおくと,式 (5.97) における $x(t)$, $v(t)$ が,それぞれ,確率微分方程式 (5.93), (5.94) に従うならば,P_1 は偏微分方程式 (5.88) を満足し,式 (5.98) における $x(t)$, $v(t)$ が,それぞれ,確率微分方程式 (5.95), (5.96) に従うならば,P_2 は偏微分方程式 (5.89) を満足する.式 (5.97), (5.98) の解析解を直接求めるのは

5.4 Heston モデルと特性関数を用いたオプション評価

困難であるため，特性関数に基づくアプローチが導入される．

Step 3

ここでは，$P_1(x,v,t)$ の特性関数の導出についてのみ詳しく示し，$P_2(x,v,t)$ の特性関数については結果のみ示す．$P_1(x,v,t)$ に対応する特性関数を

$$f_1(x,v,t;u) = E\bigl[e^{iu\cdot x(T)} \,|\, x(t)=x, v(t)=v\bigr] \tag{5.99}$$

とおくと，境界条件は，

$$f_1(x,v,T;u) = E\bigl[e^{iu\cdot x(T)} \,|\, x(T)=x, v(T)=v\bigr] = e^{iu\cdot x} \tag{5.100}$$

となる．よって特性関数 f_1 を求めるには，偏微分方程式 (5.88) を境界条件 (5.100) の下で解けばよい．特性関数 f_1 の解の形を

$$f_1(x,v,t;u) = \exp\bigl[C_1(T-t;u) + D_1(T-t;u)v + iu\cdot x\bigr] \tag{5.101}$$

と推測する．これを偏微分方程式 (5.88) に代入し，v の 1 次式として整理したうえで 1 次の係数と定数項を 0 とおくことで，次の 2 つの常微分方程式（リッカチ型と線形 1 次）を得る．

$$-\frac{1}{2}u^2 + \rho\sigma u i D_1 + \frac{1}{2}\sigma^2 D_1^2 + \frac{1}{2}ui - (\kappa + \lambda_c - \rho\sigma)D_1 + \frac{\partial D_1}{\partial t} = 0 \tag{5.102}$$

$$rui + \kappa\theta D_1 + \frac{\partial C_1}{\partial t} = 0 \tag{5.103}$$

常微分方程式 (5.102)，(5.103) を解いて，

$$C_1(\tau;u) = rui\tau + \frac{\kappa\theta}{\sigma^2}\left\{(\kappa + \lambda_c - \rho\sigma - \rho\sigma ui + d_1)\tau - 2\ln\left[\frac{1 - g_1 e^{d_1\tau}}{1 - g_1}\right]\right\}$$

$$D_1(\tau;u) = \frac{\kappa + \lambda_c - \rho\sigma - \rho\sigma ui + d_1}{\sigma^2}\left[\frac{1 - e^{d_1\tau}}{1 - g_1 e^{d_1\tau}}\right]$$

ここで，

$$g_1 = \frac{\kappa + \lambda_c - \rho\sigma - \rho\sigma ui + d_1}{\kappa + \lambda_c - \rho\sigma - \rho\sigma ui - d_1}$$

$$d_1 = \sqrt{(\rho\sigma ui - (\kappa + \lambda_c - \rho\sigma))^2 - \sigma^2(ui - u^2)}$$

同様にして，$P_2(x,v,t)$ の特性関数 f_2 の解は，

$$f_2(x,v,t;u) = \exp[C_2(T-t;u) + D_2(T-t;u)v + iu \cdot x]$$

ここで，

$$C_2(\tau;u) = rui\tau + \frac{\kappa\theta}{\sigma^2}\left\{(\kappa + \lambda_c - \rho\sigma ui + d_2)\tau - 2\ln\left[\frac{1 - g_2 e^{d_2\tau}}{1 - g_2}\right]\right\}$$

$$D_2(\tau;u) = \frac{\kappa + \lambda_c - \rho\sigma ui + d_2}{\sigma^2}\left[\frac{1 - e^{d_2\tau}}{1 - g_2 e^{d_2\tau}}\right]$$

$$g_2 = \frac{\kappa + \lambda_c - \rho\sigma ui + d_2}{\kappa + \lambda_c - \rho\sigma ui - d_2}, \quad d_2 = \sqrt{(\rho\sigma ui - (\kappa + \lambda_c))^2 - \sigma^2(-ui - u^2)}$$

ここまでの手続きによって，$P_1(x,v,t)$, $P_2(x,v,t)$ の特性関数，それぞれ，f_1, f_2 が解析的に求められた．特性関数が解析的に得られる場合には，オプション評価式は 5.3 節の離散フーリエ変換による評価法が利用できる．

Step 4

フーリエ逆変換を利用して P_1, P_2 を求め，コールオプション価格を導出する．P_1 に関して示す．分布 P_1 の密度関数が，特性関数 $f_1(x,v,t;u)$ をフーリエ逆変換した

$$\frac{1}{2\pi}\int_{-\infty}^{\infty} e^{-iu \cdot x} f_1(x,v,t;u)\, du$$

で与えられるから，$P_1(x,v,t;\ln K)$ は，積分の順序交換を行い，まず，x に関して $\ln K$ からプラス無限大まで積分することで，

$$\begin{aligned}P_1(x,v,t;\ln K) &= \int_{\ln K}^{\infty} Re\left\{\frac{1}{2\pi}\int_{-\infty}^{\infty} e^{-iu \cdot x} f_1(x,v,t;u)\, du\right\} dx \\ &= \frac{1}{2} + \frac{1}{\pi}\int_0^{\infty} Re\left\{\frac{e^{-iu\ln K} f_1(x,v,t;u)}{iu}\, du\right\}\end{aligned} \quad (5.104)$$

と求まる．P_2 は，式 (5.104) で $f_1(x,v,t;u)$ を $f_2(x,v,t;u)$ に置き換えればよい．

6

インプライド確率分布の実証分析

6.1 オプション評価における正規分布と NIG 分布に関する実証分析[*1]

6.1.1 本節の概要

本節では，インプライド確率分布の推定法として 3.2.1 項に示したルビンシュタインの方法（デリバティブ価格情報からデリバティブの満期時点での原資産価格の確率分布の推定）を用い，ファーアウトオブザマネーオプション（以下，FOTM オプションと呼ぶ）の評価における正規分布と NIG（normal inverse gaussian）分布との比較分析を行う．具体的には，十分信頼できる取引量が豊富なアットザマネー（以下 ATM とする）付近の価格情報に基づいて，FOTM オプションの評価を行う場合に，正規分布と NIG 分布のどちらが望ましいかをFOTM オプション価格の時系列的な情報を用いて検討する．正規分布と NIG分布の比較においては，ヒストリカル分布をリスク中立変換したリスク中立確率分布（式 (3.9) における P_j'）とルビンシュタインの方法によって抽出されるインプライド確率分布（式 (3.9) における P_j）の両者を分析対象とする．

ヒストリカル確率分布からリスク中立確率分布への変換（適宜，変換①と呼ぶ）において，正規分布では平均のみが移動するのに対し，NIG 分布では平均

[*1] 詳細は，野村・宮崎 (2006) を参照されたい．

だけでなく標準偏差や歪度，尖度も変化するため，変換①において NIG 分布は正規分布よりも柔軟な変化が可能となる．また，同様に，リスク中立確率分布からインプライドリスク中立分布（以降，インプライド分布と略す）への変換（適宜，変換②と呼ぶ）においても NIG 分布は正規分布よりも柔軟性が高い．このため，NIG 分布を用いれば，ATM に近い価格情報が適切にファーアウト部分に反映されたインプライド確率分布が得られることになる．よって，ATM 付近の価格情報を参考にして FOTM オプションの評価を行う際には，NIG 分布を利用することの有用性は高いと考えられる．

6.1.2 オプションの権利行使価格帯別の流動性

1998 年 4 月～2000 年 4 月において大阪証券取引所において取引された日経 225 コールオプションの取引量を行使価格帯別に図 6.1 に示した．図 6.1 によると ATM から 1250 円程度 OTM までの行使価格を持つコールオプションの取引量が他のインザマネーオプションや 1250 円以上 ATM となる FOTM オプションに比べてきわめて多いことがわかる．このようにオプションの行使価格帯で流動性が大きく異なる状況が，ATM 付近の価格情報を参考にして FOTM オプションの評価を検討する背景にある．以下の分析においては，権利行使価格帯は図 6.1 の行使価格帯に依拠するものとする．

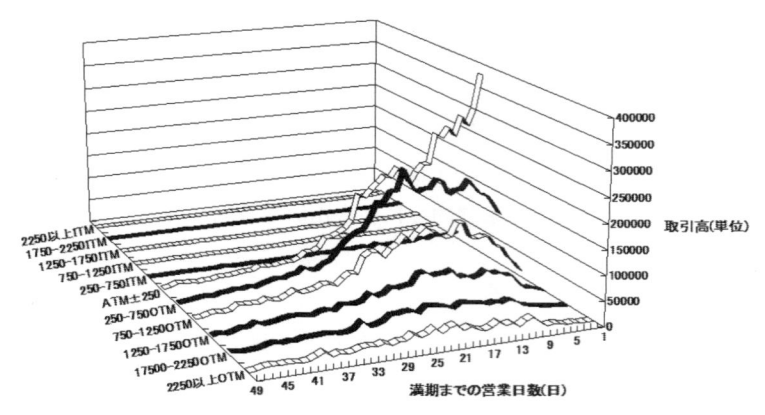

図 **6.1** 大阪証券取引所でのコールオプション取引高 (1998 年 4 月～2000 年 4 月)

6.1.3 ヒストリカル確率分布，リスク中立確率分布，インプライド確率分布

オプションを評価するためには，ヒストリカル分布ではなく，それをリスク中立変換したリスク中立確率分布を利用しなければならない．この変換が，変換①である．流動性の高いオプションの市場価格情報を利用して，他のオプションを評価するためには，リスク中立確率分布をインプライド確率分布に変換する必要がある．この変換が変換②である．ここでは，a. ヒストリカル確率分布とその推定法，b. ヒストリカル確率分布からリスク中立確率分布への変換法（変換①），c. リスク中立確率分布からインプライド確率分布への変換法（変換②），について整理する．

a. ヒストリカル確率分布とその推定法

(1) 正規分布

ドリフトが μ_{normal}，拡散係数が σ であるウィナープロセスの分布関数は，経過時刻 1 単位において次のように表現することができる．

$$\text{normal}(x; \mu_{\text{normal}, \sigma^2}) = \frac{1}{\sqrt{2\pi\sigma^2}} e^{-\left(\frac{(x-\mu_{\text{normal}})^2}{2\sigma^2}\right)} \quad (6.1)$$

株式リターンデータから得られる平均と標準偏差をそれぞれドリフト μ_{normal} と拡散係数 σ の推定値とする．またドリフト μ_{normal}，拡散係数 σ であるウィナープロセスの経過時刻 T 単位における分布関数は，平均が $\mu_{\text{normal}} T$，分散が $\sigma^2 T$ である正規分布に従うものとする．

(2) NIG 分布

Barndorff-Nielson(1977) は，柔軟な確率密度を表現する分布型として，放物型分布を考案した．放物型分布を一般型へ拡張した分布が，次の一般化放物型分布である．

$$gh(x; \lambda, \alpha, \beta, \delta, \mu) = a(\lambda, \alpha, \beta, \delta) \left(\delta^2 + (x-\mu)^2\right)^{(\lambda-\frac{1}{2})/2}$$
$$\times K_{\lambda-1/2}\left(\alpha\sqrt{\delta^2 + (x-\mu)^2}\right) e^{\beta(x-\mu)} \quad (6.2)$$
$$a(\lambda, \alpha, \beta, \delta) = \frac{(\alpha^2 - \beta^2)^{\lambda/2}}{\sqrt{2\pi}\alpha^{\lambda-1/2}\delta^\lambda K_\lambda\left(\delta\sqrt{\alpha^2 - \beta^2}\right)}$$
K_λ: 修正ベッセル関数, $x \in R$, $\mu \in R$, $\delta > 0$, $|\beta| \leq \alpha$

ここで $x_i, i = 1, \cdots, n$ は独立なリターンデータであり，特に，$\lambda = -\frac{1}{2}$ に固定

したものが NIG 分布である．パラメータの推定法は下記の対数尤度関数を用いた最尤推定法に基づいて推定を行う．

$$L = n \ln a(\lambda, \alpha, \beta, \delta) + \left(\frac{\lambda}{2} - \frac{1}{4}\right) \sum_{i=1}^{n} \ln \left(\delta^2 + (x_i - \mu_{\text{nig}})^2\right)$$

$$+ \sum_{i=1}^{n} \ln \left[K_{\lambda - 1/2}\left(\alpha \sqrt{\delta^2 + (x_i - \mu_{\text{nig}})^2}\right) + \beta(x_i - \mu_{\text{nig}}) \right] \quad (6.3)$$

ここで $a(\lambda, \alpha, \beta, \delta)$ は正規化定数であり，修正ベッセル関数 K_ν を含む．また株式リターンプロセスとして NIG プロセスを採用した場合，経過時刻 T 単位においては $gh(x; -1/2, \alpha, \beta, \delta T, \mu T)$ となり，α と β を固定したうえでパラメータ推定を行う．株式リターンを表す確率変数を X とするとヒストリカル NIG 分布の平均，分散 σ^2_{nig}，歪度 s，尖度 κ は次の式で求められる（これらの導出に関しては，野村・宮﨑，2006 の付録を参照されたい）．

$$\overline{\mu_{\text{NIG}}} = E(X) = \mu_{\text{NIG}} + \delta\beta \left(\alpha^2 - \beta^2\right)^{-1/2} \quad (6.4)$$

$$\sigma^2_{\text{NIG}} = V(X) = \alpha^2 \delta \left(\alpha^2 - \beta^2\right)^{-3/2} \quad (6.5)$$

$$s = \frac{E\left(X - \overline{\mu_{\text{NIG}}}\right)^3}{\sigma^3_{\text{NIG}}} = \frac{3\beta}{\sigma_{\text{NIG}}\left(\alpha^2 - \beta^2\right)} \quad (6.6)$$

$$\kappa = \frac{E\left(X - \overline{\mu_{\text{NIG}}}\right)^4}{\sigma^4_{\text{NIG}}} = 3 + \frac{3(\alpha^2 + 4\beta^2)}{\sigma^2_{\text{NIG}}\left(\alpha^2 - \beta^2\right)} \quad (6.7)$$

b. ヒストリカル確率分布からリスク中立確率分布への変換法（変換①）

(1) 正規分布

ドリフトが μ_{normal}，拡散係数が σ である正規分布に関しては，2.4.2 項で述べたようなリスク中立変換を施すとリスク中立確率分布のドリフトは次で与えられる．

$$\mu^*_{\text{normal}} = (r - q) - \frac{1}{2}\sigma^2 \quad (6.8)$$

ここで r は無リスク金利，q は配当利回りを表す．よってリスク中立確率分布は以下のようにして与えられる．

$$\text{normal}^*(x; \mu^*_{\text{normal}}, \sigma^2) = \frac{1}{\sqrt{2\pi\sigma^2}} e^{-\frac{(x - \mu^*_{\text{normal}})^2}{2\sigma^2}} \quad (6.9)$$

正規分布では，変換①によってドリフトは変化するものの，ボラティリティは

変化しない.すなわち正規分布では,平均のみが変化するだけで分布の形状は変化しない.

(2) NIG 分布

NIG 分布の場合にはリスク中立エッシャー変換に基づいて,ヒストリカル確率分布からリスク中立確率分布への変換を行う.リスク中立エッシャー変換の詳細は,Gerber and Shiu(1994) や宮﨑・中尾 (2003) を参照されたい.NIG プロセスの場合,リスク中立エッシャー変換のパラメータ h は次式で求められる.

$$r - q = \mu_{\text{NIG}} + \delta\left(\sqrt{\alpha^2 - (\beta + h)^2} - \sqrt{\alpha^2 - (\beta + h + 1)^2}\right) \quad (6.10)$$

リスク中立エッシャー変換された NIG 分布は式 (6.10) から算出されるリスク中立エッシャー変換のパラメータ h^* を用いて以下のようにして得られる.

$$gh^*\left(x; -\frac{1}{2}, \alpha, \beta, \delta, \mu_{\text{NIG}}\right) = NIG\left(x; \alpha, \beta + h^*, \delta, \mu_{\text{NIG}}\right) \quad (6.11)$$

またリスク中立 NIG 分布の各統計量はヒストリカル NIG 分布の各統計量の算出式 (6.4)〜(6.7) において β を $\beta + h^*$ としたものであり,以下のようにして求められる.

$$\overline{\mu_{\text{NIG}}^*} = E(X) = \mu_{\text{NIG}} + \delta(\beta + h^*)\left(\alpha^2 - (\beta + h^*)^2\right)^{-1/2} \quad (6.12)$$

$$\sigma_{\text{NIG}}^{*2} = V(X) = \alpha^2 \delta\left(\alpha^2 - (\beta + h^*)^2\right)^{-3/2} \quad (6.13)$$

$$s^* = \frac{E\left[X - \overline{\mu_{\text{NIG}}^*}\right]^3}{\sigma_{\text{NIG}}^{*3}} = \frac{3(\beta + h^*)}{\sigma_{\text{NIG}}^*\left(\alpha^2 - (\beta + h^*)^2\right)} \quad (6.14)$$

$$\kappa^* = \frac{E\left[X - \overline{\mu_{\text{NIG}}^*}\right]^4}{\sigma_{\text{NIG}}^{*4}} = 3 + \frac{3(\alpha^2 + 4(\beta + h^*)^2)}{\sigma_{\text{NIG}}^{*2}\left(\alpha^2 - (\beta + h^*)^2\right)} \quad (6.15)$$

ここで $\overline{\mu_{\text{NIG}}^*}$, σ_{NIG}^{*2}, s^*, κ^* はそれぞれリスク中立 NIG 分布の平均,分散,歪度,尖度を表す.これらの式からわかるように,NIG 分布に関しては,ヒストリカル確率分布をリスク中立確率分布に変換する場合,正規分布とは異なり平均だけでなく高次モーメントも変化し,すべての統計量が変化する.

c. リスク中立確率分布からインプライド確率分布への変換法(変換②)

変換②としては,インプライド確率分布の推定法の 1 つである 3.2.1 項で述べたルビンシュタインの方法を採用する.リスク中立確率分布を現実のデリバ

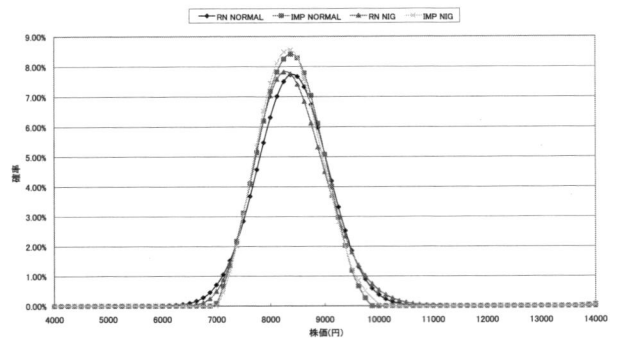

図 6.2 インプライド確率分布

ティブ価格情報と整合性が取れるように変換するとは，推定されたインプライド確率分布を用いれば，現実の価格情報と齟齬をきたさないようにすることである．具体的には，インプライド確率分布を用いて評価したオプション価格が，現実のオプション価格のビッドとアスク内に収まると意味する．また，市場価格情報がない場合には，リスク中立確率分布は，無裁定条件を満たす確率分布であるので，市場価格情報を利用する場合でもインプライド確率分布は，リスク中立確率分布に近いほど望ましいと考えられる．

採用した推定手法によって得られた 2003 年 5 月 29 日における 7 月限月のインプライド確率分布を図 6.2 に示す．Rubinstein(1994) で指摘されているように，インプライド確率分布はリスク中立確率分布よりも高い尖度を持つことがその特徴である．しかし，Rubinstein(1994) が指摘するようなインプライド確率分布における二峰性（分布の山が 2 つあること）は認められない．これは，米国株式オプション市場と日本株式オプション市場の違いや，インプライド確率分布推定時点における相場観の違いによるものと思われる．

6.1.4 実証分析

データ

ヒストリカル確率分布のパラメータ推定には，1993 年以降の月次株価データを用いた．ヒストリカル確率分布からリスク中立確率分布への変換（変換①）における金利は，満期までの日本円 TIBOR を区分近似したものを利用した．

実証分析の対象となるコールオプションの価格情報としては，2003年7月限月と2003年8月限月の日経225コールオプションのすべての行使価格帯に関する日次の価格データを用いる．分析において，コールオプションのATMは，取引日の引け値を用いる．

変換②によりリスク中立確率分布からインプライド確率分布を推定するには，3.2.1項で示した数理計画モデルを用いるのであるが，実際に推定するためには，制約条件 (3.9) の第2，3番目における S^a, S^b, C^a, C^b に具体的な数値を与えなければならない．ここでは，現実的なビッドスプレッドとアスクスプレッドとして，株価に関しては株価の±1%，コールオプションに関しては，インプライドボラティリティベースで±0.5%を想定して求められる値を S^a, S^b, C^a, C^b として採用した．正規分布もNIG分布もともに連続型の分布であるが，変換②を行うための数理計画モデルが離散型であるために，それらを離散化する必要がある．ここでは，株価の取りうる離散値として100通り，つまり，数理計画モデルの j として100通りを設定する．また，S_j と S_{j+1} との間隔を125円とし，株価の取りうる離散値としてATMから±6250円を設定した．制約条件 (3.9) の第3番目であるオプションに関する制約は，流動性の観点からATM付近のものだけを用いるのであるが，制約条件の数は正規分布の場合とNIG分布の場合で等しくしておく．

(1) ヒストリカル確率分布からリスク中立確率分布へ（変換①）

ヒストリカル正規分布とヒストリカルNIG分布のパラメータに関する推定結果を表6.1に示す．表6.1において月ごとにパラメータがわずかながら異なるのは，月次株価データを更新してパラメータの推定を行ったからである．

野村・宮﨑 (2006) では，ヒストリカル確率分布からリスク中立確率分布へ変換（変換①）により，ヒストリカル確率分布の平均，標準偏差，歪度，尖度といった統計量がリスク中立確率分布ではどのようになるかについて，正規分布

表 6.1 パラメータの推定結果

	ヒストリカル正規分布		ヒストリカル NIG 分布					
年月	μ_{normal}	σ	α	β	δ	μ_{NIG}	λ	L
2003 年 5 月	−0.0041	0.0646	408.5435	360.8931	0.1757	−0.3353	−0.5	164.4309
2003 年 6 月	−0.0042	0.0643	398.0516	351.6485	0.1702	−0.3251	−0.5	166.2795
2003 年 7 月	−0.0034	0.0646	383.5377	336.056	0.1799	−0.3305	−0.5	166.9891

の場合と NIG 分布の場合とを比較する形で詳細に検討している．ヒストリカル確率分布からリスク中立確率分布への測度変換であるから，重要な要素となるのは金利の影響（金利水準とオプション満期までの時間）であり，金利水準とオプション満期までの時間に関して統計量がどのように変化するかについて数値例により分析している．

統計量に関する分析結果に基づく考察から，以下のことを指摘している．ヒストリカル確率分布からリスク中立確率分布への変換（変換①）を施すことによって正規分布は平均のみが変化するが，NIG 分布では平均だけではなく標準偏差，歪度，尖度も柔軟に変化し分布型全体での変化が大きい．また，NIG 分布と正規分布とを比較すると，NIG 分布は高い尖度を有しており，インプライド確率分布が有する特徴とよく似ている．金利への影響という観点からみると，NIG，正規分布ともに金利が高いほど平均の変化量は大きい．しかし NIG 分布ではすべての統計量が金利への影響を受けて変化するため，金利の変動に応じて柔軟に変化する．

(2) リスク中立確率分布からインプライド確率分布へ

リスク中立確率分布に正規分布，NIG 分布を採用し算出されるインプライド確率分布をそれぞれ，インプライド正規分布，インプライド NIG 分布とする．図 6.2 で確認したように，推定されたインプライド確率分布の形状は，正規分布，NIG 分布どちらを採用してもリスク中立確率分布よりも高い尖度を持つ．この特徴は，時系列的にもおおむね確認できる．しかし，採用するリスク中立確率分布の違いによってインプライド確率分布には差が生じる．ATM 付近では正規分布と NIG 分布のインプライド確率における差は小さいが，ファーアウト部分においてはインプライド確率分布に相応の差が生じる．リスク中立確率分布からインプライド確率分布へ変換することによってファーアウト部分の確率がどれだけ変化したかを時系列的に調べることにより，NIG 分布の方が ATM 付近の価格情報をファーアウトにまでしっかり伝え，現実のオプションの価格情報に整合するように分布形が変化することが確認される．

一方，リスク中立確率分布からインプライド確率分布への変換による ATM 付近における確率の変化は，正規分布，NIG 分布ともに，満期まで時間が長いときでは同程度であるが，満期が近づくにつれ NIG 分布の方が確率の変化量は

6.1 オプション評価における正規分布と NIG 分布に関する実証分析   127

小さくなる．満期が近づくにつれて満期までの株価の変動率は小さくなり，満期時点での株価はある程度の範囲に絞られるため，満期での株価の分布は裾が短く，また尖度が高くなると考えられる．リスク中立 NIG 分布の尖度は正規分布よりも高いので満期が近いインプライド確率分布に近く，ATM での確率の変化が少なくて済むのである．

(3) FOTM オプションの評価

推定されたインプライド正規分布，インプライド NIG 分布に基づいて算出した FOTM オプション価格が，現実の FOTM オプション価格とどれだけ乖離しているかを時系列として図 6.3，6.4 に示した．横軸の日付は該当する FOTM オプションの取引が行われている期間となっている．いずれの図からもわずかな例外点を除いては，インプライド NIG 分布に基づいて算出したオプション価格の方が，インプライド正規分布に基づいて算出したオプション価格よりも現実のオプション価格に近いことがわかる．特に，この傾向は，図 6.4 によると満期までの時間が短くなる場合に顕著に現れる．この理由は，正規分布では尖度が低いため，満期までの時間が短くなると ATM 付近で確率の調整を行わなければならない．そして ATM 付近のオプション価格が制約を満たすよう確率を調整するのに FOTM に確率を残してしまい，FOTM オプションを割高に評価してしまう．しかし NIG 分布では，満期が近づくと尖度が高くなり ATM で

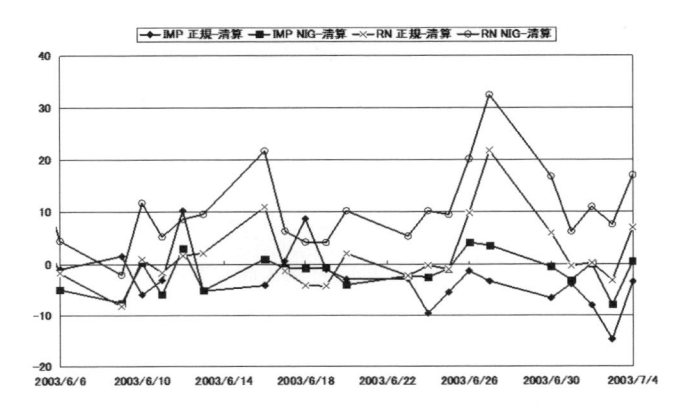

図 **6.3** ATM±750 の価格情報を用いてアウト幅が 750〜1250 である OTM オプションを評価したときの乖離

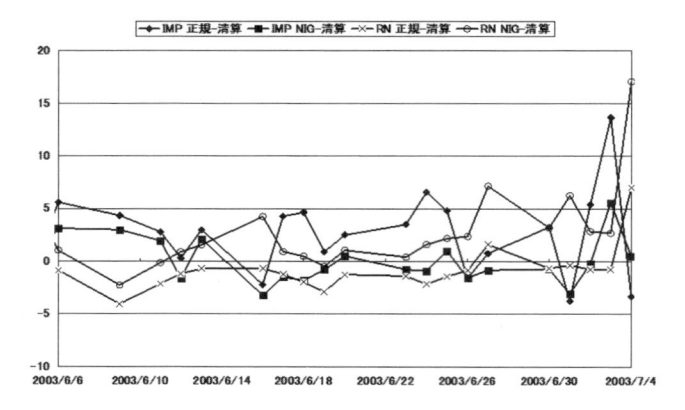

図 6.4 ATM±1250 の価格情報を用いてアウト幅が 1250〜1750 である OTM オプションを評価したときの乖離

の確率の調整が少ないため,FOTM オプションに ATM 付近の価格情報が伝わり適切に評価を行うことができる.リスク中立正規分布を用いたオプション評価モデルでは ATM 付近のオプション市場価格を参考情報としてモデルに適切に反映させることは難しく,リスク中立 NIG 分布を用いたオプション評価モデルが FOTM のオプションに評価において重要な役割を果たすと考えられる.

6.2 DVM のインプライドラティスに関する実証分析[*2)]

6.2.1 本節の概要

本節では,幾何ブラウン運動では定数であったボラティリティ σ を株価と時間に依存可能な形 $\sigma(S_t, t)$(局所ボラティリティ関数と呼ばれる)へと拡張するデタミニスティックボラティリティモデル(DVM)の中で,局所ボラティリティ項の関数形として,2つのパラメータを含む関数形,3つのパラメータを含む関数形,7つのパラメータを含む関数形の3通りを取り上げる.これら3通りの DVM が,日経 225 オプション市場における権利行使価格が異なる複数のオプションの市場価格をどの程度整合的に評価するかについて実証分析を行う.オプションのモデル価格の導出に関しては,二項モデルを採用する.DVM を二

[*2)] 詳細は,Hoshika and Miyazaki(2008) を参照されたい.

項モデルで表現する方法は，3.3.2項で紹介したLi(2000/2001)の二項モデルの構築法を採用する．この二項モデルに基づくオプションのモデル価格（DVMのパラメータを含む）とオプションの市場価格との乖離を目的関数とし，DVMのパラメータを決定変数とするような最小化問題として定式化する．この最小化問題を数値的に解き，目的関数の値を3通りのDVM間で比較し，DVMのパラメータが増加するに従ってオプションのモデル価格がどの程度まで市場価格と整合的になるかを検証する．

上記の検証は，市場価格情報が容易に得られる上場オプションに関して，モデル価格と市場価格との整合性を検証するものであるが，さらに，一歩踏み込んで，上場オプションに関しては同程度のモデル価格を与えるような異なるモデル間で，エキゾチックオプションの価格がどの程度異なるかについても吟味する．これは，利用可能な上場オプションの価格情報をモデルに適切に取り込んでも，利用するモデルいかんによってはエキゾチックオプションの評価に違いが生じるというようなモデルリスクを検証するものである．

6.2.2 3種の局所ボラティリティ

デタミニスティックボラティリティモデルとは，

$$dS_t/S_t = rdt + \sigma(S_t, t)\,dW \tag{2.73}$$

であった．ここで，S_tは時点tにおける株価，rは安全利率，$\sigma(\cdot)$はデタミニスティックボラティリティ，dWはウィナー過程である．式(2.73)の局所ボラティリティ$\sigma(S_t, t)$として以下の3種類の関数を仮定し，実際マーケットのオプション価格にモデル価格がどの程度まで整合的であるかについて時系列的に検証する．

(1) 2パラメータモデル (Lee, et al., 2003)

2パラメータモデルはパラメータ数が2つのモデルであり，原資産価格S_tにlogを取りパラメータbを掛け合わせパラメータaを足し，ルートを取ったモデルである．このモデルはスキューの表現が可能なモデルであり，原資産価格が上昇した場合に，ボラティリティの上昇，もしくは下降が表現できる．ただし，S_tはリターンではなく原資産価格自体の大きさであること，さらにはルー

トを取るので $\sigma(S_t, t)$ は大きくは変化しないといえる.

$$\sigma(S_t, t) = \sqrt{a + b \log S_t} \tag{6.16}$$

(2) 3パラメータモデル (Li, 2000/2001)

3パラメータモデルはパラメータ数が3つ (a, b, c) のモデルであり, 初期時点での原資産価格 S_0 と原資産価格 S_t から得られるリターンをもとに $\tanh(x)$ を用いて表現されるモデルである. $\tanh(x)$ は x に関しての増加関数であり, 2パラメータモデルと同様にスキューの表現が可能なモデルである. ただし2パラメータモデルとの大きな違いは, スキューの形状がパラメータ b により, 急にも緩やかにもなりうる点があげられる.

$$\sigma(S_t, t) = c + a \left\{ 1 - \tanh \left[b \left(\frac{S_t - S_0}{S_0} \right) \right] \right\} \tag{6.17}$$

(3) 7パラメータモデル (Brown and Randall, 1999)

7パラメータモデルはパラメータ数が7つ (a, b, c, d, e, f, g) のモデルであり, 初期時点での原資産価格 S_0 と原資産価格 S_t から得られる対数リターンをもとに, 3パラメータモデルの $\tanh(x)$ だけでなく, $\mathrm{sech}(x)$ も用いたモデルである. $\mathrm{sech}(x)$ は x に関して上に凸な関数であり, $\tanh(x)$ と合わせるとスキューとスマイル双方の表現が可能なモデルである.

$$\sigma(S_t, t) = a + b \tanh\left(c \ln\left(\frac{S_t}{S_0}\right) - d\right) + e\left[1 - \mathrm{sech}\left(f \ln\left(\frac{S_t}{S_0}\right) - g\right)\right] \tag{6.18}$$

(4) 7パラメータモデルの関数形についての考察

局所ボラティリティの関数形として7パラメータモデルに含まれるような関数形 $b \tanh(cx)$ や $e[1 - \mathrm{sech}(fx)]$ (a, d, g は平行移動を表現するパラメータなのでここでの説明では省いた) を用いる利点について確認しておく.

図6.5には, (1) $b = 1, c = 1$, (2) $b = -1, c = 1$, (3) $b = 1, c = 2$, (4) $b = -1, c = 2$ の4通りに関して関数形 $b \tanh(cx)$ の形状を描いた. 図6.5によれば, b が正 (負) のときに右上 (右下) がりとなること, また, c の値が大きいほど0付近の変化率が大きくなることがわかる. よって, b が正 (負) のときには株価が上昇 (下落) する際にボラティリティが大きくなり, その変化率が c で

図 6.5　$b\tanh(cx)$ の関数形

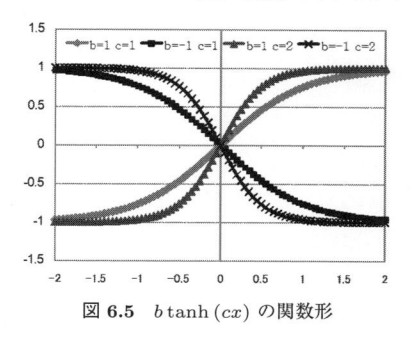

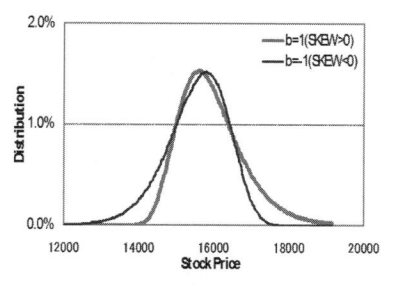

図 6.6　満期での分布 (スキュー)

表現される．実際，図 6.6 には，$S_0 = 15719$，満期まで 15 営業日とした場合に，7 パラメータモデルのパラメータを $a = 0.2$, $c = 1$, $d = e = f = g = 0$ と固定して，$b = 1$ と $b = -1$ の 2 通りについて満期における株価の分布を示したものである．b が正（負）のときには株価の分布が上側（下側）にスキューしていることが確認できる．次に，図 6.7 には，(1) $e = 1, f = 1$, (2) $e = 1, f = 6$, (3) $e = -1, f = 1$, (4) $e = -1, f = 6$ の 4 通りに関して関数形 $e[1 - \mathrm{sech}(fx)]$ の形状を描いた．図 6.7 によれば，e が正 (負) のときに上側 (下側) に広がること，また，f の値が大きいほど 0 付近の変化率が大きくなることがわかる．よって，e が正（負）のときには株価が現在の値から乖離するに従って，ボラティリティが大きく（小さく）なり，その変化率が f で表現される．実際，図 6.8 には，$S_0 = 15719$，満期まで 15 営業日とした場合に，7 パラメータモデルのパラメータを $a = 0.1$, $f = 6$, $b = c = d = g = 0$ と固定して，$e = 1$ と $e = -1$ の 2 通りについて満期における株価の分布を示したものである．e が正（負）の

図 6.7　$e[1 - \mathrm{sech}(fx)]$ の関数形

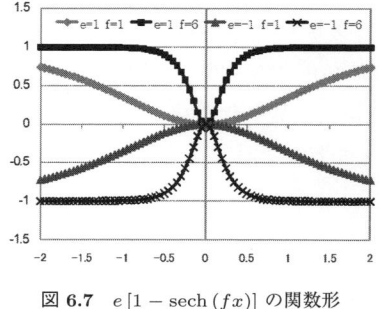

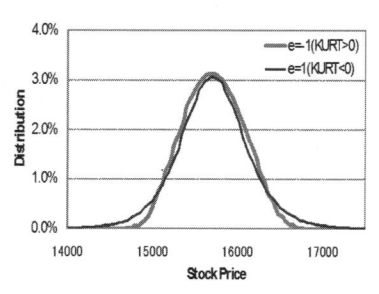

図 6.8　満期での分布 (スマイル)

ときには株価の分布の裾野が両側とも広い（狭い）ことが確認できる．

このように，局所ボラティリティの関数形として関数形 $b\tanh(cx)$ や $e[1-\operatorname{sech}(fx)]$ を採用しておけば，クロスセクショナルなオプション価格に織り込まれる満期における株価の分布を柔軟に表現することができる．

6.2.3 Li アルゴリズムを用いたオプション評価法とモデル価格と市場価格との整合性の検証手法

a. Li アルゴリズムを用いたオプション評価法

満期 T，権利行使価格 K のヨーロピアンコールオプションの価格は，式 (6.19) で与えられる．

$$\text{Price} = e^{-rT}\int_K^\infty \max(S_T - K, 0)\, f(S_T)\, dS_T \tag{6.19}$$

S_t の推移を Li アルゴリズム（式 (3.35)〜(3.37)）に基づきバイノミナルツリーで表現して，満期における株価 S_T の分布（株価 S_T のノード値とその確率）を求め，オプション評価式 (6.19) を数値計算し，オプションのモデル価格を導出する．

b. モデル価格と市場価格との整合性の検証手法

モデル価格と現実のオプション市場価格との誤差を最小化するような最適化モデルによって，デタミニスティックボラティリティのパラメータを求める．対象となるオプションの種類は，アットザマネー（以下 ATM，日本オプション市場（大阪証券取引所）では正確な意味で現在の株価と権利行使価格が一致する ATM は必ずしも存在しない．そこで，本項では最も現在の株価が権利行使価格に近いオプションを ATM と設定した），アウトオブザマネー1（ATM より権利行使価格が 500 円高くなるごとに OTM は存在する．以下 OTM1），OTM2，OTM3，の計 4 つのオプションを用いて価格差の最小化を試みる．その際には 6.2.2 項で示した 3 種の局所ボラティリティを対象とする．

最適化モデルの目的関数は，

$$\operatorname{Min}\sum_{i=0}^{N} \frac{\left(P_i' - P_i\right)^2}{N+1}$$

表 6.2 各モデルの制約条件

DVM	制約条件
2パラメータモデル	$0 < \sigma(S_t, t)$, $S_0 - 10000 \leq S_t \leq S_0 + 10000$
3パラメータモデル 7パラメータモデル	$0 < \sigma(S_t, t) < 1$, $0.5 \leq \frac{S_t}{S_0} \leq 1.5$

である.ここで,P は現実のオプション市場価格,P' は本項のオプションモデル価格,i はオプションの種類を表し,$i = 0$ で ATM オプション,$i = 1$ で OTM1,$i = 2$ で OTM2,$i = 3$ で OTM3 を示す.また,2パラメータモデル,3パラメータモデル,7パラメータモデルそれぞれの制約条件は表 6.2 のようにした.

7パラメータモデルにおいて c(あるいは f)が 0 の場合,a, b(あるいは e)and d(あるいは g)などのパラメータが一意に定まらない可能性は原理的に存在する.しかし,実証分析において c(あるいは f)が 0 となるケースはきわめて稀であり,このようなケースは最適化を 47 回行った本実証分析においては一度も生じなかった.

6.2.4 実 証 分 析

a. データと分析設定

実証分析に利用するデータは,2003 年 5 月〜2007 年 3 月の日経 225 オプション市場の残存期間が 15 営業日のコールオプション価格を使用する.大阪証券取引所が公表するオプション価格を用いるが,オプション価格のデータセットの中には外れ値や取引がなく価格データが欠損している場合もある.そこで,オプション価格のデータセットを実証分析に利用する際には,比較的取引量の多い ATM,OTM1,OTM2,OTM3 のデータを用いた.分析設定として,ラティスの数は 200 ラティス,安全利子率 r は 0% とした.安全利子率は分析期間大半においてゼロ金利政策下であったのに加え,2007 年 3 月時点においても金利は低水準であったので 0% とした.

b. 分析結果と考察

＜局所ボラティリティの種類とオプション市場価格＞

図 6.9 には,z 軸に実際の市場価格と本節で行った 3 種のモデル価格との絶対誤差の平均を,x 軸に 3 種のパラメータモデルを,y 軸に ATM,OTM1,

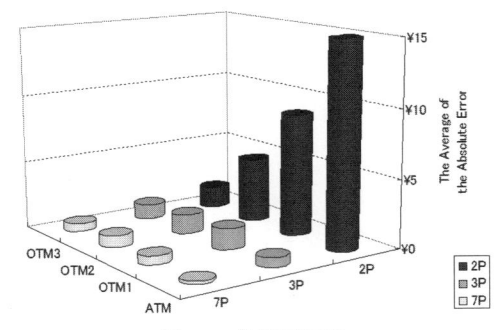

134   6. インプライド確率分布の実証分析

図 6.9　絶対誤差平均

OTM2, OTM3 を示した. 2 パラメータモデルは 3 パラメータモデルや 7 パラメータモデルに比べると, 絶対誤差がかなり大きくなっている. これは, 2 パラメータモデルにある関数形 $\sqrt{}$ の制約が強く, モデル価格を市場価格に近づけにくいと考えられる. ATM での実際の市場価格の平均値は約 240 円であり, 15 円の誤差は価格に占める割合は 6% であり, かなり大きな誤差である. 対して 3 パラメータモデルと 7 パラメータモデルの絶対誤差平均は ATM での価格に占める割合は 0.3% 以下とほとんどなく, モデル価格は市場価格に十分近いといえる. また ATM 付近のオプション価格は OTM より価格は高いにもかかわらず, ATM〜OTM3 まで押しなべて誤差がないことから, 本項で利用した目的関数は比較的適切なものであることが確認できた. 図 6.9 より, 2 パラメータモデルでは不十分であると判断できるので, 以下では, 3 パラメータモデルと 7 パラメータモデルに焦点を当てた分析を行う.

図 6.10 には, ATM の場合の絶対誤差を縦軸に, オプション満期の時系列を横軸にして示した. 7 パラメータモデルと 3 パラメータモデルを比べると, 概

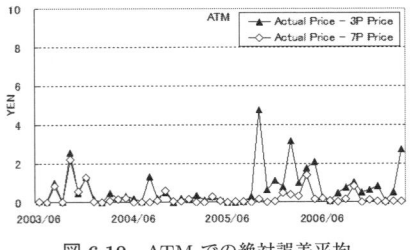

図 6.10　ATM での絶対誤差平均 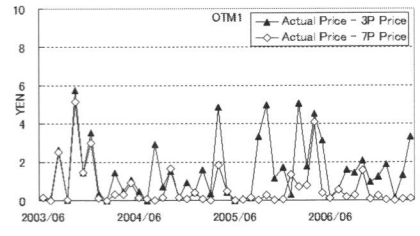　　　　図 6.11　OTM1 での絶対誤差平均

6.2 DVMのインプライドラティスに関する実証分析   *135*

図 6.12 OTM2での絶対誤差平均

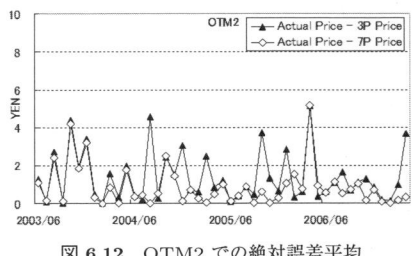

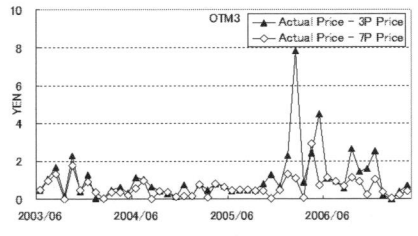

図 6.13 OTM3での絶対誤差平均

して7パラメータモデルの絶対誤差の方が小さくなっており7パラメータモデルの方がより市場価格に整合していることが確認できる．これは7パラメータモデルには，3パラメータモデルに含まれているスキューだけでなく，スマイルも含まれているため整合性が良くなると考えられる．例えば，最も誤差が大きいところで3パラメータモデルの誤差は約5円となっており，7パラメータモデルは2円程度である．このことから7パラメータモデルに含まれるスマイル成分の影響により，誤差が少なくなっていると考えられる．

図6.11～6.13には，図6.10と同様に，それぞれOTM1，OTM2，OTM3の場合の絶対誤差を時系列で示した．これらの図をみると，図6.10と同様に7パラメータモデルの方が概して整合性が高いことがわかる．時系列的な分析からもATMだけでなく，ATM～OTM3までの7パラメータモデルのフィットの高さを確認することができる．

＜パラメータの頑健性＞

パラメータ推定に関する頑健性をみるために，7パラメータモデルのパラメータをそれぞれ図6.14～6.20に時系列で示した．時系列的にみると概してどのパラメータも外れ値と思われるような値を取らないことが確認される．また，7変数のパラメータ b（スキュー成分の係数）とパラメータ e（スマイル成分の係数）に注目すると，パラメータ b，パラメータ e ともに概して正の値（0から乖離した値）を取っている．これはスキュー成分，スマイル成分が目的関数を最適化するうえで重要な成分であり，7パラメータモデルに含まれているスマイル成分により市場価格との整合性が良くなることを裏づけている．

＜バリアオプションを用いたモデルリスクの検証＞

これまでの検証結果から，上場オプションの市場価格と整合性の高いデタミ

図 6.14 7パラメータ a

図 6.15 7パラメータ b

図 6.16 7パラメータ c

図 6.17 7パラメータ d

図 6.18 7パラメータ e

図 6.19 7パラメータ f

図 6.20 7パラメータ g

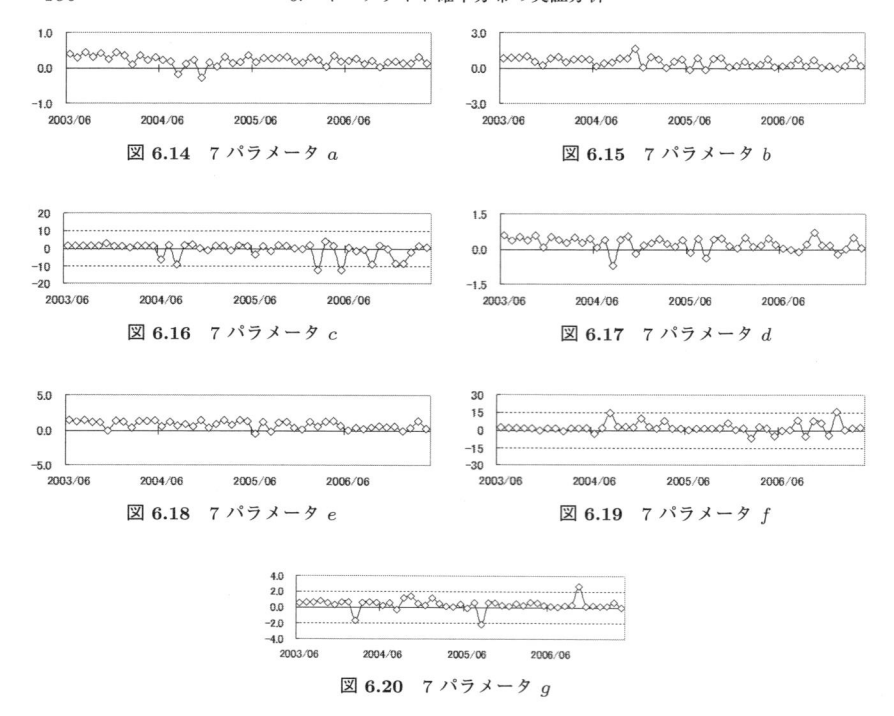

ニスティックボラティリティモデルは，3パラメータモデルと7パラメータモデルであることがわかった．両モデルは市場で観測可能な上場オプションに対して，同程度（7パラメータモデルの方が若干すぐれているが）のモデル価格を与える．つまり，市場で観測可能なオプションの価格情報をともに適切にモデルに取り込んでいる．しかし，局所ボラティリティの関数形は異なるので，ラティスの中身は当然ながら異なったものとなっている．この影響が，株価の経路に依存して（ラティスの形状に依存して）価格が決定されるようなエキゾチックオプションの価格にどの程度の差異（モデルリスクと呼ぶ）を生じさせるかについて吟味する．

エキゾチックオプションの例として，ノックアウトバリアコールオプションを取り上げる．ノックアウトバリアコールオプションとは，通常のヨーロピアンコールオプションとは異なり，オプション期間中に一度でも設定したバリア価格に原資産価格が到達すると権利が消滅してしまうようなオプションである．

6.2 DVMのインプライドラティスに関する実証分析

　図 6.21 には満期が 2005 年 4 月，7 パラメータモデルのノックアウトバリアコールオプション価格（評価時点の株価 11776 円，権利行使価格が 11776 円，満期 15 日）から 3 パラメータモデルの価格を引いた価格差（モデルリスク）を示した．図 6.21 をみるとバリア価格が評価時点の株価から高くなるに従って価格差が大きくなり，最大で 10 円の差が生じる．さらにバリア価格が高くなると，ノックアウトバリアコールオプションが通常のコールオプションと同じ商品設計となるため，価格差は 0 に近づくことがわかる．このように，ほとんど同じヨーロピアンコールオプション価格を与える 2 つのモデルでも，エキゾチックオプションに関しては 10 円程度異なるケースがみられるため，モデルリスクには十分に配慮する必要があることがわかる．

　図 6.21 の分析結果の解釈としては，7 パラメータモデルの方が 3 パラメータモデルより価格が低いことから，7 パラメータモデルのラティスの方がバリア価格に到達する可能性が高く，3 パラメータモデルよりもラティスの中身において広がりが大きいと考えられる．

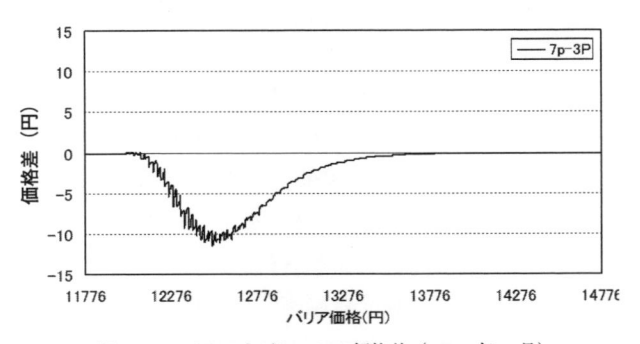

図 6.21　バリアオプションの価格差（2005 年 4 月）

7

ジャンプ過程に関連する オプション評価モデルの計量分析

7.1 MJD モデルのエッジワース展開に基づくオプション評価[*1]

7.1.1 本節の概要

ヨーロピアンコールオプションの評価において，次の2つの問題にアプローチする．第1の問題は，原資産収益率プロセスが生成する確率分布として正規分布以外の分布を採用した場合に，その確率分布を仮定したオプション価格を，正規分布と高次キュムラント（3次，4次）を用いた確率分布を仮定したオプション価格によってどの程度近似できるか？ 第2の問題は，ジャンプ成分を含む原資産収益率プロセスが生成する確率分布（Merton のジャンプ拡散モデル，以下 MJD モデル）に基づくオプション評価においてどの程度の強さで中心極限定理が働くか？である．これらの問題について，高次キュムラントの観点から考察する．

第1の問題に対しては，原資産収益率にジャンプ成分を含むプロセスの代表的なものとして MJD モデルを取り上げ，MJD モデルが生成する確率分布を，4次までのキュムラントを用いたエッジワース展開によって近似した確率分布に基づくオプション評価近似式を導く．また，数値実験により，その近似精度

[*1] 詳細は，佐々木・宮﨑・野村 (2006) を参照されたい．

7.1 MJDモデルのエッジワース展開に基づくオプション評価

が評価対象となるオプションの行使価格や満期に依存してどの程度異なるかについて検討する.

第2の問題に対しては，MJDモデルによる1日の原資産収益率を表す確率分布を N 回畳み込んだ確率分布が N 日の原資産収益率の確率分布であることに着目して，オプションの残存期間 N が大きくなるに従って中心極限定理が働き，MJDモデルによるオプション価格がBS価格に近づくスピードを権利行使価格別に数値実験に基づき確認する．また，このオプション価格の収束において3次，4次のキュムラントの影響がどの程度であるかについても合わせて検討する．

数値実験結果からは，本オプション近似評価モデルの精度は，オプション満期がごく短い場合を除いて相応に高いこと，また，オプション評価において中心極限定理が働くものの，オプションの満期が100日以下の場合には，高次キュムラントの影響を無視することはできないことがわかる．

7.1.2 エッジワース展開とオプション価格の導出

a. ジャンプ成分を含む原資産収益率プロセス（MJDモデル）が生成する収益率分布のエッジワース展開

日次収益率を表す確率変数 X_i（平均 m と標準偏差 σ）が，日単位で定数係数のウィナー過程とポアソン過程の尺度混合の和であり，日単位ごとの収益率は独立と仮定する．ここでは，BSモデルの仮定の中で，ドリフトを除くリターンプロセスが拡散成分のみとなる仮定をマートンジャンプも含めるように緩和した場合に，その影響がオプションの行使価格や残存期間に応じてどの程度であるかを検討する．したがって，N 日間の原資産収益率を表す確率変数 X は，N 個の互いに独立で同一な1日の収益率 X_i の和 $X = \sum_{i=1}^{N} X_i$ となり，これをスケール変換した確率変数 U を $U = (X - mN)/\sigma\sqrt{N}$ によって定義する．エッジワース展開により，N 日間の原資産収益率を表す確率分布 $f(u, N)$ は，次で与えられる．

$$f(u, N) = \frac{\exp(-u^2/2)}{\sqrt{2\pi}} \left(1 + \frac{Q_1(u)}{N^{1/2}} + \frac{Q_2(u)}{N^{2/2}} + \cdots \right) \quad (7.1)$$

$$Q_1(u) = \frac{\lambda_3}{6}(u^3 - 3u) \tag{7.2}$$

$$Q_2(u) = \frac{\lambda_4}{24}(u^4 - 6u^2 + 3) + \frac{\lambda_3^2}{72}(u^6 - 15u^4 + 45u^2 - 15) \tag{7.3}$$

λ_3, λ_4 は $N=1$ における確率分布の標準化された 3 次，4 次のキュムラントを表している．本節では 4 次キュムラントまでのエッジワース展開を用いる．

MJD モデルによって生成される確率分布を，エッジワース展開によって表現する．ここで，MJD モデルは，ジャンプ成分と連続成分を複合した原資産収益率モデルであり，そのリスク中立変換後の確率微分方程式は式 (7.4) で与えられる．

$$\frac{dS_t}{S_t} = (r - \lambda\beta)\,dt + \sigma_{\text{MJD}} d\tilde{W}_t + (e^{\omega + \eta\varepsilon} - 1)d\tilde{N}_t \tag{7.4}$$

ここで，$d\tilde{W}_t$ はリスク中立確率の下でのウィナー過程を表し，$d\tilde{N}_t$ はリスク中立確率の下でのポアソン過程（インテンシティ λ，n 次キュムラントを表す λ_n と記法は似ているがまったく異なるものであることに注意されたい）を表す．また ε は標準正規乱数である．ここで，式 (7.4) と第 4 章で導入したジャンプ拡散モデル式 (4.28) との対応関係を確認しておく．式 (4.28) における Y は $Y = e^{\omega + \eta\varepsilon}$ であるから $\log Y$ が，平均 ω，分散 η^2 の正規分布に従うことを意味している．また，r は無リスク金利，σ_{MJD} は拡散成分を表すパラメータである．式 (4.28) はリスク中立変換前の確率過程である．リスク中立変換により，式 (4.28) の μ，dW_t が，それぞれ式 (7.4) では r，$d\tilde{W}_t$ に変更されている．また，式 (4.28) の $-\lambda\beta dt + dN_t$ は，式 (7.4) では，$-\lambda\beta dt + d\tilde{N}_t$ と記していることに注意されたい．さらに詳しく対応づけると，ω と η は，それぞれ p.81 で導入した記法 $\mu_y - 0.5\sigma_y^2$ と σ_y に対応する．

MJD モデルをエッジワース展開により表現するための特性関数 $\hat{P}_{\text{MJD}}(z)$ と標準化された n 次キュムラント λ_n は，それぞれ，式 (7.5), (7.6) で与えられる．

$$\begin{aligned}\hat{P}_{\text{MJD}}(z) = \exp\Bigg[iz\bigg\{ r - \lambda\big(e^{\omega + \frac{\eta^2}{2}} - 1\big) - \frac{\sigma_{\text{MJD}}^2}{2} \bigg\} N \\ - \frac{z^2 \sigma_{\text{MJD}}^2}{2} N + \lambda\{ e^{iz\omega - \frac{(z\eta)^2}{2}} - 1\} N \Bigg] \end{aligned} \tag{7.5}$$

7.1 MJD モデルのエッジワース展開に基づくオプション評価

$$\lambda_n = \left((-i)^n \frac{d^n}{dz^n} \log \hat{P}(z)|_{z=0}\right) \bigg/ \left(\frac{d^2}{dz^2} \log \hat{P}(z)|_{z=0}\right)^{n/2} \quad (7.6)$$

ここで λ はジャンプ成分のインテンシティを表し，i は虚数を表す．

エッジワース展開によって原資産収益率が従う確率分布を表現するための 4 つのキュムラントは，具体的に次で与えられる．

$$\lambda_1 = m = \{r - \lambda(\exp(\omega + \eta^2/2) - 1) - \sigma_{\text{MJD}}^2/2\} + \lambda\omega \quad (7.7)$$

$$\lambda_2 = \sigma^2 = \sigma_{\text{MJD}}^2 + \lambda\eta^2 + \lambda\omega^2 \quad (7.8)$$

$$\lambda_3 = \lambda\omega(3\eta^2 + \omega^2)\lambda_2^{-3/2} = \frac{\lambda\omega(3\eta^2 + \omega^2)}{(\sigma_{\text{MJD}}^2 + \lambda\eta^2 + \lambda\omega^2)^{-3/2}} \quad (7.9)$$

$$\lambda_4 = \lambda(3\eta^4 + 6\omega^2\eta^2 + \omega^4)\lambda_2^{-2} = \frac{\lambda(3\eta^4 + 6\omega^2\eta^2 + \omega^4)}{(\sigma_{\text{MJD}}^2 + \lambda\eta^2 + \lambda\omega^2)^2} \quad (7.10)$$

式 (7.9)，(7.10) で，それぞれ与えられる 3 次，4 次キュムラント λ_3，λ_4 を式 (7.2)，(7.3) に代入することで，MJD モデルが生成する確率分布のエッジワース展開が得られる．

ここまでは，形式的に議論を進めてきたが，実際にエッジワース展開による近似式の誤差が残存期間の長さに応じて小さくなることを保証するためには，キュムラントの存在に加えて，MJD モデルによる 1 日のリターンを表す確率変数 X_j の特性関数に関するクラメールの条件を満たす必要がある．この確認とキュムラントの導出に関しては，佐々木・宮崎・野村 (2006) を参照されたい．

b. エッジワース展開を用いたオプション近似評価式の導出

オプションの評価を行う際には，リスク中立確率分布が必要である．式 (7.4) で与えられる MJD モデルはすでにリスク中立測度の下での確率過程であり，式 (7.7)〜(7.10) を式 (7.1)〜(7.3) に代入することによって生成される確率分布 (式 (7.12)) はリスク中立確率分布であるため，直ちにオプション評価に利用することができる．

エッジワース展開を用いたオプション近似評価式

現時点での原資産価格 S_0，行使価格 K，オプションの残存期間 N，日率の金利 r におけるコールオプション価格 c は次の式で表すことができる．

$$c = e^{-rN} \int_{\ln(K/S_0)}^{\infty} [S_0 e^x - K] f(x, N) dx \quad (7.11)$$

$$f(x, N) = \frac{1}{\sqrt{2\pi N}\sigma} \exp\left[-\frac{(x-mN)^2}{2\sigma^2 N}\right]$$
$$\times \left[1 + \frac{1}{\sqrt{N}}Q_1\left(\frac{x-mN}{\sigma\sqrt{N}}\right) + \frac{1}{N}Q_2\left(\frac{x-mN}{\sigma\sqrt{N}}\right)\right] \quad (7.12)$$

ここで $f(x,N)$ は式 (7.1) に，$u = \frac{(x-mN)}{\sigma\sqrt{N}}$ （ここで，m, σ はそれぞれ，式 (7.7), (7.8) から得られる）を代入し，式 (7.2), (7.3) の λ_3, λ_4 にそれぞれ，式 (7.9), (7.10) を代入することによって得られる．

7.1.3 数値実験
a. 実験方法

本項では，第 1 の関心として，MJD モデルが生成する確率分布をエッジワース展開で近似して導出した近似オプション評価式の近似精度を検証する．MJD モデルを仮定した十分精度の高いオプション価格は，5.3.2 項で述べた高速フーリエ変換（FFT）法を利用した価格とする．この価格にも FFT 法による離散近似誤差は避けられないが，確率分布自体の近似とは意味合いが異なる．FFT 法に基づくオプション評価では，残存期間 N，対数行使価格 $\kappa \equiv \ln K$ をもつコールオプション価格 C は次式で算出される．

$$C = c\exp(-\xi\kappa) = \frac{\exp(-\xi\kappa)}{2\pi}\int_{-\infty}^{\infty} e^{-iv\kappa}\psi_N(v)dv \quad (7.13)$$

$$\psi_N(v) = \int_{-\infty}^{\infty} e^{iv\kappa}Ce^{\xi\kappa}d\kappa = \frac{e^{-rN}\hat{P}(v-(\xi+1)i)}{\xi^2+\xi-v^2+i(2\xi+1)v} \quad (7.14)$$

式 (7.13) ではコールオプション価格 C を，正の減衰係数 ξ を用いて定義した修正コールオプション価格 $c \equiv \exp(\xi\kappa)C$ と，そのフーリエ変換 $\psi_N(v)$ で表現している．ξ は c が発散しないことを保証する．また $\hat{P}(\cdot)$ は特性関数を表し，MJD の特性関数は式 (7.5) である．

第 2 の関心は，MJD モデルが生成する確率分布に基づくオプション評価においてどの程度の強さで中心極限定理が働くか？であった．この点を検討するためには，MJD モデルのオプション価格（式 (7.11) または式 (7.13)）が，オプションの行使価格や満期に応じて BS 価格（式 (2.72), (2.73)）からどの程度乖離するかについての数値実験を行う．

7.1 MJD モデルのエッジワース展開に基づくオプション評価　　　143

表 7.1　MJD モデルにおけるジャンプパラメータ

case	λ	ω	η
1	0.32	0.010	0.020
2	0.27	0.008	0.015
3	0.22	0.006	0.010
4	0.17	0.004	0.005
5		0.002	0.003

b. 実験の設定

MJD モデルのパラメータは大きく分けてジャンプ成分を表す λ, ω, η と拡散成分を表す σ_{MJD} の 2 つに分けられる．MJD モデルが生成する確率分布のボラティリティを構成するジャンプ成分と拡散成分の占める割合を決定する．ジャンプ成分を占める割合と構成は表 7.1 のパラメータによって定まる．表 7.1 にあるジャンプ成分を表現するパラメータ λ, ω, η の組合せ 100 ($= 4 \times 5 \times 5$) 通りに対し，ボラティリティ $\sqrt{\lambda_2}$ が年率 20％（日率 1.26％）となるように拡散成分 σ_{MJD} を決める．また，オプション価格を決定するその他のパラメータとして，現時点での原資産価格 S_0 を 10000（$\ln 10000 = 9.21$）とし，対数行使価格 κ はアットザマネー（ATM）として 9.21, アウトオブザマネー（OTM）（対数行使価格が ATM より高い）として 9.26, 9.31, 9.35, 9.39 の計 5 通りとする．また，金利 r は日率 0.02％とする．

c. 実験結果とその考察

- **MJD モデルから生成される確率分布をエッジワース展開で近似しても十分に精度が高いオプション近似評価式が得られる**
- **オプション評価において中心極限定理は作用するものの，残存期間 100 日未満では高次キュムラントの影響が相応にみられる**

奇数番号の図（図 7.1, 7.3, 7.5, 7.7）では，本モデルの近似精度を確認するため，本モデルと FFT との価格比率をプロットし，偶数番号の図（図 7.2, 7.4, 7.6, 7.8）では，オプション評価における中心極限定理の作用を検討するため，本モデルと BS との価格比率をプロットした．対象となるオプションの対数行使価格は 9.21, 9.39 であり，残存期間は 20, 240 営業日である．これらの中間に位置するオプションの対数行使価格が 9.31 の場合や残存期間が 120 営業日に関しては，佐々木・宮﨑・野村 (2006) を参照されたい．各図におけるプロッ

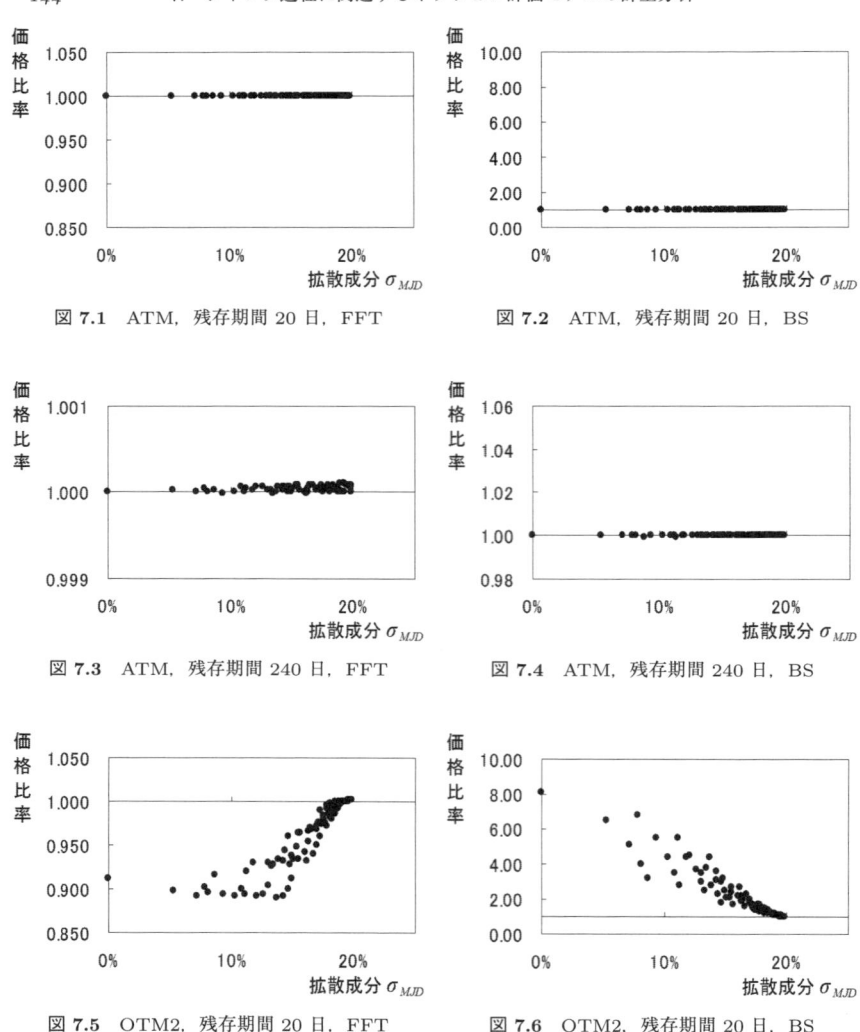

図 7.1　ATM，残存期間 20 日，FFT

図 7.2　ATM，残存期間 20 日，BS

図 7.3　ATM，残存期間 240 日，FFT

図 7.4　ATM，残存期間 240 日，BS

図 7.5　OTM2，残存期間 20 日，FFT

図 7.6　OTM2，残存期間 20 日，BS

トは，各対数行使価格と残存期間のオプションに関して，実験の設定で述べた100 通りのパラメータセットを用いて求めたオプション価格に関するものである．各図において，横軸は MJD モデルにおける拡散成分 σ_{MJD}（年率）の大きさ，縦軸は価格比率を示している．つまり，各図の左の方にプロットされたものはジャンプ成分の強い MJD モデルにおける価格比率を示している．それ

7.1 MJD モデルのエッジワース展開に基づくオプション評価

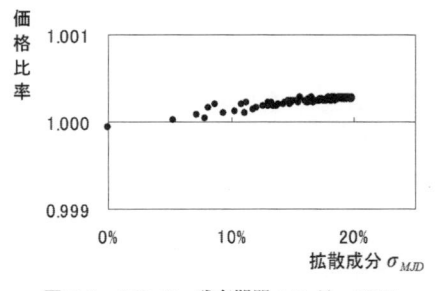

図 7.7 OTM2, 残存期間 240 日, FFT

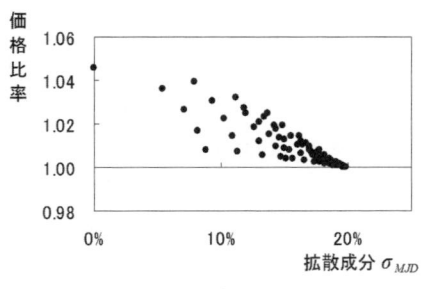

図 7.8 OTM2, 残存期間 240 日, BS

ぞれのモデル，残存期間に対して価格比率の軸をそろえていることに注意されたい．

本モデルの近似精度を図 7.1, 7.3, 7.5, 7.7 から確認する．図 7.1, 7.3 では ATM オプションに関する価格比率を表しているが，20, 240 営業日いずれの残存期間においても価格比率は限りなく 1 に近い値をとっている．図 7.5, 7.7 では OTM2 オプション（アウト幅が大きなもの）に関する価格比率を表している．残存期間 20 日の場合（図 7.5），他の残存期間のものと比べ価格比率は 1 から乖離し，0.9 である．しかし，同一の行使価格，残存期間に関して，本モデルと BS モデルとの価格比率を表した図 7.6 の価格比率が 2〜8 程度であることを勘案すると，乖離は相対的に小さいことから，本モデルの近似精度はそれほど悪くないことがわかる．また，残存期間 240 営業日における価格比率は 1 に近い値を取っている．よって，OTM2 オプションのようにアウト幅の大きい場合でも，ごく短い残存期間でないならば，MJD モデルによって生成される確率分布をエッジワース展開で近似しても精度の高いオプション評価の近似が得られることがわかる．

オプションの残存期間と高次キュムラントの影響における関係を図 7.2, 7.4, 7.6, 7.8 から検証する．ATM オプション（図 7.2, 7.4）に関しては，残存期間に依存することなく価格比率は十分に 1 に近い値を取っている．OTM2 オプションでは，残存期間が長くなるに従って価格比率が 1 に近づく傾向が確認される．このことから，どのパラメータセットとしても，本モデル価格が BS 価格へと収束する，つまり中心極限定理（高次キュムラントを持つ確率分布が正

規分布へ収束する）の作用が確認できる．

上記のように，ATM オプション，OTM2 オプションのいずれの場合に関しても中心極限定理の作用はあるが，残存期間が 20 営業日を取り上げて，ATM オプション，OTM2 オプション（それぞれ，図 7.2，7.6）をより詳細に比較すると，ATM オプションではどのようなパラメータセットにおいても，価格比率は 1 となっているが，アウト幅が大きくなるに従って価格比率は大きくなること，特に，ジャンプ成分の強いパラメータセットにおける価格比率は，オプションの行使価格に依存して大きく異なることがわかった．このため，オプション評価において中心極限定理は働くものの，畳み込み回数が少ない残存期間が比較的短いオプションに関しては，オプション価格に高次キュムラントの影響が残ることが確認された．

次に，式 (7.1) における第 2，3 項である $Q_1(u)/N^{1/2}$ および $Q_2(u)/N$ の部分が，オプション価格に寄与する大きさを，それぞれ，c'，c'' とする．ここでは，c'，c'' の大きさがオプション近似価格に占める割合をみることで，高次キュムラントのオプション価格への影響を検証する．検証は，ジャンプ成分の強いパラメータセット（日率表示で $(\lambda, \omega, \eta, \sigma_{\mathrm{MJD}}) = (0.32, 0.008, 0.02, 0.0034)$（$\sigma_{\mathrm{MJD}}$ は年率 5.36%）と，ジャンプ成分の弱いパラメータセット（日率表示で $(\lambda, \omega, \eta, \sigma_{\mathrm{MJD}}) = (0.17, 0.01, 0.01, 0.011225)$（$\sigma_{\mathrm{MJD}}$ は年率 17.7%））の 2 通りに関して試みる．図 7.9，7.10 ではジャンプ成分の強いケースを示し，図 7.11，7.12 ではジャンプ成分の弱いケースを示している．図 7.9，7.11 では横軸に残存期間，縦軸に価格比率 c'/c を示し，図 7.10，7.12 では，横軸に残存期間，縦軸に価格比率 c''/c を示している．

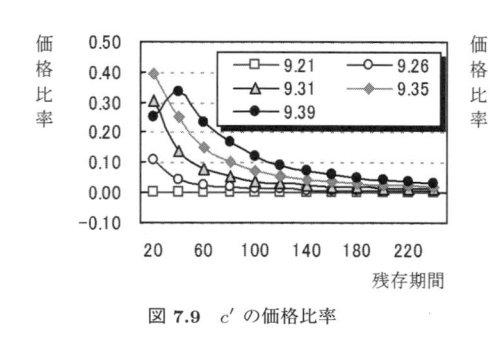

図 7.9　c' の価格比率 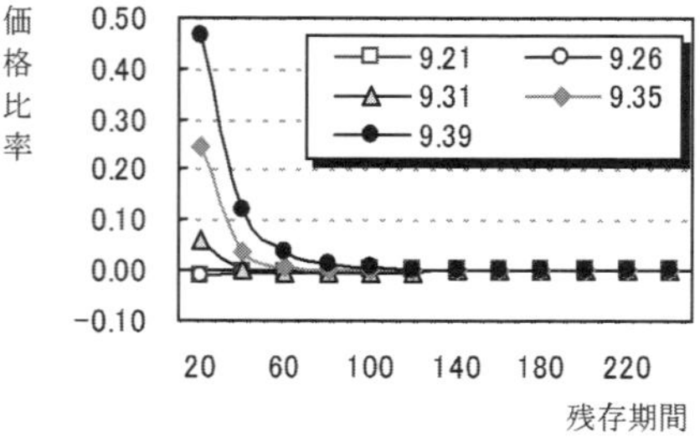　　　　　　　図 7.10　c'' の価格比率

7.1 MJD モデルのエッジワース展開に基づくオプション評価

図 7.11 c' の価格比率

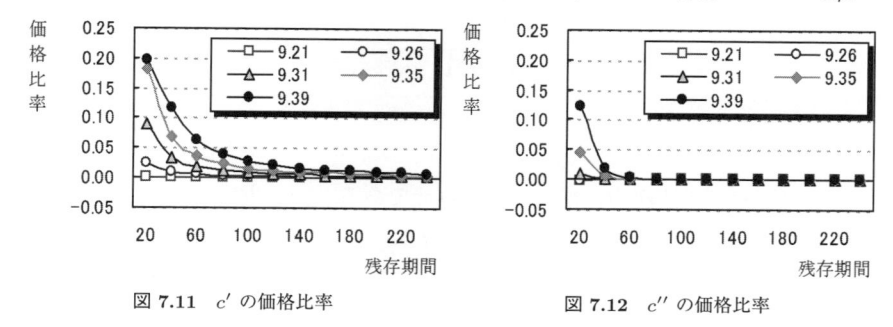

図 7.12 c'' の価格比率

　ジャンプ成分の強いケースに注目すると，図 7.9 において ATM オプションではキュムラントの影響はないが，OTM オプションではキュムラントの影響は存在し，残存期間 60 営業日以下では OTM2 オプション価格に対する c' の割合は 25%にのぼる．しかし，残存期間が 160 営業日になると，OTM2 オプションであっても，c' が占める割合は 5%程度となる．また，図 7.10 をみれば，OTM2 オプションにおいて，c'' が占める割合が 5%となる残存期間は 60 営業日となっており，式 (7.1) の第 3 項は残存期間が長くなるとオプション価格に影響を与えないことがわかる．

　ジャンプ成分の弱いケースであることに注目すると，ジャンプ成分の強いケースに比べ価格比率は小さいが，対数行使価格が高くなるほど，キュムラントの影響が強い傾向は同様にみられる．図 7.11 によると，最も c' の影響が強い OTM2 オプションに関して，残存期間が 60 営業日における価格比率は 5%となる．また，図 7.12 をみるとすべての対数行使価格において，60 営業日程度でキュムラントの影響はなくなることがわかる．

　以上より，オプションの残存期間が長くなるに従って，中心極限定理の作用によりオプション価格に対する高次キュムラントの影響は非常に小さくなるが，オプションの残存期間が 100 営業日程度を下回ると高次キュムラントの価格への影響を無視できないことがわかる．

7.2 ジャンプ拡散過程におけるデルタヘッジ[*2)]

7.2.1 本節の概要

　デルタヘッジを連続的に行うことが可能であるという仮定の下で，株価が幾何ブラウン運動に従う場合，デルタヘッジによってコールオプションが無リスク資産と株式から複製されることを 2.4.1 項において示した．現実には，連続的にデルタヘッジを行うことはできないので，離散的に（例えば，日次など）デルタヘッジを行う場合のヘッジ誤差について議論しておくことは大切である．Kamal and Derman(1999) では，株価過程として BS モデルと同様に幾何ブラウン運動（株価収益率は一般化ウィナー過程）を仮定して株価のサンプルパスを数多く発生させ，各株価のサンプルパスに対してデルタヘッジを行った際に収益が 0 から乖離（適宜，デルタヘッジ誤差などと呼ぶ）する程度やバイアスなどを検討している．矢萩・宮﨑(2005) では，売却するオプションに織り込まれている満期までの価格変動率（インプライドボラティリティ）が実現するボラティリティよりもどの程度大きければ，連続的にデルタヘッジができない現実の状況下においても一定の有意水準の下で収益を上げられるかについて売買コストを含めたシミュレーションに基づき考察している．

　本節では株価過程がジャンプを含んでいる場合のデルタヘッジ誤差（収益のばらつき）に関して数値実験を行った．ジャンプを含むプロセスとしては，[ブラウン運動+複合ポアソン] の形で記述できるモデルを取り上げる．具体的なジャンプを含むプロセスとしては，MJD モデル（第 4 章で議論済み）と Kou モデル（ジャンプの大きさが上下で非対称な指数分布に従うモデル）を取り上げる．オプショントレーダーが BS デルタ量に基づきデルタヘッジを行う際に，デルタヘッジ収益の 0 からの乖離の程度やバイアスなどが，株価過程として連続モデルを仮定した場合と比較してどの程度まで大きくなるか，また，MJD モデルや Kou モデルにおけるパラメータに対してどの程度の感応度を持つかについて確認する．

　つまり，先行研究では完備市場を仮定した場合に，連続的なデルタヘッジが現

[*2)] 詳細は，伊藤・宮﨑(2008) を参照されたい．

実には離散的にしかできないことによる誤差のみを検討したのであるが,本節では非完備な市場において完備な市場の場合と同じデルタ量(BSモデル,MJDモデル,Kouモデルのいずれのモデルを採用する場合でも,ボラティリティが同じになるようにモデルのパラメータを設定して求めたデルタ量を使用)を用いてデルタヘッジを行う場合に,どの程度のデルタヘッジ誤差(ある意味でデルタヘッジのリスク)が生じるかについて議論するものである.非完備の程度が大きいほど(連続成分よりもジャンプ成分の方が大きくなるほど),デルタヘッジ収益の0からの乖離の程度やバイアスが大きくなることが予想される.

7.2.2 株価過程とオプション評価式デルタヘッジ

a. 株価過程

- BSモデル:株価過程は,リスク中立測度の下で式(2.70)に従う.コールオプション評価式は式(2.72),(2.73)に従う.ただし,式(2.72)において残存期間はTとしている.

- MJDモデル:株価過程は,リスク中立測度の下で式(7.4)に従い,その解は式(4.15)で与えられる.また,単位時間における株価リターン$X_1 = \log(S_1/S_0)$が従う分布の標準偏差σは,7.1節の式(7.8)でみたように,

$$\sigma^2 = \sigma_{\mathrm{MJD}}^2 + \lambda\eta^2 + \lambda\omega^2 \tag{7.15}$$

で与えられている.

ここで,株価リターンにジャンプを含まないBSモデルのボラティリティ(2乗したものが式(7.15)の左辺)とMJDモデルのボラティリティ(2乗したものが式(7.15)の右辺)との相違点を確認しておく.BSモデルのボラティリティがすべて拡散項から得られるのに対して,式(7.15)をみるとMJDモデルのボラティリティは,拡散項から得られるσ_{MJD}^2とジャンプ過程から得られる$\lambda\eta^2 + \lambda\omega^2$から構成されることがわかる.また,ジャンプ過程から得られる$\lambda\eta^2 + \lambda\omega^2$は,強度とジャンプ幅の分散との積からなる$\lambda\eta^2$と,強度とジャンプ幅の平均の2乗との積からなる$\lambda\omega^2$との和であることがわかる.

コールオプションの価格式は,4.4節の最後にある評価式の記法を適切に置き換えれば得られる.現在の株価,残存期間,権利行使価格,無リスク金利が,そ

れぞれ, S_t, τ, K, r である場合のヨーロピアンコールオプションの価格式は,

$$S_t^{c,\text{Merton}} = \sum_{n=0}^{\infty} \frac{e^{-\lambda(1+\beta)\tau}(\lambda(1+\beta)\tau)^n}{n!} \left(S_t \Phi \left(\frac{\log \frac{S}{K} + (r_n + \frac{\sigma_n^2}{2})\tau}{\sigma_n \sqrt{\tau}} \right) \right.$$

$$\left. - K e^{-r_n \tau} \Phi \left(\frac{\log \frac{S}{K} + (r_n - \frac{\sigma_n^2}{2})\tau}{\sigma_n \sqrt{\tau}} \right) \right)$$

で与えられる.ここで, $r_n = r - \lambda \beta + \frac{n(\omega + \eta^2/2)}{\tau}$, $\sigma_n^2 = \sigma^2 + \frac{n\eta^2}{\tau}$ である.

Kou モデル:

株価過程は,リスク中立測度の下で,

$$\frac{dS_t}{S_t} = (r - \alpha) dt + \sigma_{\text{Kou}} d\tilde{W}_t + (V - 1) d\tilde{N}_t \tag{7.16}$$

に従う.ここで, σ_{Kou} は MJD 同様に株価リターンの連続的な変動の大きさを表す拡散係数であり, $d\tilde{W}_t$ はリスク中立測度におけるウィナー過程, $d\tilde{N}_t$ はリスク中立測度の下での強度 λ のポアソン過程であることも MJD と同様である. MJD モデルとの違いとして,ジャンプ幅に違いがあり,Kou モデルにおいてジャンプ幅 V は独立で同一の分布に従う非負の確率変数であり, $\gamma = \log(V)$ が非対称のダブル指数分布に従い,その密度関数は,式 (7.17) のように表現できる.

$$f_\gamma(y) = p\eta_1 e^{-\eta_1 y} 1_{y \geq 0} + q\eta_2 e^{\eta_2 y} 1_{y < 0}, \quad \eta_1 > 1, \ \eta_2 > 0 \tag{7.17}$$

ここで, p, q はそれぞれ上方向と下方向のジャンプの確率であり, p, q は $p + q = 1$, $p, q \geq 0$ という条件を持つ.式 (7.17) を書き換えると式 (7.18) のようになる.

$$\log(V) = \gamma \stackrel{d}{=} \left\{ \begin{array}{ll} \xi^+, & \text{確率 } p \\ -\xi^-, & \text{確率 } q \end{array} \right\} \tag{7.18}$$

ここで用いられている ξ^+ と ξ^- は指数分布における確率変数であり,平均はそれぞれ $1/\eta_1$ と $1/\eta_2$ である.また, $d\tilde{W}_t$, $d\tilde{N}_t$, γ はそれぞれ独立である.式 (7.16) の α は MJD モデルにおける $\lambda\beta$ に対応し,「ジャンプ幅率 $V - 1$ の期待値」と「ジャンプ回数の期待値」の積であり,ジャンプ幅 V の期待値は式

(7.19) に示すとおりである.

$$E[V] = E[e^\gamma] = p\frac{\eta_1}{\eta_1 - 1} + q\frac{\eta_2}{\eta_2 + 1}, \quad \eta_1 > 1, \ \eta_2 > 0 \qquad (7.19)$$

MJD モデルと Kou モデルはジャンプ幅を表現している確率変数のみ異なり,ジャンプの発生に関する確率変数は同じである.Kou モデルの解を考えるときには,MJD モデルの解となる式 (4.15) において,ジャンプ幅 Y_i が V_i になったとみなせばよい.Kou モデルにおける標準偏差 σ は,式 (7.20) で与えられる.

$$\sigma^2 = \sigma_{\text{Kou}}^2 + \lambda\left\{pq\left(\frac{1}{\eta_1} + \frac{1}{\eta_2}\right)^2 + \left(\frac{p}{\eta_1^2} + \frac{q}{\eta_2^2}\right)\right\} + \lambda\left(\frac{p}{\eta_1} + \frac{q}{\eta_2}\right)^2(1 - \lambda) \qquad (7.20)$$

式 (7.20) は MJD モデルの式 (7.8) に対応するものである.その右辺をみると,拡散項から得られるボラティリティは σ_{Kou}^2 であり,残りの部分がジャンプ過程から得られるものである.また,コールオプションの評価式は

$$\begin{aligned}F_{\text{Kou}}(S_t, T-t) &= S_t \Upsilon\left(r + \frac{1}{2}\sigma^2 - \beta, \sigma, \tilde{\lambda}, \tilde{p}, \tilde{\eta}_1, \tilde{\eta}_2; \log\left(\frac{K}{S_t}\right), T-t\right) \\ &\quad - Ke^{-r(T-t)}\Upsilon\left(r - \frac{1}{2}\sigma^2 - \beta, \sigma, \lambda, p, \eta_1, \eta_2; \log\left(\frac{K}{S_t}\right), T-t\right)\end{aligned} \qquad (7.21)$$

$$\tilde{p} = \frac{p}{1 + \beta/\lambda}, \ \tilde{\eta}_1 = \eta_1 - 1, \ \tilde{\eta}_2 = \eta_2 + 1, \ \tilde{\lambda} = \beta + \lambda$$

$$\Upsilon(\mu, \sigma, \lambda, p, \eta_1, \eta_2; a, T) = P\{Z(T) \geq a\}$$

で与えられる.

Kou モデルにおいて,$Z(T)$ は式 (7.16) にある S_t の満期 T における分布を表す確率変数である.詳しい導出は Kou(2002) を参照されたい.

b. デルタヘッジ

本節の主たる関心は,7.2.1 項でも述べたように,BS モデルのボラティリティと各ジャンプモデルのボラティリティをそろえて(式 (7.8),(7.20) を利用する)求めたデルタ量を用いてデルタヘッジを行うことであり,デルタヘッジ誤差が生じる構造を把握したうえで,デルタヘッジ誤差が BS モデルの場合より大きくなることを確認し,その大きさやバイアス,各パラメータに対する感応度などを検討することである.

ここでは，デルタヘッジとして，コールオプションを売却したリスクを，株式を購入することでヘッジするものを取り上げて説明する．売買が逆の場合も議論はまったく同じである．

株価過程が幾何ブラウン運動に従う場合：

2.4.1 項で示したように，ポートフォリオ $\Pi = -f + \frac{\partial f}{\partial S_t} S_t$ は確定的な過程となり，

$$d\Pi = r\Pi dt \tag{2.61}$$

のようにポートフォリオ Π のリターンは，無リスク金利 r で運用した収益 $r\Pi dt$ に等しい．

株価過程がジャンプモデルに従う場合：

MJD モデルも Kou モデルも [ブラウン運動+複合ポアソン] の形で記述できるモデルであるので，ここでは MJD の記法を用いて記述するが，Kou モデルの場合には，ドリフトの調整項 $\lambda\beta$ やジャンプサイズ Y をそれぞれ適宜 α，V などと読み替えればよい．オプションを 1 単位売り，デルタ単位の株式を購入して得られるポートフォリオ Π の微小時間の価値変化 $d\Pi$ は，式 (4.32) で与えられた．式 (4.32) の右辺に BSMPDE(4.36) を代入して整理すると，

$$d\Pi = r\left(-f + \frac{\partial f}{\partial S_t}\right)dt - \lambda\left(\frac{\partial f}{\partial S_t}E[Y-1]S_t - E[f(YS_t) - f(S_t)]\right)dt$$
$$+ \left(\frac{\partial f}{\partial S_t}(Y-1)S_t - (f(YS_t) - f(S_t))\right) \tag{7.22}$$

を得る．ここで，デルタヘッジポートフォリオ Π の微小時間における価値変化 $d\Pi$ を，株価過程が幾何ブラウン運動に従う場合（式 (2.61)）と，株価過程がジャンプモデルに従う場合（式 (7.22)）に関して比較すると，相違点として後者の場合には，

$$-\lambda\left(\frac{\partial f}{\partial S_t}E[Y-1]S_t - E[f(YS_t) - f(S_t)]\right)dt$$
$$+ \left(\frac{\partial f}{\partial S_t}(Y-1)S_t - (f(YS_t) - f(S_t))\right) \tag{7.23}$$

が新たに付加されていることがわかる．式 (7.23) について注目すると，第 1 項は，単位時間当たりのジャンプ成分に関するデルタヘッジポートフォリオの価値変化

の期待値を表しており，連続的に表現されている．ここで期待値は，2通りの意味で用いられている．1つは，ジャンプが発生する頻度に関するもので，それはパラメータ λ で表現される．もう一方は，ジャンプ幅に関するもので，株価に関しては $E[J-1]S_t$ で表され，オプション価格に関しては $E[f(JS_t)-f(S_t)]$ で表される．これに対し，第2項は，ジャンプ成分に関するデルタヘッジポートフォリオの価値変化の実現値（ここでは，第2項の確率過程から発生する多くのサンプルの1つ1つという気分を表現するために実現値という用語を採用した）を表しており，不連続である．理論的にこの2つの項をヘッジする手法はないが，式 (7.23) の期待値を取れば0となり，式 (7.22) は式 (2.61) と同じ枠組みに帰着される．ここで収益が期待値0から外れる要因を述べる．第2項は満期まで「日々の期待ジャンプ回数」×「日々のジャンプ発生によるデルタヘッジ誤差の期待値」を足し合わせたものであるので，どちらか一方が期待値と異なれば収益にばらつきが生まれる要因となる．まず期待ジャンプ回数との差に着目する．実現したジャンプが期待値である λdt ではない場合に，第3項は期待値である第2項より大きくまたは小さくなる可能性があり，これにより収益がばらつく．つづいて「日々のジャンプ発生によるデルタヘッジ誤差の期待値」と第3項のジャンプが生じた際の影響に注目する．この2つの決定的な違いとして，株価 × デルタである．第2項は日々の株価 × デルタが用いられているが，第3項は実際ジャンプが起こったときの株価 × デルタである．ここの違いに積として関わっているのはジャンプ幅である．このジャンプ幅が大きければ，当然この差による影響が大きくなり，ばらつきが大きくなる．

7.2.3 数値実験

a. 基本パラメータ値と実験の手順

オプションの基本パラメータを表 7.2 に，MJD モデルの基本パラメータを表 7.3 に，Kou モデルの基本パラメータを表 7.4 に示した．数値実験の対象となるオプションの基本パラメータを確認すると，現在価格の株価が 15000 円，残存期間が 60 営業日，ボラティリティは日率 1.26%（年率 20%），無リスク金利は日率 0.02%（年率 5%）である．MJD モデルの基本パラメータは，ジャンプの頻度として強ジャンプ（日率 0.32 回）と弱ジャンプ（日率 0.17 回）の2通

表 7.2 オプション基本パラメータ

S_0 円	$T-t$ 日	σ%（日率）	r%（日率）
15000	60	1.26	0.02

表 7.3 MJD モデルのパラメータ

	λ 回/日	ω	η	σ_{MJD}%（日率）
強ジャンプ	0.32	±0.008	0.02	0.34
弱ジャンプ	0.17	±0.008	0.02	1.12

表 7.4 Kou モデルの基本パラメータ

	λ 回/日	p	η_1	η_2
ジャンプ 1	0.17	0～1（0.2 刻み）	80	60
ジャンプ 2	0.17	0～1（0.2 刻み）	60	80
ジャンプ 3	0.17	0～1（0.2 刻み）	70	70

りが用意されている．また，強ジャンプと弱ジャンプの双方において，ジャンプ幅の期待値が正負（±0.008）のいずれの場合も検討する．ここでの大前提は，MJD モデルにおけるどのようなパラメータセットも，式 (7.15) で与えられる出来上がりのボラティリティが日率 1.26％（年率 20％）となるように設定されていることである．Kou モデルの基本パラメータとして，ジャンプ頻度は日率 0.17 回，上方ジャンプパラメータ η_1 を 80，70，60，下方ジャンプパラメータ η_2 を 60，70，80 とそれぞれおく．σ_{Kou} は Kou モデル全体のボラティリティ（式 (7.20)）を日率 1.26％（年率 20％）に合わせるために調節した．

数値実験の基本的な手順は，次に示す（Ⅰ）～（Ⅳ）のとおりである．

（Ⅰ）1 単位売却するオプションの価格をコールオプション評価式から導出する．

（Ⅱ）各モデルに従う株価のサンプルパスを 1000 本発生させる．

（Ⅲ）サンプルパスごとにデルタヘッジを行う．ただしリバランスは 1 営業日ごとに行い，リバランスの際のコストは無リスク金利で借り入れる．

（Ⅳ）オプションの売却代金を無リスク金利で運用したものからリバランスの際に借り入れたコストを差し引いた差額を収益（誤差）とする．

b．実験結果の紹介

以下では，実験結果をいくつか紹介する．実験結果に関する考察などは，伊藤・宮﨑 (2008) を参照されたい．

実現ジャンプ回数とデルタヘッジの収益

図 7.13 には,実験手順 (II) において発生させた 1000 本のサンプルパスを各パスに含まれるジャンプの回数ごとに分け,各パスに基づいてデルタヘッジを行った際の収益をプロットした.よって,横軸にあるジャンプ回数差とは,各パスにおけるジャンプの実現回数から強ジャンプや弱ジャンプで期待される期待ジャンプ回数を差し引いたものである.図 7.13 は MJD モデルのパラメータ値としてジャンプ幅の期待値が正のものを採用した結果であるが,ジャンプ幅の期待値が負の場合も同様の結果であった.また,Kou モデルに関しても,ジャンプ回数差と収益との関係は MJD モデルと同様であった.図 7.13 から,次の 3 点が読み取れる.

- ジャンプ回数の差が $-3 \sim +3$ の範囲を逸脱するパスはおおむね強ジャンプの場合である.
- ジャンプ回数の差が $-3 \sim +3$ 程度の領域では,強ジャンプと弱ジャンプの場合でデルタヘッジ収益のばらつきに大きな差異はみられない.
- 全体的にジャンプ回数の差がマイナスからプラスへなるに従って,デルタヘッジの収益はプラスからマイナスへと変わるバイアスがあり,このバイアスは,ジャンプ回数の差が -3 以下の領域と $+3$ 以上の領域を比較すると顕著にみられる.

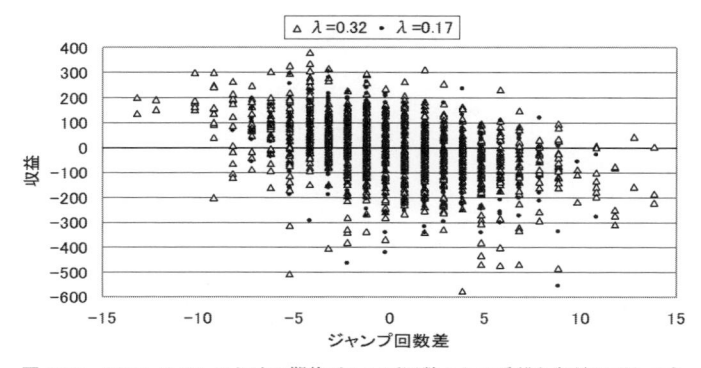

図 7.13 MJD モデルにおける期待ジャンプ回数からの乖離と収益のばらつき

7.2.4 ジャンプ幅パラメータに関するデルタヘッジ収益の感応度

MJD モデルにおいて強度パラメータ λ を 0.17 に固定したうえで,ジャンプ幅の平均パラメータ ω とジャンプ幅の標準偏差パラメータ η を変化させたときにデルタヘッジ収益の標準偏差が受ける影響をそれぞれ,図 7.14, 7.15 に示した.式 (7.20) で与えられる出来上がりのボラティリティが日率 1.26%(年率 20%)となるような設定は維持するため,ジャンプ幅パラメータ ω, η が大きくなる設定では拡散パラメータ σ_{MJD} は小さくなっていることに注意されたい.図 7.14, 7.15 から,次の 3 点が読み取れる.

- 図 7.14 より,ジャンプ幅の平均パラメータ ω が正負のいずれの方向であれ,0 から乖離するに従ってデルタヘッジ収益の標準偏差は増大している.
- 図 7.15 より,ジャンプ幅の標準偏差パラメータ η が 0 から乖離するに従っ

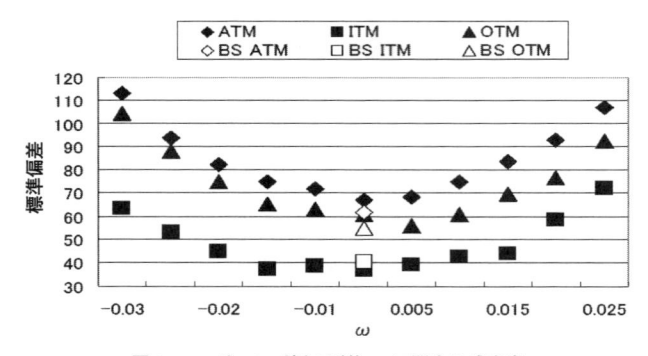

図 7.14 ジャンプ幅の平均 ω に関する感応度

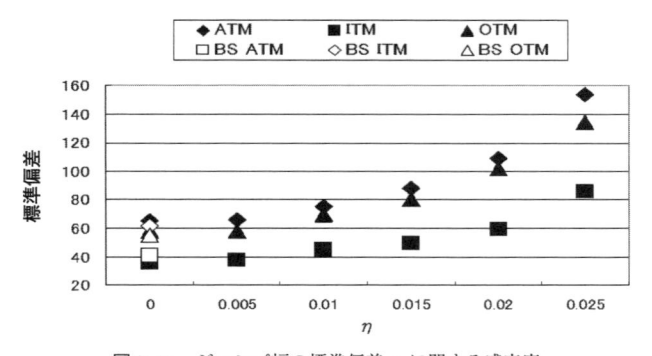

図 7.15 ジャンプ幅の標準偏差 η に関する感応度

7.2 ジャンプ拡散過程におけるデルタヘッジ

て,デルタヘッジ収益の標準偏差は増大している.

- デルタヘッジ収益の標準誤差の水準は,いずれのジャンプパラメータ値の下でも,大きい順に ATM オプション,OTM オプション(権利行使価格:16500 円),ITM(権利行使価格:13500 円)オプションとなる.

同様に,Kou モデルにおいても強度パラメータを 0.17 に固定したうえで,上方ジャンプパラメータ η_1,下方ジャンプパラメータ η_2 の 2 通りのセットに対して上方ジャンプが発生する確率 p を変化させてデルタヘッジ収益の標準偏差が受ける影響を図 7.16〜7.18 に示した.これらの図から次の 3 点が読み取れる.

- 図 7.16 のように下方ジャンプ幅が大きい場合には,ITM,ATM オプションは下方ジャンプの発生する確率 $(1-p)$ が大きくなるにつれて標準偏差が大きくなっていく.

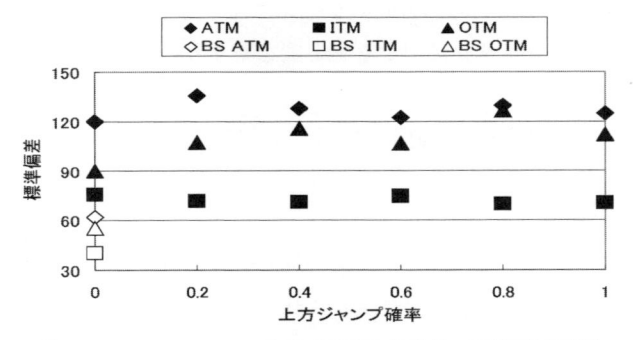

図 7.16 $\eta_1 = 80$,$\eta_2 = 60$ における上方確率 p に関する感応度

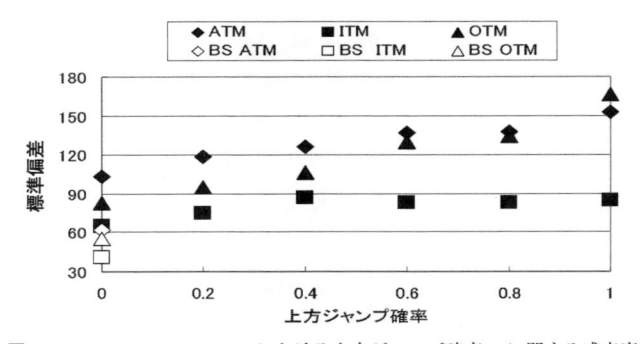

図 7.17 $\eta_1 = 60$,$\eta_2 = 80$ における上方ジャンプ確率 p に関する感応度

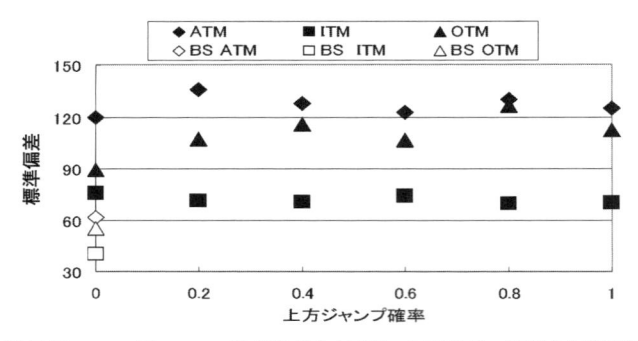

図 7.18　$\eta_1 = 70$, $\eta_2 = 70$ における上方ジャンプ確率 p に関する感応度

- 図7.17の上方ジャンプ幅が大きい場合には，OTM, ATMオプションは上方ジャンプの発生確率 p が大きくなると標準偏差が大きくなっていく．
- 図7.18のようにどちらの方向のジャンプ幅も同じならば，標準偏差は上方ジャンプの発生確率 p に関する感応度をあまり持たない．

7.3　株式オプション価格が織り込む連続成分とジャンプ成分[*3)]

7.3.1　本節の概要

　第4章で述べたように，オプション評価モデルは原資産リターンにジャンプ過程が組み込まれる形で精緻化が試みられてきたのであるが，現実のオプション価格データが織り込む原資産リターンの過程が連続過程とジャンプ過程のどちらに従うのかを明らかにするような研究が行われるようになったのは，ごく最近のことである．

　このような研究の中で，Carr and Wu(2003a) は，オプションの残存期間が短くなるに従って，アットザマネー（ATM）やアウトオブザマネー（OTM）オプションの時間的価値が0に収束する速度に注目した．そして，原資産リターンの従う過程によって，この収束速度が異なることを理論的に示し，オプション価格データが織り込む原資産リターンの過程が連続過程とジャンプ過程のどちらに従っているのかについての判定手法を提案した．また，S&P500オプショ

[*3)]　詳細は，野村・宮﨑(2005) を参照されたい．

7.3 株式オプション価格が織り込む連続成分とジャンプ成分

ンの価格データに基づく実証分析も行った.

本節では, Carr and Wu(2003a) の手法を整理したうえで, 日経225オプションの価格データを用いた実証分析を行い, 日経225オプションの織り込む株価リターンの過程が連続過程なのかジャンプ過程なのかについて判断する. そして, 日米の株式オプション市場が織り込む原資産リターンの従う過程の共通点と相違点を考察する. さらに, 日本株式オプションの原資産リターン過程のモデル化においては, 代表的な拡散過程, ジャンプ過程, ジャンプ拡散過程のモデルの中で, どのようなモデルを選択するのが望ましいかを検討する.

7.3.2 Carr and Wu(2003a) におけるオプション価格が織り込む連続過程とジャンプ過程の判定手法

a. 判定手法の背景にあるオプション評価理論

Carr and Wu(2003a) の判定手法は, オプションの残存期間が短くなるに従い, どの程度の速度でオプション価格が0に収束するかに基づいて, オプション価格に織り込まれている原資産過程が拡散過程であるかジャンプ過程であるかを判定するものである. 判定のために, 本源的価値が0となるATMとOTMの2種類のオプションを利用する. オプション価格に織り込む原資産過程が拡散過程であるかジャンプ過程であるかを判定することが目的であるので, このオプション評価においては, 原資産過程を拡散過程とジャンプ過程の両方を含む第4章で述べたような確率過程 (ここでは, Carr and Wu, 2003a に忠実に一般的な記法を用いるが) を用いて表現しておく必要がある. 原資産過程は, リスク中立確率の下で式 (7.24) に従うものとする.

$$dS_t/S_{t-} = (r-q)\,dt + \sigma_t dW_t + \int_{R^0} (e^x - 1)\left[\mu(dx,dt) - v_t(x)\,dxdt\right],$$
$$t \in [0, T] \quad (7.24)$$

S_{t-} はジャンプ直前の原資産価格, r, q はそれぞれ金利と配当利回りを表し, W_t はリスク中立測度 Q の下でのブラウン運動を示している. また, 式 (7.24) 右辺第2項を本項では拡散成分と定義する. $\mu(dx,dt)$ は時刻 t での大きさ x のジャンプの発生回数をカウントする確率測度であり, プロセス $\{v_t(x), x \in R^0, t \in [0,T]\}$ は, ジャンプ過程のコンペンセーターあるいは局

所密度と呼ばれるものであり，ジャンプ過程 $J_t \equiv \int_0^t \int_{R^0} (e^x - 1) \mu(dx, ds)$ を $\mu(dx, dt) v_t(x) dx dt$ だけずらすことによりリスク中立測度 Q の下でジャンプ過程をマルチンゲールにするものである．R^0 は原点を除いた実軸を表す．

株価 S_t の先渡価格 $F_t = S_t e^{(r-q)(T-t)}$ は，伊藤の公式（付録 4 を参照）から式 (7.25) となり，リスク中立確率の下でマルチンゲールになることがわかる．

$$dF_t/F_{t-} = \sigma_t dW_t + \int_{R^0} (e^x - 1) [\mu(dx, dt) - v_t(x) dx dt], t \in [0, T] \quad (7.25)$$

満期（オプションの満期と先渡の期日は同じ）においては，原資産株価と先物株価は一致するから，満期におけるオプションのペイオフ関数は，式 (7.26) のように，どちらで記述しても構わない．

$$(S_T - K)^+ = (F_T - K)^+ \quad (7.26)$$

オプション価格を導出する手続きとして，満期におけるペイオフ関数をメイヤー–田中の公式（詳しくは，Protter, 1992 を参照）を用いて分解（式 (7.27)）したうえでリスク中立測度の下で期待値計算（式 (7.28)）を行うことになるが，この際に，満期におけるオプションのペイオフ関数を先渡価格によって記述しておくと，先に述べた先渡価格のマルチンゲール性が利用（式 (7.27) の右辺第 2 項の期待値が 0 となる）できる．

$$(F_T - K)^+ = (F_0 - K)^+ + \int_0^T 1(F_{t-} > K) dF_t + \frac{1}{2} \int_0^T F_{t-}^2 \sigma_t^2 \delta(F_{t-} - K) dt$$
$$+ \int_0^T \int_{R^0} [1(F_{t-} \leq K)(F_{t-} e^x - K)^+$$
$$+ 1(F_{t-} > K)(K - F_{t-} e^x)^+] \mu(dx, dt) \quad (7.27)$$

$$e^{rT} C_0(K, T) = (F_0 - K)^+ + \frac{1}{2} \int_0^T E_0[F_{t-}^2 \sigma_t^2 \delta(F_{t-} - K)] dt$$
$$+ \int_0^T E_0 \int_{R^0} [1(F_{t-} \leq K)(F_{t-} e^x - K)^+$$
$$+ 1(F_{t-} > K)(K - F_{t-e^x})^+] v_t(x) dx dt \quad (7.28)$$

$E_0[\cdot]$ はリスク中立測度 Q の下での期待値を表す．ここで式 (7.28) を整理する．

7.3 株式オプション価格が織り込む連続成分とジャンプ成分

$\delta(\cdot)$ はディラックのデルタであるから,式 (7.28) 第 2 項における被積分関数の期待値計算においては,$F_{t-} = K$ における F_{t-} の密度 $(q(K,t))$ と $F_{t-}^2(K^2)$ が期待値の前に出る形で式 (7.29) のように整理される.

$$E_0[F_{t-}^2 \sigma_t^2 \delta(F_{t-} - K)] = q(K,t) K^2 E_0[\sigma_t^2 | F_{t-} = K] \quad (7.29)$$

また,式 (7.28) の第 3 項は,F_{t-} を括り出したうえで,時刻 t の直前におけるオプションのマネーネスを表現する記法 $k = \ln(K/F_{t-})$ を利用することによって,式 (7.30) のように整理できる.

$$v_t^0(k) = \int_{R^0} [1(k \geq 0)(e^x - e^k)^+ + 1(k < 0)(e^k - e^x)^+] v_t(x) \, dx \quad (7.30)$$

式 (7.28) を式 (7.29),(7.30) を用いて整理すれば,時刻 0 における満期 T のオプションの時間的価値が,連続成分による部分と不連続成分による部分を用いて,

$$TV_0(K,T) = e^{-rT} \int_0^T \left[\frac{1}{2} q(K,t) K^2 E_0[\sigma_t^2 | F_{t-} = K] + E_0[F_{t-} v_t^0(k)] \right] dt \quad (7.31)$$

と表現されることがわかる.ここで $E_0[\cdot]$ はフィルトレーション F_0 上の,リスク中立測度 Q での期待値を意味し,$q(K,t)$ は $F_{t-} = K$ で評価される F_{t-} の測度 Q での確率密度関数を表す.また $v_t^0(k)$ は局所密度のダブルテールであり,次のように定義される.

$$v_t^0(k) \equiv \begin{cases} \int_k^\infty (e^x - e^k) v_t(x) \, dx, & k > 0 \\ \frac{1}{2} \int_{R_0} |e^x - 1| v_t(x) \, dx, & k = 0 \\ \int_{-\infty}^k (e^k - e^x) v_t(x) \, dx, & k < 0 \end{cases} \quad (7.32)$$

b. Carr and Wu(2003a) の判定手法

ジャンプ過程を有界変動ジャンプの場合と非有界変動ジャンプの場合に分けて,式 (7.31) を利用して ATM オプション価格と OTM オプション価格の収束速度を求め,表 7.5 に整理する.

各原資産過程に基づくオプション価格の収束速度の導出に関する詳細については,Carr and Wu(2003a) を参照して頂くことにして,ここでは,なぜ,こ

表 7.5 原資産価格過程による収束速度の違い

原資産価格過程の種類	OTM	ATM
連続（PC）	$o(e^{-c/T}), c>0$	$o(\sqrt{T})$
有界変動ジャンプ（PJ）	$o(T)$	$o(\sqrt{T})$
非有界変動ジャンプ（PJ）	$o(\sqrt{T})$	$o(T^p), p \in (0,1)$
複合ジャンプ（CJ）	$o(\sqrt{T})$	$o(T^p), p \in (0,1/2]$

のような収束速度に注目すれば，原資産過程が拡散過程であるかジャンプ過程であるかを判定できるかについて把握するため，原資産過程が連続過程と有界変動ジャンプから構成される場合に限って，具体的に収束速度を求めておく．

まず，$T \downarrow 0$ において，オプションの時間的価値つまり，式 (7.31) が漸近的に

$$TV_0(K,T) \sim T\left[\frac{1}{2}q(K,T)K^2 l_0^2(K) + F_0 v_0^0(k)\right] \quad (7.33)$$

と近似される．

(1) OTM オプション（$K \neq F_0$）の場合

拡散過程のみ（$v_0^0 = 0$）なら，オプションの時間的価値は，式 (7.33) の右辺第 1 項のみの

$$TV_0(K,T) \sim T\frac{1}{2}q(K,T)K^2 l_0^2(K) \quad (7.34)$$

となる．収束速度は，密度関数 $q(K,T)$ に依存するが，Varadhan(1967) によれば，$T \downarrow 0$ においてすべての連続過程は標準ブラウン運動のような振舞いをすることが示されているため，特に，この密度関数 $q(K,T)$ は次に示すようなガウス型の密度関数に従う．

$$q(K,T) \sim \frac{1}{\sqrt{2\pi T}F_0 l_0(K)} \exp\left(-\frac{(F_0-K)^2}{2F_0^2 l_0^2(K)T}\right), \quad K \neq F_0 \quad (7.35)$$

よって，式 (7.35) を式 (7.34) に代入すれば，拡散過程では，漸近的に，オプションの時間的価値は指数の速度で 0 に収束することがわかる．

ジャンプ過程のみ（$\sigma^2 = 0$）なら，オプションの時間的価値は，式 (7.33) の右辺第 2 項のみの

$$TV_0(K,T) \sim TF_0 v_0^0(k) \sim o(T) \quad (7.36)$$

となる．よって，オプションの時間的価値の収束速度は $o(T)$ であることがわ

かる．

拡散過程とジャンプ過程の両方から構成されている場合には，ジャンプ過程の収束速度が全体の収束速度を支配するため，オプションの時間的価値の収束速度は $o(T)$ であることがわかる．

(2) ATM オプション（$K = F_0$）の場合

時間的価値は式 (7.34) であるが，密度関数 $q(K,T)$ が

$$q(K,T) \sim \frac{1}{\sqrt{2\pi T F_0 l_0(K)}}, \quad K = F_0 \tag{7.37}$$

となり，拡散過程のみの場合には，オプションの時間的価値の収束速度は $o(\sqrt{T})$ であることがわかる．ジャンプ過程のみの場合には，OTM オプションの場合に同じである．

c. term decay plots

表 7.6 にまとめた判定法に基づいて判定を下すために，横軸に $\ln T$，縦軸に $\ln(P/T)$（P はオプション価格）を取ったグラフ（term decay plots）を用いて，オプション価格の収束速度の違いを視覚化する．この term decay plots の形状でオプション価格の時間的価値が 0 に収束する速度を表現すると，表 7.5 は表 7.6 で置き換えられる．

d. 著名なオプション評価モデルに基づくシミュレーション分析

オプション市場から観測されるオプション価格データに基づいて，いくつかの著名なオプション評価モデル（連続過程のみ，ジャンプ過程のみ，連続過程とジャンプ過程の複合）のパラメータを推定する．推定方法としては，ある営業日に値付けされているすべてのオプション価格情報を用いて以下の評価式を利用する．

$$\min_{\Theta} \sum_{i=1}^{N} \left| O_i - \hat{O}_i(\Theta) \right|^2 \tag{7.38}$$

表 7.6　term decay plots による原資産価格過程の判別

原資産価格過程の種類	OTM	ATM
連続 (PC)	上に凸の曲線	傾きが -0.5 の直線
有界変動ジャンプ (PJ)	傾きが 0 の直線	傾きが 0 の直線
非有界変動ジャンプ (PJ)	傾きが 0 の直線	傾きが負の直線
複合ジャンプ (CJ)	傾きが 0 の直線	傾きが -0.5 より急な負の直線

ここで i はある営業日に値付けされているオプション価格の個数であり，O_i はそのオプションの価格，Θ はオプション評価モデルのパラメータベクトル，$\hat{O}_i(\Theta)$ はモデルから推定されるオプション価格を表し，オプション価格の計算には 5.3.2 項で示した離散フーリエ変換法を利用する．

7.3.3 日経 225 オプションに関する実証分析

本項では，日経 225 オプションの織り込む株価過程の判定を行う．そして日経 225 と S&P500 との株価過程の比較を行い，日米の共通点と相違点について考察を行う．さらに原資産過程を代表的な拡散過程，ジャンプ過程，ジャンプ拡散過程でモデル化し，モデルのパラメータをオプション価格から推定したうえで，日経 225 に対するオプション評価モデルとして適切なモデルについても検討する．

分析対象とする著名なオプション評価モデルは次の 5 つのモデルである．

(a) Black–Scholes (BS) モデル　　　　　　（Black and Scholes, 1973）
(b) Merton jump (MJ) モデル　　　　　　（Merton, 1976）
(c) Merton jump diffusion (MJD) モデル　　（Merton, 1976）
(d) variance gamma (VG) モデル　　　　　（Madan et al., 1998）
(e) finite moment log stable (FMLS) モデル　（Carr and Wu, 2003b）

各オプション評価モデルの特性関数，モデル式は，表 7.7 のとおりである．

表 7.7 本項で利用したオプション評価モデルとその特性関数

モデル（原資産過程の種類）	特性関数: $E[\exp(ius_T)]$
BS（連続） $dS_t/S_t = (r-q)dt + \sigma dW_t$	$\exp\left(iu(r-q-\frac{\sigma^2}{2})T - \frac{1}{2}u^2\sigma^2 T\right)$
MJ（有界変動ジャンプ） $dS_t/S_t = (r-q)dt$ 　$+(e^{\omega+\eta\varepsilon}-1)dN_t$	$\exp\left[iu\{r-q-\lambda(e^{\omega+\frac{\eta^2}{2}}-1)\}T\right.$ $\left.+\lambda(e^{iu\omega-\frac{(u\eta)^2}{2}}-1)T\right]$
MJD（複合ジャンプ） $dS_t/S_t = (r-q)dt + \sigma dW_t$ 　$+(e^{\omega+\eta\varepsilon}-1)dN_t$	$\exp\left[iu\{r-q-\lambda(e^{\omega+\frac{\eta^2}{2}}-1)-\frac{\sigma^2}{2}\}T\right.$ $\left.-\frac{1}{2}u^2\sigma^2 T + \lambda(e^{iu\omega-\frac{(u\eta)^2}{2}}-1)T\right]$
VG（非有界変動ジャンプ）	$\exp[iu(r+\omega)T](1-i\theta vu + \frac{1}{2}\sigma^2 u^2 v)^{-\frac{T}{v}}$, $\omega = \frac{1}{v}\ln\left[1-\theta v - \frac{1}{2}\sigma^2 v\right]$
$FMLS$（非有界変動ジャンプ）	$\exp\left[iu(r-q+\sigma^\alpha \sec\frac{\alpha\pi}{2})T - T(iu\sigma)^\alpha \sec\frac{\alpha\pi}{2}\right]$

a. 実証分析に利用するデータ

まずオプション価格データに基づく term decay plots に関する分析を行うにあたり，ATM や OTM でのオプション価格の挙動を調べるためのマネーネスを定める．本項では出来高が十分に存在する ATM からの乖離額が 1000 円未満となる範囲を実証分析対象としていく．それに伴い，実際は 500 円刻みでしか存在しない行使価格を 250 円刻みにするため，対応するオプション価格を線形補間によって算出する．つまり乖離額が 1～249 円，250～499 円，500～749 円，750～999 円の 4 通りをマネーネスとする．以下これらのアウト幅をそれぞれ OTM1，OTM2，OTM3，OTM4 と略す．ATM オプション価格については，ATM からの乖離額が 500 円未満の ITM プット価格と OTM プット価格を線形補間し ATM オプション価格として利用する．

term decay plots に関する分析の分析対象期間は，2003 年 5 月 1 日～2005 年 3 月 31 日の 471 営業日とした．分析に際して利用するオプション価格データについては，大阪証券取引所で取引されている日経 225 プットオプション（コールオプション）の日次価格データを用いる．オプション評価モデルのキャリブレーション分析についても分析対象期間は term decay plots に関する分析と同様の 471 営業日に対して行う．

b. オプション価格データに基づく term decay plots に関する分析結果と考察

(1) decay plots の形状に関する分析結果と考察

主要結果

米国（S&P500）

- 拡散成分は定常的に存在するが，ジャンプ成分は時変的に存在する

本項（日経 225）

- ジャンプ成分はほとんどみられず，拡散成分が強く存在する

まず term decay plots による日経 225 オプションが織り込む株価過程の分析についてみていく．分析対象期間での ATM および OTM1，OTM2 に基づく term decay plots の曲率，傾きをそれぞれ図 7.19，7.20 に示した．

曲率についてみていくと，ATM は 0 を中心に -0.4～$+0.4$ の間で変動しているのに対し，ATM からの乖離額が大きくなるほど変動も大きく，そして負の値

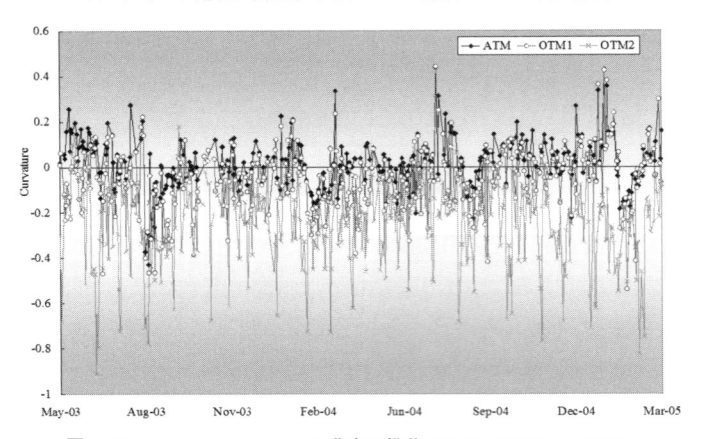

図 7.19 term decay plots の曲率の推移 (ATM/OTM1/OTM2)

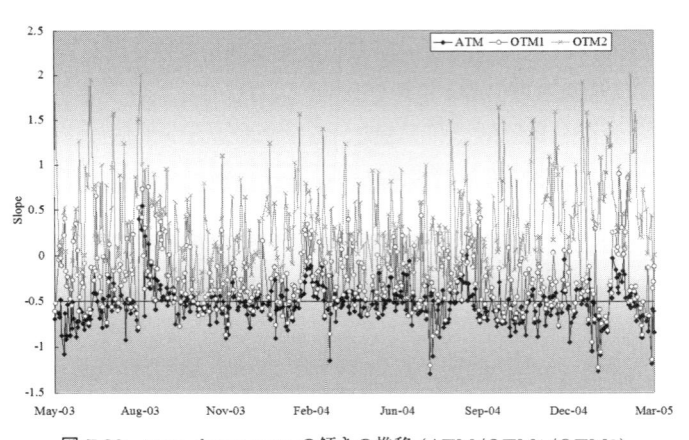

図 7.20 term decay pots の傾きの推移 (ATM/OTM1/OTM2)

を取っていることがわかる．また，OTM1 や OTM2 についてみていくと，所々では曲率が 0 となる営業日も見受けられる．一方の傾きでも，ATM は -0.5 付近で比較的安定しているのに対し，OTM1 や OTM2 では変動が大きくなっており，傾きがジャンプ成分の有無の基準である 0 となる営業日も観測することができる．しかしながら，分析期間中の大半の営業日では ATM は傾き -0.5 の直線，OTM から傾きが正，曲率が負であることから上に凸な曲線であるとみなすことができ，ATM，OTM に関する term decay plots 分析からは株価過程は連

続過程である可能性が高いと思われる．この結果は Carr and Wu(2003a) で示された S&P500 に対する分析結果とは異なるものとなっている．S&P500 に対する分析結果では，傾きは，$-0.7 \sim -0.2$（ATM），$0.5 \sim 2.0$（-9.20%OTM）の間で変動し，曲率は $-0.1 \sim 0.1$（ATM），$-0.6 \sim 0$（-9.20%OTM）の範囲で変動しており，これらの値はいずれも本項での結果よりも小さい．このことから，日経 225 オプションでは，ジャンプ成分が存在する日もあるが，S&P500 オプションに比べ拡散成分の割合が強いと考えられる．野村・宮﨑(2005) では，term decay plots の形状に関する統計的検定も行っている．

(2) オプション評価モデルのキャリブレーションとモデルに基づくシミュレーションから得られる傾きと曲率に関する分析結果と考察

(2-1) 評価モデルのキャリブレーションによる分析結果と考察

主要結果

米国（**S&P500**）

- 価格誤差が最も小さいモデルは FMLS モデル
- ジャンプ拡散過程モデルではジャンプ成分が強く現れる

本項（**日経 225**）

- 価格誤差が最も小さいモデルは MJD モデル
- ジャンプ拡散過程モデルではジャンプ成分よりも拡散成分が強く現れる

まずオプション評価モデルのキャリブレーションによる分析結果についてみていく．表 7.8 には分析期間中におけるモデルパラメータ推定値の平均と，式 (7.38) に示した最小二乗誤差和の分析期間における平均値および分散が示されている（( ) 内は Carr and Wu, 2003b での結果を示している）．

本項と Carr and Wu(2003b) で示された最小二乗誤差和を比較すると，Carr and Wu(2003b) に記載されている FMLS, VG, MJD のどのモデルに対しても，本項の方が最小二乗誤差和は小さいことがわかる．これは日本のオプション市場に比べ米国のオプション市場の方が値付けされているオプションの個数が多いことに起因しており，単純にここでの結果と比較することはできない．

オプション評価モデル間での比較を行うと，米国では FMLS, VG, MJD の順に価格誤差が小さかったのに対し，本項では MJD モデルが最も小さく，ついで FMLS, VG, BS, MJ モデルの順となっており，拡散項を含めた評価モデ

表 7.8 分析期間におけるモデルパラメータの平均

	BS	MJ	MJD	VG	FMLS
モデルの パラメータ	σ0.2046	λ7.8801 (1.8145)	λ0.1704 (0.7681)	v0.2414 (1.5597)	α1.7780
		ϖ-0.0307 (-0.1045)	ϖ-0.6841 (-0.2013)	ϖ-0.2410 (0.1486)	σ0.1476
		η0.0816	η0.2961 (0.1671)	σ0.2119 (0.2295)	
			σ0.1851 (0.0638)		
価格誤差	2.1856×10^4	2.9946×10^4	1.1872×10^4 (1.4473×10^5)	2.1155×10^4 (0.8042×10^5)	1.3475×10^4 (0.3630×10^5)

ルの方が価格誤差は小さくなっている．また最小二乗誤差和の分散からも，VGモデルや MJ モデルといったジャンプ過程による評価モデルの方が拡散項を含めた評価モデルよりも誤差和の分散は大きくなっている．そこで，MJ モデルと MJD モデルの結果に注目すると，最小二乗誤差和の平均はおよそ 2.5 倍も異なっている．さらに MJD モデルの拡散項のボラティリティを表すパラメータ σ に注目すると，Carr and Wu(2003b) では 0.0638 であるのに対し，本項では 0.1851 と大きく，拡散項に対するウェイトが高いことがわかる．つまり，この場合，MJD モデルでは拡散成分がオプション価格の大半を説明し，残りをジャンプ成分が説明しているように思われる．また最小二乗誤差和の分析期間における推移を示した図 7.21 をみると，つねに MJ モデルよりも MJD モデルの方が小さく，ジャンプ過程よりも拡散項を含めたジャンプ拡散過程によるモデルの方が日本においては適切であることを確認することができる．

次に FMLS モデルに注目すると，S&P500 に対するパラメータの推定結果では α が 1.5597 であったのに対し，日本では 1.7774 と大きい．FMLS モデルのパラメータ α は $1 < \alpha \leq 2$ の範囲で存在し，α が 1 に近いとジャンプ成分，2 に近づくにつれ連続成分のウェイトが高くなり，$\alpha = 2$ であると BS モデルに退化するのであるから (Carr and Wu, 2003b を参照)，S&P500 オプションに比べ日経 225 オプションは連続成分が強いことがわかる．このことからも日本では株価過程としてジャンプ過程を用いるよりも連続過程に近い確率過程によって記述する方が適切であると判断される．

(2-2) オプション評価モデルに基づくシミュレーションから得られる傾きと

7.3 株式オプション価格が織り込む連続成分とジャンプ成分　　　169

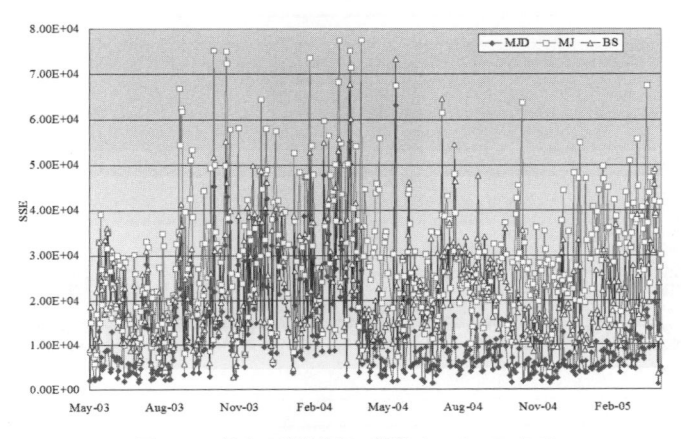

図 7.21 最小二乗誤差和の推移 (MJ/MJD/BS)

曲率に関する分析結果と考察

　野村・宮﨑(2005) では，(2-1) で推定されたパラメータを用いて各モデルに基づいたオプションのモデル価格をシミュレーションした後，term decay plots を描き，オプション評価モデル間の比較，さらにはオプション価格自体から描いた term decay plots との比較を詳細に行っている．評価モデルに基づくシミュレーションによる分析からも，日経 225 オプションの織り込む株価過程は拡散成分を含む過程あるいは連続過程に近いと考えるのが妥当としている．

8

確率ボラティリティモデルに関連するオプション評価モデルの計量分析

8.1 インプライドツリーに基づくオプション評価モデルと市場価格との整合性——デタミニスティックボラティリティモデルと確率ボラティリティモデルとの比較——[*1)]

8.1.1 本節の概要

　第3〜5章にかけて紹介した株価モデルは，さまざまな満期や権利行使価格のオプションの市場価格にオプションモデル価格が近くなるように，株価モデルをBSモデル（株価は幾何ブラウン運動に従う）から拡張したものである．6.2節では，第3章で導入したDVモデルにおいて局所ボラティリティに適切な関数形を与えることで，どの程度までモデル価格が市場価格を捉えることが可能となるかについての実証分析を行った．

　本節では，6.2節の実証分析をDVモデルのみならず，BSモデル（定数ボラティリティ）の範囲での拡張モデルやSVモデルを含めたうえで行う．この研究によって，どのようなオプション評価モデルを採用すれば現実のオプション市場価格の情報を最も反映させてツリーモデルを構築することができるかが明らかになる．

[*1)] 本節は樋野・宮﨑 (2009) の内容を紹介したものである．

8.1.2 分析対象となる株価モデル

分析対象となる株価モデルは，第2章で導入したBSモデル，5.1.2項で導入したSVモデル，2パラメータのDVモデルとしてσS_t^bを採用したものおよび6.2節で導入した3パラメータのDVモデルの4つのモデルに，以下で紹介する4つのモデルを新たに加えた8つのモデルである．

a. 混合対数正規モデル

混合対数正規モデル（以下では，mixBSモデルと呼ぶ）は，対数正規分布を2つ組み合わせて加重平均を取ったモデルであり，株価が従う分布として1つの対数正規分布を採用したBSモデルの素直な拡張となっている．BSモデルでは表現することができなかった分布の歪度や尖度も表現することができる．mixBSモデルのパラメータセットθは，各対数正規分布の平均F_i, $i=1,2$，ボラティリティσ_i, $i=1,2$，ウェイトwの5つであり，$\theta = (F_1, F_2, \sigma_1, \sigma_2, w)$となる．mixBSモデルの確率密度関数は，式(8.1)〜(8.3)で与えられる．式(8.3)は分布がリスク中立分布となるための条件式である．BSモデルの離散モデル化に関しては第2章で詳しく解説済みであり，mixBSモデルの離散モデル化はBSモデルの離散モデル化の単純な組合せであるため，ツリー構築法は省略する．

$$g_{\mathrm{MLN}}(S_T|\theta) = w g_{\mathrm{LN}}(S_T|\mu_1, \sigma_1, T) + (1-w) g_{\mathrm{LN}}(S_T|\mu_2, \sigma_2, T) \quad (8.1)$$

$$g_{\mathrm{LN}}(S_T|\theta) = \frac{1}{S_T \sigma \sqrt{2\pi T}} \exp\left(-\frac{1}{2}\left[\frac{\ln S_T - (\ln F_i - 0.5\sigma^2 T)}{\sigma \sqrt{T}}\right]^2\right) \quad (8.2)$$

$$wF_1 + (1-w)F_2 = S_0 \exp(rT) \quad (8.3)$$

b. ボラティリティの推移確率行列が対称型になるSVモデル
（SV（対称）モデル）

本モデルを導入するに際して，5.1.2項で導入したSV（OU）モデルを手短に振り返る．実証分析においては，ボラティリティの取りうる状態を高，中，低の3状態とするので，5.1.2項において$J=1$とすればよい．このとき，ボラティリティの状態空間は，$(\delta, 2\delta, 3\delta)$の3状態となり，ボラティリティの平均値$\alpha$は$\alpha = 2\delta$と制約（この制約のため，離散モデル化によって得られるモデルは式(5.19)，(5.20)で与えられる連続モデルより若干制約されたモデルになる）される．また，ボラティリティの推移確率は，式(5.21)から，表8.1のようにな

表 8.1 SV (OU) モデルの推移確率

k \ j	低 Vol	中 Vol	高 Vol
低 Vol	$1-\kappa h$	$\kappa h/2$	0
中 Vol	κh	$1-\kappa h$	κh
高 Vol	0	$\kappa h/2$	$1-\kappa h$

表 8.2 SV (OU) モデルの推移確率

k \ j	低 Vol	中 Vol	高 Vol
低 Vol	$1-2a$	a	0
中 Vol	$2a$	$1-2a$	$2a$
高 Vol	0	a	$1-2a$

表 8.3 SV (対称) モデルの推移確率

k \ j	低 Vol	中 Vol	高 Vol
低 Vol	a	c	$1-(a+b)$
中 Vol	b	$1-2c$	b
高 Vol	$1-(a+b)$	c	a

ることがわかる．ここで，推定の対象となるパラメータを確認しておく．時間間隔 h はオプションの残存期間とツリーにおけるラティス数によってあらかじめ指定されるので，表 8.1 の推移確率において推定の対象となるパラメータは κ のみである．また，ボラティリティの状態 δ は $J=1$ のとき $\delta=\gamma/\sqrt{\kappa}$ とパラメトライズされるが，γ のおかげで，パラメータ κ 以外にパラメータ δ も推定の対象となるパラメータとなる．よって，5.1.2 項で導入した SV モデルの離散モデルにおいては，推定パラメータは κ と δ の 2 つであることがわかる．表 8.1 を $a=\kappa h/2$ とおいて書き換えると表 8.2 が得られる．よって，5.1.2 項で導入した SV モデルの離散モデルは，ツリーにおける状態空間の幅がパラメータ δ であり，ボラティリティの推移確率が表 8.2 で与えられるようなモデルと捉えることができる．

ここで導入するボラティリティの推移確率行列が対称型になる SV モデルは，ボラティリティの推移確率を表 8.2 よりも自由度を持たせて表 8.3 としたモデルである．表 8.3 の推移確率は，中心に関して縦，横，斜めに点対称となっており，これが SV (対称) モデルと呼ぶ理由である．このモデルの推定パラメータは，推移確率においてパラメータが 2 つ増え，a, b, c と δ の 4 つとなる．

c. 混合 SV (OU) モデル

mixBS モデルの離散モデルが BS モデルの離散モデルの単純な組合せであることに対応して，混合 SV (OU) モデルは，5.1.2 項で導入した SV (OU) モデルの離散モデルの単純な組合せである．SV (OU) モデルの複合二項ツリーを組

み合わせて混合 SV（OU）モデルの複合二項ツリーを構築する際には，mixBS モデルの式 (8.3) に該当するような各時刻における株価分布がリスク中立分布となる条件を満足する必要がある．SV（OU）モデルのパラメータ数が δ と a の 2 つであったので，ここでの混合 SV（OU）モデルを 2 種類の SV（OU）モデルを混合したものであるとすると，パラメータ数は μ_1, δ_1, a_1, μ_2, δ_2, a_2, w（ウェイトパラメータ）の 7 となる．

d. 混合 SV（対称）モデル

混合 SV（OU）モデルと同様に，混合 SV（対称）モデルは，b. で導入した SV（対称）モデルの単純な組合せである．混合 SV（対称）モデルの複合二項ツリーを構築する際にも，mixBS モデルの式 (8.3) に該当するような各時刻における株価分布がリスク中立分布となる条件を満足する必要がある．SV（対称）モデルのパラメータ数が δ と a, b, c の 4 つであったので，ここでの混合 SV（対称）モデルを 2 種類の SV（対称）モデルを混合したものであるとすると，パラメータ数は μ_1, δ_1, a_1, b_1, c_1, μ_2, δ_2, a_2, b_2, c_2, w（ウェイトパラメータ）の 11 となる．

ここで，SV（OU，対称）モデルと混合 SV（OU，対称）モデルの複合二項ツリーの満期における分布がどのような形となるかについて模式図によって確認しておく．SV（OU，対称）モデルの分布形を示す図 8.1 は，尖度こそ表現可能であるが左右対称となっており，歪度を柔軟に表現することができない．これに対して，混合 SV（OU，対称）モデルの分布型を示す図 8.2 は，柔軟に歪度を表現することが可能である．

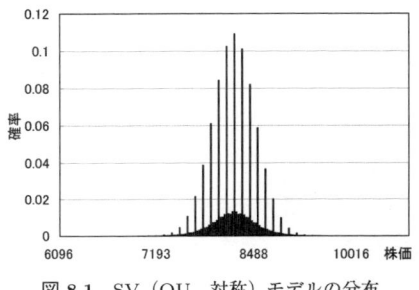

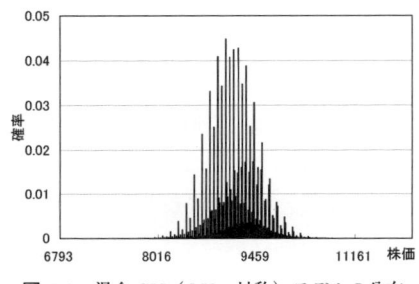

図 8.1 SV（OU，対称）モデルの分布

図 8.2 混合 SV（OU，対称）モデルの分布

8.1.3 分析手法

ここでの分析手法は，6.2.3 項におけるモデル価格と市場価格との整合性の検証手法に準じる．変更点は，推定に際してコールオプションのみならずプットオプションの市場価格データも利用した点である．これは，分析対象となるモデルに混合型のモデルが含まれているため，混合型モデルにおける分布の歪みを捉えることができる利点が，コール側で現れてもプット側で現れても整合の精度に反映されるようにするためである．

モデル価格と市場価格との整合性の検証は，式 (8.4) によって表されるように，ツリーから導出されるオプション価格と市場オプション価格との価格の差の二乗和を最小にすることによって行う．この最小化された二乗和が小さいほど市場価格と整合的なオプション評価モデルであると判断することができる．二乗和が最小となるときのパラメータが，推定されたパラメータとなる．

$$\min_{\theta} \left[\frac{1}{N+M} \left\{ \sum_{1}^{N} (C_m - C_L)^2 + \sum_{1}^{M} (P_m - P_L)^2 \right\} \right] \quad (8.4)$$

ここで，$N(=4)$ はコールオプション数，$M(=3)$ はプットオプション数である．C_m と P_m は市場のコールオプションとプットオプション価格，C_L と P_L はラティスから算出されるコールオプションとプットオプション価格を表す．分析に用いるオプションは，株価と権利行使価格が最も近いオプション（ATMオプションとする）に加えて，ATM オプションに近い順にコールオプションとプットオプションともに OTM1〜3 までの各 3 つの合計 7 つとする．

8.1.4 実証分析

a. データと設定

実証分析では，2003 年 5 月〜2007 年 7 月までの満期が 15 営業日である月次日経 225 オプションデータを使用する．本節の実証分析で用いるオプションデータは 6.2 節とは異なり，コールオプションの価格データのみならずプットオプションの価格データも利用することに注意されたい．また，すべてのツリーにおけるラティス数 n は 30 で統一する．これは，5.1.2 項で導入した複合二項ツリーをベースにして構築される混合 SV（OU）モデルや混合 SV（対称）モ

デルがきわめて複雑になるため，ラティス数 n を 6.2 節と同様に 200 とすると，これらのモデルのパラメータ推定を行うために莫大な時間が必要となるからである．加えて，Hoshika and Miyazaki(2008) では，BS モデルの場合ではあるが，オプションモデル価格のオプション市場価格への整合精度はラティス数 n が 30 程度まで増加する過程では急速に改善するが，ラティス数を 30 以上に増やしてもそれほど大きな改善がみられないことを検証しているからである．無リスク金利 r は，検証期間がおおむねゼロ金利政策下にあったので 0 とした．

b. 分析結果と考察

各モデルに基づくオプションモデル価格とオプション市場価格との整合性に関する指標として，各限月のオプションに関して式 (8.4) で得られた最小二乗誤差を分析対象期間にわたって平均を取り表 8.4 に示した．表 8.4 には，括弧書きで標準偏差についても掲載した．表 8.4 では，8.1.2 項において導入した 8 つのモデルを大きく 3 通りにグルーピングしている．左側のグループは，BS モデルと単一の SV モデルからなるグループである．中央のグループは，混合対数正規モデルと混合 SV モデルからなるグループである．右側のグループは，DV モデルからなるグループである．

左側のグループの整合性指標と中央のグループの整合性指標とを比較すれば，株価モデルとして単一のモデルから混合モデルへとモデルを拡張することによって整合性指標が大幅に改善することがわかる．左側のグループについてより詳細にみると，単一モデルとして BS モデルから SV モデルへとモデルを拡張しても整合性指標はたかだか 1～2 割程度しか改善しないことがわかる．これに対して，右側のグループである DV モデルに着目すると，DV モデルでは単一モデルの範囲であってもモデルを 2 パラメータモデルから 3 パラメータモデルへと拡張することで，整合性指標は約 4 分の 1 程度にまで改善することがわかる．

6.2.2 項において，DV モデルにおいてモデルを 2 パラメータモデルから 3 パラメータモデルへと拡張すれば，リスク中立分布の歪度を柔軟に表現すること

表 8.4 各モデルの最小二乗誤差の分析対象期間における平均

	BS	SV (OU)	SV (対称)	mixBS	mixSV (OU)	mixSV (対称)	DV (2P)	DV (3P)
平均	36.51	33.56	29.80	2.44	2.14	0.99	21.68	5.92
標準偏差	(46.35)	(43.02)	(37.72)	(4.55)	(3.58)	(2.32)	(37.07)	(8.10)

が可能となることを指摘した．このため，BSモデルからモデルを拡張する場合には，拡張モデルから誘導されるリスク中立分布が歪度を柔軟に表現できるものでなければ，オプションモデル価格のオプション市場価格への整合精度（整合性指標）はそれほど改善しないと考えられる．事実，8.1.2項の図8.1で確認したように，SV（OU，対称）モデルの複合二項ツリーの満期における分布は，中央部の確率密度，つまり，尖度を表現することは可能であっても歪度を表現するには不向きである．これに対して，混合SV（OU，対称）モデルに関しては，図8.2で確認したようにリスク中立分布は歪度を柔軟に表現できるものであった．

上記の分析結果や考察に関してより詳細に検討するために，各限月のオプションについて式(8.4)で得られた最小二乗誤差を分析対象期間にわたって時系列的に確認する．図8.3～8.5には，順に，左，中央，右の各グループに関する整合精度の時系列変化を示した．図8.3における左側のグループの分析結果をみると，いずれのモデルに関しても整合精度は悪く，特にBSモデルに関してみると最小二乗誤差が50を上回る限月が11も観測される．また，図8.3に関して注目すべき点は，1～2の限月を除いては，モデルをBSモデルからSV（OU）モデル，SV（対称）モデルへとモデルを拡張しても整合精度が改善しない点である．

次に，図8.5のDVモデルに関するグループの整合精度を時系列的に確認し

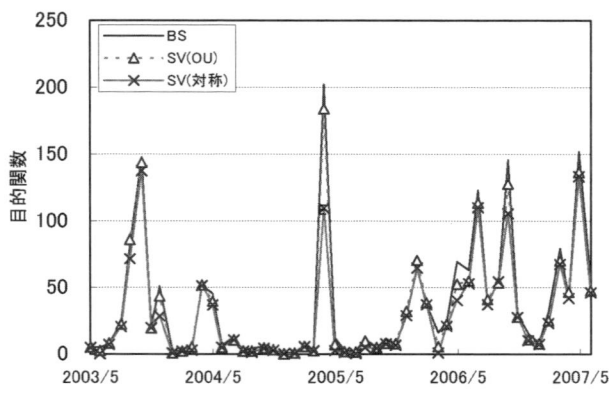

図8.3　単一モデルのグループに関する整合精度の推移

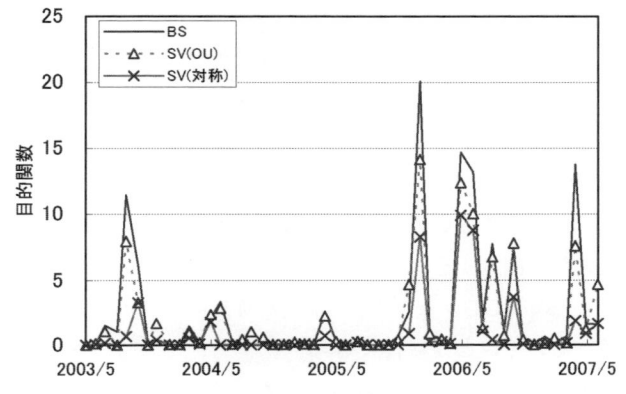

図 8.4 混合モデルのグループに関する整合精度の推移

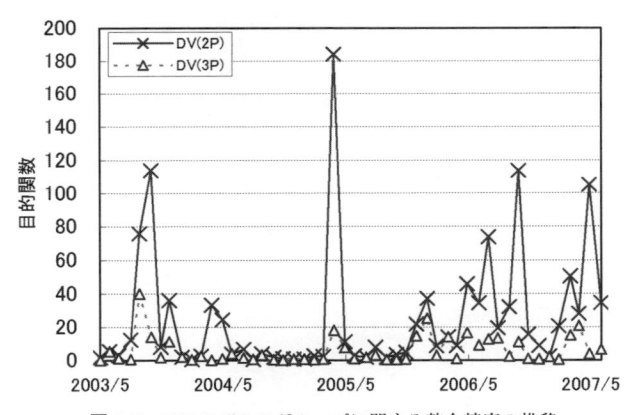

図 8.5 DV モデルのグループに関する整合精度の推移

よう.興味深いのは,リスク中立分布の歪度をそれほど柔軟に表現することができない2パラメータモデルの最小二乗誤差の時系列的な推移が,先にみた図 8.3 にある単一モデルのグループのものに類似していることである.つまり,DV モデルにおいても歪度を柔軟に表現することができないのであれば,整合の精度は単一のモデルグループに準ずることがわかる.これに対して,リスク中立分布の歪度を柔軟に表現することができる3パラメータモデルへと DV モデルを拡張した場合,2パラメータモデルでは大きな最小二乗誤差がみられた多くの限月において最小二乗誤差は大幅に縮小し,整合の精度に目覚しい改善がみ

られることが確認される．

　最後に，図 8.4 から，混合モデルに関するグループの整合精度を時系列的に確認しよう．いずれのモデルに関しても，最小二乗誤差が 20 を超える限月は 1 つもなく，図 8.3 にある単一モデルのグループにおける整合の精度と比較して劇的に改善していることがわかる．この理由は，混合モデルがいずれもリスク中立分布の歪度を表現することが可能であるためであることは先に指摘したとおりである．また，図 8.4 をより詳細にみると，混合モデルの中でもモデルを BS モデルから，SV（OU）モデル，SV（対称）モデルへと拡張することで整合精度が改善していくことが確認できる．

　（注）上記の分析結果と考察において，オプションモデル価格とオプション市場価格との整合性の観点から混合モデルの利点を指摘したが，ここで混合モデルに関する注意事項を述べておく．BS モデルから SV モデルへとモデルを拡張する場合，5.1.2 項で述べた単一モデルにおける拡張であれば，複合二項ツリーにおけるすべてのノード間の推移において期待値は無リスク金利に一致することが保証される．このため，構築した複合二項ツリーを用いて経路依存型のオプションなどのエキゾチックオプションを評価することが可能である．しかしながら，混合モデルを採用する場合，複合二項ツリーにおいてある時刻における株価の分布をみた場合にはリスク中立分布となるが，すべてのノード間における推移の期待値が無リスク金利に一致するとは限らない．このため，混合モデルの複合二項ツリーを用いてヨーロピアンオプション（パラメータ推定に用いたヨーロピアンオプションとは満期が異なるような）を評価することは可能であるが，エキゾチックオプションを評価することはできないことに注意されたい．このため，ツリーモデルを用いたエキゾチックオプションの評価を試みる場合には，DV モデルにおいて局所ボラティリティの関数形を工夫することが有意義であるように思われる．

8.2 日経 225 オプション市場のボラティリティリスクプレミアム[*2)]

8.2.1 本節の概要

第 5 章でみたように，確率ボラティリティモデル（以下，SV モデルと略す）を用いたオプション評価法の研究は進展しているのであるが，他の金融工学の分野（株式や債券などのアセットアロケーション，企業分析）と比較すると，実証的研究が比較的手薄である．特に，ボラティリティが一定のモデルと確率ボラティリティモデルとの間での最大の相違点（ボラティリティに関するリスクプレミアム）に関する本格的な実証研究は，著者らの知るかぎり Bakshi and Kapadia(2003) まで見当たらない．

BS モデルの枠組みでは，オプション価格の不確実性は原資産株式を用いたデルタヘッジによって除去することができるが，SV モデルの枠組みにおいては，ボラティリティ自体の変動による不確実性が残るため，このようなボラティリティのリスク（不確実性）に対しプレミアム（ボラティリティリスクプレミアム）が生じることになる．Bakshi and Kapadia(2003) では，SV モデルの枠組みにおいてデルタヘッジ戦略の収益（ヘッジゲイン）とボラティリティリスクプレミアムの関係を理論的に示したうえで，実際の S&P500 の市場オプション価格データを用いて，ボラティリティリスクプレミアムの存在を確認した．

しかし，日本の株式オプション市場におけるボラティリティリスクプレミアムに関する実証研究は見当たらない．そこで，本節では，まず，上記のように重要ではあるが広く利用されるに至っていないボラティリティリスクプレミアムに関する実証分析の手法に関する要点を Bakshi and Kapadia(2003) に基づき整理する．次に，整理した手法に基づいて，現実の日経 225 オプション市場価格データを利用して実証分析を行い，得られた結果を米国 S&P500 における結果と比較して日米におけるオプション市場の相違点を確認する．また，実証分析において，日経 225 オプション市場においてはボラティリティリスクプレミアムが，ボラティリティに関する線形関数とはならないことがわかったため，分析手法をボラティリティリスクプレミアムがボラティリティに関する 2 次の

[*2)] 詳細は，内田・宮崎 (2008) を参照されたい．

項を含む形に拡張し，合わせて実証分析も行う．

8.2.2 ヘッジとヘッジゲイン

BS モデルと SV モデルにおけるデルタヘッジ戦略の収益（ヘッジゲイン）の 0 からの乖離と，ボラティリティリスクプレミアムとの関係を確認するモデルを提案する．

BS モデルでは，第 2 章で導入したように，株価過程は次の幾何ブラウン運動（ここでは配当利回りも考慮した形となっている）に従うことが仮定されている．

$$dS_t = (\mu - z)S_t dt + \sigma S_t dW_t \tag{8.5}$$

ここで，S_t は原資産価格を，μ，z，σ はそれぞれ株価リターンの期待値と配当利回り，ボラティリティを，dW_t はウィナー過程を表す．BS モデルでの満期 $t+\tau$ の t 時点におけるオプション価格 C_t の価格過程式 (2.57) と，BSM 偏微分方程式 (2.63) を用いて，無裁定条件を満たすオプション価格過程は式 (8.6) と表現できる．

$$dC_t = \Delta_t dS_t + (rC_t - (r-z)\Delta_t S_t)\, dt \tag{8.6}$$

ここで，r はリスクフリーレートを，Δ_t はオプションのデルタである $\partial C_t/\partial S_t$ を表し，以後この記法を適宜利用する．時刻 t におけるオプション価格 C_t と時刻 $t+\tau$ におけるオプション価格 $C_{t+\tau}$ との価格差は，式 (8.6) を $t \sim t+\tau$ まで積分することによって式 (8.7) で与えられる．

$$C_{t+\tau} - C_t = \int_t^{t+\tau} \Delta_u dS_u + \int_t^{t+\tau} rC_u - (r-z)\Delta_u S_u du \tag{8.7}$$

ヘッジゲイン ($\prod_{t,t+\tau}$) を式 (8.8) で定義すると，BS ヘッジゲインの期待値は 0 となる．

$$\prod\nolimits_{t,t+\tau} \equiv C_{t+\tau} - C_t - \int_t^{t+\tau} \Delta_u dS_u - \int_t^{t+\tau} rC_u - (r-z)\Delta_u S_u du \tag{8.8}$$

満期まで N 回リバランスする離散的なヘッジの場合には，そのヘッジゲインを $\pi_{t,t+\tau}$ と定義する．

$$\pi_{t,t+\tau} \equiv C_{t+\tau} - C_t - \sum_{n=0}^{N-1} \Delta_{t_n}(S_{t_{n+1}} - S_{t_n})$$

$$- \sum_{n=0}^{N-1} \left\{ (rC_{t_n} - (r-z)\Delta_{t_n}S_{t_n}) \frac{\tau}{N} \right\} \tag{8.9}$$

C_t が BS 式オプション価格に従う場合,どんな τ に対しても連続的な取引を行えば,理論的には平均ヘッジゲイン $E_t[\Pi_{t,t+\tau}]$ は 0 であり,離散ヘッジの場合にはヘッジゲインの期待値 $E_t[\pi_{t,t+\tau}]$ は厳密には 0 とはならないが,離散ヘッジゲインと連続ヘッジゲインとの乖離は株価モデルにかかわらず微小である.

SV モデルとして,本節では,株価過程が式 (8.10),(8.11) に従うものを採用する.これは,第 5 章で導入した SV モデル(式 (5.33),式 (5.34))において,$f(Y_t) = \sigma_t$,$\alpha = \kappa$,$m = 0$,$\beta = v$ としたものである.

$$dS_t = (\mu - z)S_t dt + \sigma_t S_t dW_t^1 \tag{8.10}$$

$$d\sigma_t = (-\kappa\sigma_t)dt + v dW_t^2 \tag{8.11}$$

ここで,dW_t^1,dW_t^2 は互いの相関が ρ であるウィナー過程,σ_t は確率過程に従い,ドリフト係数 $(-\kappa\sigma_t)$ と拡散係数 v は S_t と独立である.株価過程に伊藤の公式(付録 6 を参照)を適用すると,オプション価格過程 dC_t は式 (8.12) のように表せることがわかる.

$$\begin{aligned}
dC_t = & \left(\frac{\partial C_t}{\partial t} + \frac{1}{2}\sigma_t^2 S_t^2 \frac{\partial^2 C_t}{\partial S_t^2} + (\mu - z)S_t \Delta_t \right. \\
& \left. + (-\kappa\sigma_t)\frac{\partial C_t}{\partial \sigma_t} + \frac{1}{2}v^2 \frac{\partial^2 C_t}{\partial \sigma_t^2} + v\sigma_t S_t \rho \frac{\partial^2 C_t}{\partial S_t \partial \sigma_t} \right) dt \\
& + \sigma_t S_t \Delta_t \, dW_t^1 + v \frac{\partial C_t}{\partial \sigma_t} dW_t^2
\end{aligned} \tag{8.12}$$

これに,SV モデルに関する BSM 偏微分方程式

$$\frac{\partial C_t}{\partial t} + \frac{1}{2}\sigma_t^2 S_t^2 \frac{\partial^2 C_t}{\partial S_t^2} + \frac{1}{2}v^2 \frac{\partial^2 C_t}{\partial \sigma_t^2} + v\sigma_t S_t \rho \frac{\partial^2 C_t}{\partial S_t \partial \sigma_t}$$

$$+ (r - z)S_t \Delta_t + ((-\kappa\sigma_t) - \lambda_t)\frac{\partial C_t}{\partial \sigma_t} = rC_t \tag{8.13}$$

を用いると,無裁定条件を満たすオプション価格過程が式 (8.14) のように表現

できる.

$$dC_t = (rC_t - (r-z)\Delta_t S_t)\,dt + \Delta_t\,dS_t + \lambda_t \frac{\partial C_t}{\partial \sigma_t}dt + v\frac{\partial C_t}{\partial \sigma_t}dW_t^2 \quad (8.14)$$

時刻 t におけるオプション価格と時刻 $t+\tau$ におけるオプション価格との価格差は，式 (8.14) を $t \sim t+\tau$ まで積分することによって式 (8.15) で与えられる．

$$\begin{aligned}C_{t+\tau} - C_t &= \int_t^{t+\tau} rC_u - (r-z)\Delta_u S_u du + \int_t^{t+\tau} \Delta_u dS_u \\ &+ \int_t^{t+\tau} \lambda_u \frac{\partial C_u}{\partial \sigma_u}du + \int_t^{t+\tau} v\frac{\partial C_u}{\partial \sigma_u}dW_u^2\end{aligned} \quad (8.15)$$

よって，SV ヘッジゲインの期待値は，

$$E_t\Big[\prod\nolimits_{t,t+\tau}\Big] = \int_t^{t+\tau} E_t\Big[\lambda_u[\sigma_u]\frac{\partial C_u}{\partial \sigma_u}\Big]du \quad (8.16)$$

となる．式 (8.16) から，SV 期待ヘッジゲインには $\lambda_u[\sigma_u]$ が存在することがわかる．ここで，$\lambda_u[\sigma_u]$ はボラティリティリスクプレミアムと呼ばれるものであり，$\partial C_u/\partial \sigma_u$ はオプションのベガである．ボラティリティリスクプレミアムが存在しない BS ヘッジゲインの期待値は $E_t[\Pi_{t,t+\tau}] = 0$ であるので，ボラティリティリスクプレミアムがオプション価格に与える影響は式 (8.16) を用いて検証できる．実証分析においては，離散ヘッジゲイン式 (8.9) を利用する．SV 期待ヘッジゲイン式 (8.16) は現時点 $t \sim$ 満期 $t+\tau$ までの積分で表されており，現時点では未知である将来のベガ $\partial C_u/\partial \sigma_u$ やボラティリティリスクプレミアム $\lambda_u[\sigma_u]$ が用いられている．

そこで，伊藤–テーラー展開（詳しくは，Milstein, 1995 を参照）を用いて，現時点 t におけるベガ $\partial C_t/\partial \sigma_t$ とボラティリティリスクプレミアム $\lambda_t[\sigma_t]$ を用いて式 (8.16) を表現することを試みる．$g(S_t, \sigma_t) \equiv \lambda_t[\sigma_t](\partial C_t/\partial \sigma_t)$ とおいて，伊藤–テーラー展開を適用すると式 (8.17) が得られる．

$$E_t\Big[\int_t^{t+\tau} g(S_u, \sigma_u)du\Big] = \int_t^{t+\tau} g(S_t, \sigma_t) + \pounds\int_t^u g(S_{u'}, \sigma_{u'})du'du \quad (8.17)$$

ここで，微分作用素は $\pounds = \frac{\partial}{\partial t} + (\mu - z)S_t\frac{\partial}{\partial S_t} + (-\kappa\sigma_t)\frac{\partial}{\partial \sigma_t} + \frac{1}{2}\sigma_t^2 S_t^2\frac{\partial^2}{\partial S_t^2} + \frac{1}{2}v^2\frac{\partial^2}{\partial \sigma_t^2} + \rho v\sigma_t S_t\frac{\partial^2}{\partial \sigma_t \partial S_t}$ を表す．式 (8.17) の右辺第 2 項に再度伊藤–テーラー

8.2 日経 225 オプション市場のボラティリティリスクプレミアム

展開を用い，得られた式の第 2 項に再度伊藤–テーラー展開を用いる．この作業を繰り返すことで，微分作用素 $\mathcal{L}$ が介在するものの，式 (8.16) を現時点 t における値で表現することができる．

$$E_t\left[\int_t^{t+\tau} g(S_u, \sigma_u) du\right] = \tau\left[\lambda_t \frac{\partial C_t}{\partial \sigma_t}\right] + \frac{\tau^2}{2} \mathcal{L}\left[\lambda_t \frac{\partial C_t}{\partial \sigma_t}\right]$$
$$+ \frac{\tau^3}{6} \mathcal{L}^2\left[\lambda_t \frac{\partial C_t}{\partial \sigma_t}\right] + \cdots \quad (8.18)$$

式 (8.18) から，$E_t[\Pi_{t,t+\tau}]$ が残存期間 τ と現時点 t におけるベガ $\partial C_t/\partial \sigma_t$ の変数（株価 S_t，ボラティリティ σ_t，権利行使価格 K）の 4 変数に依存すると確認できる．ここで，式 (8.18) の $\mathcal{L}[g(S_t, \sigma_t)]$，$\mathcal{L}^2[g(S_t, \sigma_t)]$，$\cdots$ を具体的に展開するために，ベガ $\partial C_t/\partial \sigma_t$ を株価 S_t とそれ以外の関数 $\alpha_t(\sigma_t, \tau, y)$ に形式的に分けて $\alpha_t(\sigma_t, \tau, y) S_t$ と表す．さらに，BS モデルにおけるベガは，

$$\frac{\partial C_t}{\partial \sigma_t} = \frac{S_t\sqrt{\tau}\exp\{-(\log(S_t/K) + (r - z + \sigma_t^2)\tau/\sigma_t\sqrt{\tau})^2/2\}}{\sqrt{2 \times 3.14}} \quad (8.19)$$

と表せるので，残存期間が小さく，マネーネス $y = S_t e^{(r-z)\tau}/K$（コールオプションにおいて，$y < 1$ のときアウトオブザマネー（OTM），$y \approx 1$ のときアットザマネー（ATM），$y > 1$ のときインザマネー（ITM）を示す指標）が 1 のときには exp{ } の中はおおむね 0 であるから，ベガ $\partial C_t/\partial \sigma_t$ は $\beta_t(\tau; y) S_t$ と表せる．

具体的に伊藤–テーラー展開の要素を書き下したうえで整理することによって，Bakshi and Kapadia(2003) では，まず，期待ヘッジゲイン $E_t[\Pi_{t,t+\tau}]$ も

$$E_t\left[\prod\nolimits_{t,t+\tau}\right] = S_t\, f_t[\sigma_t, \tau, y] \quad (8.20)$$

のように S_t の線形関数として表せることを示した．次に，Bakshi and Kapadia(2003) はボラティリティリスクプレミアム $\lambda_t[\sigma_t]$ が Heston(1993) と同様 1 次式 $\lambda'\sigma_t$（λ' は定数）に従う場合に，短期 ATM オプションにおける SV 期待ヘッジゲインと λ' の符号が一致することを示し，内田・宮﨑(2008) はボラティリティリスクプレミアム $\lambda_t[\sigma_t]$ が 2 次式 $\gamma_1\sigma_t^2 + \gamma_2\sigma_t + \gamma_3$（$\gamma_1, \gamma_2, \gamma_3$ は定数）に従う場合に，短期 ATM オプションにおける SV ヘッジゲインを σ_t^2，σ_t

によって重回帰した係数とボラティリティリスクプレミアムの係数 γ_1, γ_2 との符号がそれぞれ一致することを示した．

8.2.3 分析手法

本項では，まず $E_t[\Pi_{t,t+\tau}]/S_t$ が，従属変数に関して感応度があることに依拠して，ボラティリティリスクプレミアムが 0 でないことを検証する．次に，ヘッジゲインをベガで回帰し，その回帰係数を確認することでボラティリティリスクプレミアムの符号を検証する．さらに，ボラティリティリスクプレミアムが，それぞれボラティリティの 1 次関数である場合，2 次関数である場合における係数の符号について検証する．

a. 平均ヘッジゲインのマネーネス感応度

8.2.2 項の式 (8.20) によれば，$E_t[\Pi_{t,t+\tau}]/S_t$ のその依存する変数に関する感応度があることは，ボラティリティリスクプレミアムが 0 でないことを意味する．そのため，まず，平均ヘッジゲイン $E_t[\Pi_{t,t+\tau}]/S_t$ における変数の 1 つであるマネーネス y に関する感応度を確認する．具体的には，分析対象となるデータ期間から得られる各ヘッジゲインをマネーネス y によってバケッテイングを行い，各マネーネスのバケットに属するヘッジゲインの平均値（平均ヘッジゲイン）を計算する．得られたマネーネスのバケットごとの平均ヘッジゲインが異なることを確認すれば，ボラティリティリスクプレミアムが 0 でないことが検証できる．

b. ATM 平均ヘッジゲインのボラティリティ感応度

次に，マネーネス y を ATM 付近に固定し，平均ヘッジゲイン $E_t[\Pi_{t,t+\tau}]/S_t$ のボラティリティ σ_t に関する感応度を確認することで，ボラティリティリスクプレミアムが 0 でないことを検証する．分析手法はマネーネス感応度に同じである．

c. ヘッジゲインのベガ感応度

ここでは，平均値を取る前のヘッジゲインを被説明変数，ベガ $\partial C_t/\partial \sigma_t$ を説明変数とする回帰分析に基づいてボラティリティリスクプレミアムの符号を検証する．具体的な実証分析手続きとしては，残存期間 τ とボラティリティ σ_t の組合せに関するヘッジゲインのバケッテイングを行い，各バケットに属する

ヘッジゲインを対象としてベガ $\partial C_t/\partial \sigma_t$ による回帰分析（式 (8.21)）を行い，ボラティリティリスクプレミアムの符号を検証する．また，回帰分析では最小2乗法を用いて，回帰係数や t 値を求める．$\Psi 1\sqrt{2\times 3.14}/(\tau\sqrt{\tau})$ が式 (8.18) のボラティリティリスクプレミアムに相当する．

$$GAINS_t = \Psi 0 + \Psi 1 VEGA_t + e_t \qquad (8.21)$$

ここで，$GAINS_t$ は $\pi_{t,t+\tau}/S_t$，$VEGA_t$ はオプションベガ，e_t は残差を表す．回帰の説明変数 $VEGA_t$ には SV モデルにおけるベガが必要だが，扱いやすさを考慮して BS モデルにおけるベガ式 (8.22) を利用する．

$$VEGA_t = \exp\left(-\left(\frac{\log(S_t/K) + (r - z + \sigma^2/2)\tau}{\sigma\sqrt{\tau}}\right)^2 \Big/ 2\right) \qquad (8.22)$$

この回帰分析によって，以下の 1), 2) が確認できる．

1) 回帰係数 $\Psi 1$ の t 値が帰無仮説「$\Psi 1$ は 0 である」を棄却するものであれば，ボラティリティリスクプレミアムが存在することがわかる．また，式 (8.22) のベガを用いると，式 (8.18), (8.19) より $\Psi 1$ は $\tau\lambda_t\sqrt{\tau}/\sqrt{2\times 3.14}$ に相当するため，$\Psi 1$ の符号をボラティリティリスクプレミアムの符号として解釈することができる．

2) ATM で $VEGA_t$ は最大値 1 を取るので，$\Psi 0 + \Psi 1$ の大きさがおおむね ATM オプションでの平均ヘッジゲインとなる．

d. ATM ヘッジゲインを用いたボラティリティリスクプレミアムの符号判別

ボラティリティリスクプレミアムがボラティリティの 2 次関数であると仮定し，式 (8.23) の回帰式を用いてボラティリティリスクプレミアムの符号を判別する．回帰式 (8.23) の右辺には 1 期前のヘッジゲイン $GAINS_{t-1}$ があるが，これは，残差 e_t の系列相関を回避するために組み込まれたものである．

$$GAINS_t = Z0 + Z1 VOL_t^2 + Z2 VOL_t + Z3 GAINS_{t-1} + e_t \qquad (8.23)$$

ここで，$GAINS_t$ は $\pi_{t,t+\tau}/S_t$，VOL_t はヒストリカルボラティリティ，e_t は残差を表す．

ボラティリティリスクプレミアムがボラティリティの二乗やボラティリティ

自体にどのように依存するかを把握するため，各回帰係数の符号と有意性を確認する．VOL_t^2 の係数 Z1 が有意となれば，日経 225 オプション市場におけるボラティリティリスクプレミアムはボラティリティの 2 次関数であることが考えられ，内田・宮﨑(2008)によれば回帰係数 Z1，Z2 の符号は，それぞれ，γ_1，γ_2 の符号と一致する．

さらに，リターンの分布における歪度 $SKEW_t$ や尖度 $KURT_t$ で表現されるジャンプの成分を加味した場合に，どの程度までボラティリティリスクプレミアムの説明に貢献するかについても回帰分析に基づき検証する．

ボラティリティリスクプレミアムがボラティリティの 2 次関数と仮定した回帰式 (8.23) にジャンプ成分（歪度 $SKEW_t$，尖度 $KURT_t$）を加えた回帰式は式 (8.24) で与えられる．

$$\pi_t/S_t = \Phi 0 + \Phi 1 \left(VOL_t^h\right)^2 + \Phi 2 VOL_t^h + \Phi 3 \left(\pi_{t-1}/S_{t-1}\right) \\ + \Phi 4 SKEW_t + \Phi 5 KURT_t + e_t \tag{8.24}$$

ここで，回帰係数 $\Phi 4$ や $\Phi 5$ が有意となれば，ジャンプがヘッジゲインに影響を与えていることになる．

8.2.4 実証分析

a. データ

実証分析では，2003 年 5 月〜2005 年 12 月の日経 225 オプション市場の日次コールオプション価格を使用する．大阪証券取引所が公表するオプション価格を用いるが，利用する際には以下のような条件を付加する．

(1) BS インプライドボラティリティ（年率）は 1% 以上 100% 未満とする．
(2) 残存期間は 14 日以上 60 日以下とする．
(3) ATM から離れると流動性が小さくなるため，ATM からの乖離マネーネス $y-1$ は -10% 以上 10% 以下とする．
(4) コールオプション価格が上限下限の範囲 $[Se^{-z\tau} - e^{-r\tau}K, Se^{-z\tau}]$ を満たすものを採用する．

対象期間において，日本はゼロ金利政策下であるので無リスク金利 r を 0 とする．日次配当利回り z は，プットコールパリティ $P_t + S_t = C_t + K\exp((-r+z)\tau)$

を利用して，現時点 t から最も近い満期のオプション価格（対象は全権利行使価格）を用いて算出される z の平均値とする．ここで，P_t はプットオプション価格を示す．

b. 分析結果と考察

(1) 平均ヘッジゲインのマネーネス感応度

表 8.5 は，マネーネスに関するバケットごとに平均ヘッジゲインを示したものである．具体的には，横に残存期間，縦にマネーネス $y-1$ を取り，順次 $E_t[\pi_{t,t+\tau}]$，$E_t[\pi_{t,t+\tau}/S_t]$，$E_t[\pi_{t,t+\tau}/C_t]$ の値を示し，一番右列にはヘッジゲインが負となる割合を示した．ここで $E_t[\pi_{t,t+\tau}]$ は収益，$E_t[\pi_{t,t+\tau}/S_t]$ は株価の大きさによる影響を除去した収益，$E_t[\pi_{t,t+\tau}/C_t]$ は初期オプション価格の大きさによる影響を除去した収益を示している．

$E_t[\pi_{t,t+\tau}]$，$E_t[\pi_{t,t+\tau}/S_t]$，$E_t[\pi_{t,t+\tau}/C_t]$ の値は，ほぼすべてのバケットにおいて負である．$E_t[\pi_{t,t+\tau}]$，$E_t[\pi_{t,t+\tau}/S_t]$，$E_t[\pi_{t,t+\tau}/C_t]$ がほとんど正となるのは，$y-1$ が $[7.5\%, 10\%]$ のバケットのみであり，このバケットに属するサンプル数は比較的少ない．「コールオプションを購入し，株式を売却する」デルタヘッジポートフォリオを構築しているので，平均ヘッジゲインが負であることは，ボラティリティ自体が変動することに対してプレミアムを支払っていることを意味する．例えば，$E_t[\pi_{t,t+\tau}]$ において残存期間が 14–30，$y-1$ が $[-2.5\%, 0\%]$ の ATM オプションで約 40 円の平均損失を示している．これは，オプションの買い手が売り手にコールオプション 1 単位当たり約 40 円のボラティリティリスクプレミアムを支払っていることを意味する．日経 225 オプションの出来高を考慮すると，オプション市場には多くのボラティリティリスクプレミアムが内在していることが伺える．

表 8.5　日経 225 インデックスコールオプションにおける平均ヘッジゲイン

$y-1$	$E_t[\pi_{t,t+\tau}]$ (円)			$E_t[\pi_{t,t+\tau}/S_t]$			$E_t[\pi_{t,t+\tau}/C]$			$\pi \leq 0$
	14–30	31–60	ALL	14–30	31–60	ALL	14–30	31–60	ALL	
$[-10\%, -7.5\%]$	−5.18	−14.05	−10.79	−0.06%	−0.13%	−0.10%	−46.73%	−10.36%	−24.02%	54%
$[-7.5\%, -5\%]$	−13.94	−43.27	−32.03	−0.13%	−0.39%	−0.29%	−57.64%	−61.28%	−59.91%	70%
$[-5\%, -2.5\%]$	−17.24	−49.53	−37.39	−0.16%	−0.45%	−0.34%	−50.29%	−52.73%	−51.83%	71%
$[-2.5\%, 0\%]$	−40.24	−54.86	−49.31	−0.36%	−0.50%	−0.45%	−82.00%	−33.96%	−52.19%	79%
$[0\%, 2.5\%]$	−28.98	−30.31	−29.77	−0.26%	−0.27%	−0.26%	−43.40%	−8.97%	−22.51%	74%
$[2.5\%, 5\%]$	−17.17	−23.74	−20.99	−0.16%	−0.21%	−0.19%	18.88%	5.64%	11.12%	70%
$[5\%, 7.5\%]$	−13.13	−12.58	−12.80	−0.12%	−0.12%	−0.12%	−4.43%	2.31%	−0.31%	67%
$[7.5\%, 10\%]$	−0.95	2.01	0.75	−0.02%	0.01%	−0.01%	15.44%	6.83%	10.45%	56%

$E_t[\pi_{t,t+\tau}]$ に関してみると，ATM 付近 $[-2.5\%, 0\%]$, $[0\%, 2.5\%]$ のバケットにおいて，「コールオプションを購入し，株式を売却する」デルタヘッジポートフォリオの損失が最大となり，ITM($y-1>0$) や OTM($y-1<0$) になるに従って，$E_t[\pi_{t,t+\tau}]$ の損失が減少する傾向が伺える．$E_t[\pi_{t,t+\tau}/S_t]$ に関しても，$E_t[\pi_{t,t+\tau}]$ と同様の傾向がみられる．$E_t[\pi_{t,t+\tau}/C_t]$ に関しては，OTM になるに従って負となる傾向がより鮮明に現れる．これはオプション価格が OTM になるにつれて小さくなるので $E_t[\pi_{t,t+\tau}/C_t]$ の絶対値が大きくなることと整合的な結果である．次に右端に掲載した $\pi \leq 0$ となる割合をみると，ATM で最も高く，OTM，ITM となるに従ってその割合が低下している．これは，ATM のオプション価格が最も割高であることを裏づけている．

次に，日本と米国における分析結果を比較検討する．図 8.6 は，横軸にマネーネスに関するバケッテイング，縦軸に平均ヘッジリターン（株価の水準による影響を除去した）$E_t[\pi_{t,t+\tau}/S_t]$ をとり，残存期間が [14–30] や [31–60] のオプションに関する日米オプション市場における平均ヘッジリターンを掲載した．

平均ヘッジリターン $E_t[\pi_{t,t+\tau}/S_t]$ が 0 から乖離することは，これまで議論してきたようにボラティリティリスクプレミアムの存在を示唆している．ボラティリティリスクプレミアムが存在しない場合には，平均ヘッジリターンを表す線は 0% を水準とする水平の直線を示す．ベガ $\partial C_t/\partial \sigma_t$ は正なので，式 (8.16) より $E_t[\pi_{t,t+\tau}/S_t]$ が負であれば，ボラティリティリスクプレミアムも負となる．

図 8.6 によれば，米国のオプション市場では，残存期間のバケットが [31–60]

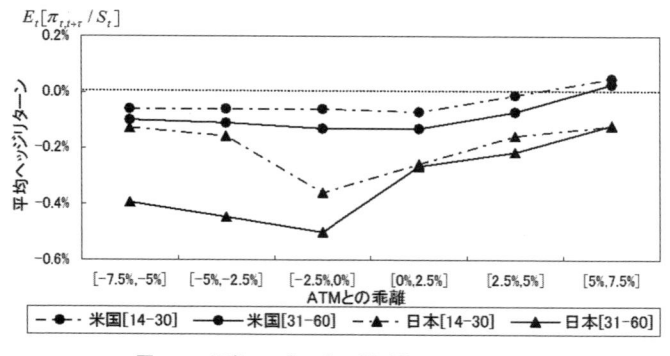

図 8.6 日米のマネーネス別平均ヘッジリターン

と [14–30] のいずれの場合においてもマネーネスのバケットが [5%, 7.5%] を除いては，いずれのバケットにおいても平均ヘッジゲイン $E_t[\pi_{t,t+\tau}/S_t]$ の符号は負であり，その絶対値は [14–30] のバケットよりも [31–60] バケットの方が大きくなる傾向が明確にみて取れる．日本のオプション市場でも，残存期間のバケテイングが [14–30] と [31–60] のいずれの場合でもマネーネスのバケットにかかわらず平均ヘッジリターン $E_t[\pi_{t,t+\tau}/S_t]$ の符号は負である．しかし，残存期間のバケットに関して平均ヘッジリターンを比較すると，ITM においては両者の乖離はあまり差がみられないが，OTM においては大きな乖離がみられる．このことから日本のオプション市場においては，満期が [14–30] から [31–60] へといく分長くなることによって OTM オプションでは多大にボラティリティリスクプレミアムが増加することが伺える．

日米オプション市場に関してまとめると，いずれのオプション市場においても，ボラティリティリスクプレミアムは 0 でなく，ATM 付近において平均ヘッジリターンの絶対値が大きくなる傾向がみられる．相違点としては，日本のオプション市場における平均ヘッジリターンの方が 0 から負の方向への乖離は大きく，ボラティリティリスクプレミアムが高く設定されていることがあげられる．これの背景には，日本のオプション市場が米国と比較してまだ成熟していないことが 1 つの理由として考えられる．すべてのオプション市場参加者がデルタヘッジを行っているわけではなく，純粋にオプションをヘッジ手段として用いている投資家も存在する．ここでの分析結果は，高いボラティリティリスクプレミアムが要求されても日本のオプション市場では需要がみられるという観点から，日本の投資家は米国の投資家に比べて，保守的であることも，もう 1 つの理由として考えられる．

(2) ATM 平均ヘッジリターンのボラティリティ感応度

日米のオプション市場に関して，マネーネスを ATM 付近のバケット $y-1 \in [-2.5\%, 0\%]$, $[0\%, 2.5\%]$ に固定したうえで，ボラティリティに関するバケットに応じて平均ヘッジリターンがどのようになるかを図 8.7 に示した．図 8.7 は，縦軸に平均ヘッジリターン（株価の大きさによる影響を考慮した）$E_t[\pi_{t,t+\tau}/S_t]$ を，横軸にヒストリカルボラティリティのバケットを取り，ヒストリカルボラティリティ別の平均ヘッジリターンをグラフ化したものである．日本に関しては，

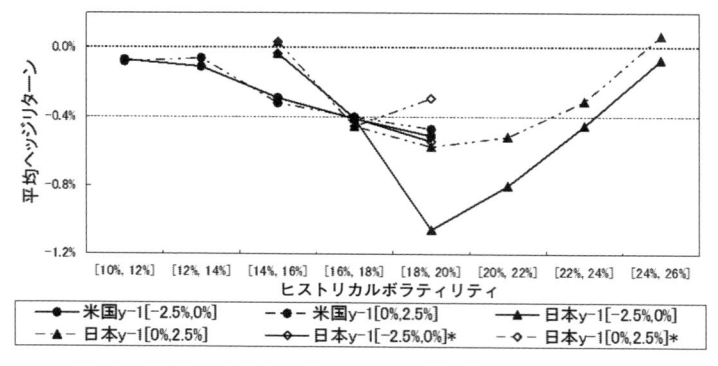

190   8. 確率ボラティリティモデルに関連するオプション評価モデルの計量分析

図 8.7 日米ヒストリカルボラティリティ別平均ヘッジゲインの比較

実証分析の期間におけるボラティリティが米国よりも高かったため，18%以上を1つにまとめてバケッティングするケース（◇印で表示）に加えて，ボラティリティが20%以上のバケッティングを，[20%, 22%]，[22%, 24%]，[24%, 26%] のように分割した場合も示した．

平均ヘッジリターン $E_t[\pi_{t,t+\tau}/S_t]$ が0から乖離することは，ボラティリティリスクプレミアムの存在を示している．ボラティリティリスクプレミアムが0の場合，図8.7においては，平均ヘッジリターンを表す線は，0%を水準とする水平の直線を示すことになる．

図8.7をみると，ボラティリティのバケットに依存して，平均ヘッジリターンの大きさはまちまちであり，ボラティリティリスクプレミアムが0でないことがみて取れる．また，ごくわずかなボラティリティのバケットにおいて平均ヘッジリターンが0付近となるものの大半のバケッテイングにおいて負の値となっている．この分析結果は，式 (8.16) においてベガ $\partial C_t/\partial \sigma_t$ が正の値を取ることから判断すると，ボラティリティリスクプレミアムが負であると判断できる．

日米のオプション市場における主な相違点として，以下の2点があげられる．

1) ボラティリティが18%以上を1つにまとめてバケッティングするケースに関して検証する．米国オプション市場では，インザマネー，アウトオブザマネーを問わずボラティリティが高いバケットになるに従って $E_t[\pi_{t,t+\tau}/S_t]$ の絶対値が増加するのに対し，日本のオプション市場では，

アウトオブザマネーに関しては米国の場合と同様の傾向がみられたが，インザマネーに関しては，ボラティリティが18%以上のバケットにおいて $E_t[\pi_{t,t+\tau}/S_t]$ の絶対値は縮小に転じた．

2) 米国オプション市場では，マネーネスがATM付近であるときにわずかにOTMであるかITMであるか（それぞれ，$y-1$ が $[-2.5\%, 0\%]$，$y-1$ が $[0\%, 2.5\%]$）に応じて平均ヘッジリターンが大きく異なることはないが，日本のオプション市場においてはわずかなATM付近のマネーネスの違いによって平均ヘッジリターンは大きな影響を受けるといった大きな相違があり，ボラティリティ別の感応度でもマネーネスの影響が確認された．

(3) ヘッジゲインのベガ感応度とボラティリティリスクプレミアムの符号判別

表8.6の上段には日経225オプション市場の分析結果を，下段にはS&P500オプション市場の分析結果（Bakshi and Kapadia, 2003）を並べて掲載した．表の縦はヒストリカルボラティリティ VOL_t^h に関するバケッティングを，横には残存期間 τ のバケッティングを取り，回帰式 (8.21) の回帰係数 $\Psi0$，$\Psi1$ とその t 値（[ ] 内の数値）を示した．

表8.6において $\Psi1$ の符号はいずれも負であり，また，その t 値は有意な値を取っており帰無仮説「$\Psi1 = 0$」は棄却され，$\Psi1$ の符号は負であると判断できるので，ボラティリティリスクプレミアムは負であることが確認される．

残存期間のバケット別に，日経225オプション市場とS&P500オプション市場の特徴を比較する．まず，S&P500オプション市場において，残存期間のバケットが30日の場合と44日の場合を比較すると，残存期間が長い44日のバケットの方が30日のバケットよりも回帰係数 $\Psi1$ の絶対値が大きくなる傾向がみられる．これは，ボラティリティリスクプレミアムは安定的であり，残存期間 τ の大小が回帰係数 $\Psi1$ に現れた結果と考えられる．一方，日経225オプション市場に関する分析結果では，逆に残存期間が短いバケットの方が回帰係数 $\Psi1$ の絶対値が大きくなる傾向がみられた．このことから，日本のオプション市場では，残存期間が短いバケットほど，ボラティリティリスクプレミアム自体が潜在的に高くなることがわかった．

表 8.6 日経 225 市場, S&P500 の VEGA 回帰結果

日経 225					
		28–32 日オプション		43–47 日オプション	
VOL_t^h		$\Psi 0$	$\Psi 1$	$\Psi 0$	$\Psi 1$
[12%, 16%]	係数	0.119	−0.07	0.118	−0.04
	t 値	[2.58] **	[−0.79]	[1.81] *	[−0.36]
[16%, 20%]	係数	0.231	−0.86	0.197	−0.77
	t 値	[2.69] ***	[−6.97] ***	[1.79] *	[−5.23] ***
[20%, 24%]	係数	0.300	−0.76	0.129	−0.68
	t 値	[3.30] ***	[−6.45] ***	[0.78]	[−3.36] ***
[24%, 28%]	係数	0.300	−0.31	0.020	−0.19
	t 値	[2.25] **	[−1.85] *	[0.08]	[−0.62]

S&P500					
		30 日オプション		44 日オプション	
VOL_t^h		$\Psi 0$	$\Psi 1$	$\Psi 0$	$\Psi 1$
[8%, 10%]	係数	0.046	−0.18	0.195	−0.36
	t 値	[1.22]	[−4.15] ***	[2.38] **	[−10.57] ***
[10%, 12%]	係数	0.018	−0.06	0.07	−0.14
	t 値	[0.26]	[−1.02]	[0.75]	[−2.05] **
[12%, 14%]	係数	0.029	−0.19	0.062	−0.41
	t 値	[0.53]	[−3.94] ***	[0.81]	[−8.35] ***
[14%, 16%]	係数	0.129	−0.53	0.025	−0.29
	t 値	[1.61]	[−10.83] ***	[0.13]	[−1.38]
[16%, 18%]	係数	0.029	−0.67	0.283	−0.66
	t 値	[0.47]	[−8.69] ***	[1.95]	[−5.90] ***
[18%, −]	係数	−0.052	−0.47	0.421	−0.86
	t 値	[−0.17]	[−1.69] *	[1.96]	[−4.15] ***

（注）*は 10%棄却，**は 5%棄却，***は 1%棄却を示す．

　ボラティリティのバケットに関して比較をすると，S&P500 オプション市場ではボラティリティが大きくなると回帰係数 $\Psi 1$ の絶対値も大きくなる傾向が，残存期間 30 日，44 日のいずれのバケットにおいてもみられ，ボラティリティが大きくなると $E_t[\pi_{t,t+\tau}/S_t]$ の要素であるベガ $\partial C_t/\partial \sigma_t$ とボラティリティリスクプレミアムの絶対値の双方が大きくなることがわかった．それに対して，日経 225 オプション市場ではボラティリティのバケットが [16%, 20%] において回帰係数 $\Psi 1$ の絶対値が大きく，それよりもボラティリティのバケットが高くなると逆に回帰係数 $\Psi 1$ は小さくなる傾向がみられた．ボラティリティが大きくなると $E_t[\pi_{t,t+\tau}/S_t]$ の要素の 1 つであるベガ $\partial C_t/\partial \sigma_t$ は大きくなるので，ボラティリティリスクプレミアムの絶対値がボラティリティのバケット [16%, 20%]

を境に反転して小さくなることが確認できた．図 8.7 では，ベガ $\partial C_t/\partial \sigma_t$ の上昇率とボラティリティリスクプレミアムの下落率とのトレードオフにおける大小関係が，ボラティリティのバケット $[16\%, 20\%]$ の前後でスイッチしていると考えられる．これらの日米オプション市場における分析結果は，米国のボラティリティリスクプレミアムはボラティリティの 1 次関数として表現可能であるが，日本のボラティリティリスクプレミアムはボラティリティの 2 次関数として表現する必要性を示唆している．

(4) ATM 平均ヘッジゲインを用いたボラティリティリスクプレミアムの符号判別

ここでは，日本のオプション市場に関して，ボラティリティリスクプレミアムがボラティリティの 2 次関数に従うと仮定した重回帰モデルにおける回帰係数の符号について検討する．表 8.7 には，縦に残存期間に関するバケットを取り，各バケットに属するヘッジゲインを対象にして式 (8.23) で与えられる重回帰モデルに基づく分析結果を掲載した．分析結果としては，回帰係数 Z0，Z1，Z2，Z3 の値とその t 値（[ ] 内の数値），回帰モデルの適合度を表す重相関 R^2 を取り上げた．

表 8.7 から，回帰係数 Z0，Z1，Z2，の t 値は 10% 有意であることがわかる．よって，日経 225 オプション市場におけるボラティリティリスクプレミアムは，ボラティリティの 2 次関数に従うとものと想定することができる．また，Z1，Z2 は，それぞれ γ_1，γ_2 の符号と一致するので，γ_1 の符号は正，γ_2 の符号は負となる．つまり，y 軸にボラティリティリスクプレミアム，x 軸にボラティリティを取ると，この 2 次関数は下に凸で，軸が正であるような形状を示す．

表 8.7 日経 225 オプション市場におけるヘッジゲインをボラティリティで回帰分析した結果

残存期間		Z0	Z1	Z2	Z3	R^2
13–17 日	係数	0.041	1.190	−0.450	−0.157	
	t 値	[3.83] ***	[3.81] ***	[−3.79] ***	[−1.90] *	9.2%
28–32 日	係数	0.051	1.428	−0.545	0.147	
	t 値	[3.24] ***	[3.15] ***	[−3.17] ***	[1.82] *	10.9%
43–47 日	係数	0.042	1.168	−0.452	0.427	
	t 値	[2.43] **	[2.36] **	[−2.39] **	[5.80] ***	25.7%

（注）* は 10% 棄却，** は 5% 棄却，*** は 1% 棄却を示す．

次に，残存期間のバケット別に比較すると，一期前のヘッジリターン $\pi_{t,t+\tau}/S_t$ に関する回帰係数 Z3 は残存期間の長いバケットになるに従って増加している．ここでも，残存期間が長いオプションに関しては，過去の収益性が将来の収益性をいくらか説明することがわかる．

最後にリターンのジャンプ成分がボラティリティリスクプレミアムの説明にどの程度貢献するかについて確認しておこう．

表 8.8 に回帰式 (8.24) の回帰結果を縦に残存期間に関するバケットを取り，各回帰係数，およびそれら t 値（[ ] 内の数値），回帰モデルの適合度を表す重相関 R^2 を掲載した．

表 8.8 をみると，$SKEW_t$，$KURT_t$ の係数 $\Phi 4$，$\Phi 5$ の t 値が棄却されているものがあることにより，ジャンプがヘッジゲインに影響を少なからず与えていることがわかる．

また，残存期間のバケット別に R^2 値を比較すると，残存期間が長くなると高くなることがわかる．残存期間の短い直近のオプションに関しては，投資家がオプションを売買する際にオプション理論に基づく判断に加えてケースバイケースにおける思惑が強く反映されるため，ボラティリティリスクプレミアムに関する説明力が低いと考えられる．これに対して，残存期間の長いオプションに関しては，投資家のさまざまな思惑が打ち消し合うことが考えられ，オプションの売買に際しての判断がよりオプション評価モデルに依拠するようになり，回帰モデルの説明力が上がったのではないかと考えられる．

表 8.8　日経 225 オプション市場におけるボラティリティリスクプレミアムのジャンプによる影響

残存期間		$\Phi 0$	$\Phi 1$	$\Phi 2$	$\Phi 3$	$\Phi 4$	$\Phi 5$	R^2
13–17 日	係数	0.040	1.170	−0.443	−0.133	−0.002	0.0002	
	t 値	[3.81] ***	[3.87] ***	[−3.86] ***	[−1.58]	[−3.24] ***	[0.65]	16.1%
28–32 日	係数	0.053	1.575	−0.604	0.101	−0.003	0.0008	
	t 値	[3.83] ***	[3.92] ***	[−3.98] ***	[1.39]	[−3.50] ***	[1.93] *	31.3%
43–47 日	係数	0.052	1.380	−0.548	0.306	−0.006	−0.0001	
	t 値	[3.37] ***	[3.09] ***	[−3.23] ***	[4.50]	[−4.60] ***	[−0.27]	41.2%

（注）*は 10%棄却，**は 5%棄却，***は 1%棄却を示す．

A

付録

付録1　1次元の伊藤の公式

$X(t)$, $t \geq 0$ を1次元の伊藤過程とする．$f(t,x)$ は，偏導関数 f_t, f_x, f_{xx} が定義できて連続であるような関数とする．このとき，伊藤の公式は，

$$df(t, X(t)) = f_t(t, X(t))\, dt + f_x(t, X(t))\, dX(t) \\ + \frac{1}{2} f_{xx}(t, X(t))\, dX(t)\, dX(t) \quad (A.1.1)$$

である．

式 (2.57) の導出：

株価が従う確率過程が

$$dS_t = \mu S_t dt + \sigma S_t dW_t \quad (2.56)$$

で与えられている場合，伊藤の公式 (A.11) を適用すると，

$$\begin{aligned} df &= \frac{\partial f}{\partial t} dt + \frac{\partial f}{\partial S} dS + \frac{1}{2} \frac{\partial^2 f}{\partial S^2} \sigma^2 S^2 dt \\ &= \frac{\partial f}{\partial t} dt + \frac{\partial f}{\partial S} (\mu S dt + \sigma S dW) + \frac{1}{2} \frac{\partial^2 f}{\partial S^2} \sigma^2 S^2 dt \\ &= \left(\frac{\partial f}{\partial S} \mu S + \frac{\partial f}{\partial t} + \frac{1}{2} \frac{\partial^2 f}{\partial S^2} \sigma^2 S^2 \right) dt + \frac{\partial f}{\partial S} \sigma S dW \end{aligned} \quad (2.57)$$

が得られる．

付録2 ポアソン過程の増分 $(N(t+h) - N(t))$ の平均と分散

平均:増分の分布が式 (2.76) で与えられるので,定義式に代入して計算すればよい.

$$\begin{aligned}
E[N(t+h) - N(t)] &= \sum_{k=0}^{\infty} k P(N(t+h) - N(t) = k) \\
&= \sum_{k=0}^{\infty} k \frac{(\lambda h)^k}{k!} \exp(-\lambda h) \\
&= (\lambda h) \exp(-\lambda h) \sum_{k=0}^{\infty} \frac{(\lambda h)^{k-1}}{(k-1)!} \\
&= (\lambda h) \exp(-\lambda h) \exp(\lambda h) \\
&= \lambda h
\end{aligned}$$

分散:$Var[N(t+h) - N(t)] = E[(N(t+h) - N(t))^2] - E[(N(t+h) - N(t))]^2$ を利用する.右辺の第2項は,$(\lambda h)^2$ であるから,以下では,右辺の第1項を求める.

$$\begin{aligned}
E\left[(N(t+h) - N(t))^2\right] &= \sum_{k=0}^{\infty} k^2 P(N(t+h) - N(t) = k) \\
&= \sum_{k=0}^{\infty} k^2 \frac{(\lambda h)^k}{k!} \exp(-\lambda h) \\
&= \exp(-\lambda h) \sum_{k=1}^{\infty} (k - 1 + 1) \frac{(\lambda h)^k}{(k-1)!} \\
&= \exp(-\lambda h) \sum_{k=2}^{\infty} \frac{(\lambda h)^k}{(k-2)!} + \exp(-\lambda h) \sum_{k=1}^{\infty} \frac{(\lambda h)^k}{(k-1)!} \\
&= (\lambda h)^2 \exp(-\lambda h) \sum_{k=2}^{\infty} \frac{(\lambda h)^{k-2}}{(k-2)!} + (\lambda h) \exp(-\lambda h) \sum_{k=1}^{\infty} \frac{(\lambda h)^{k-1}}{(k-1)!} \\
&= (\lambda h)^2 \exp(-\lambda h) \exp(\lambda h) + (\lambda h) \exp(-\lambda h) \exp(\lambda h) \\
&= (\lambda h)^2 + \lambda h
\end{aligned}$$

よって,

$$\begin{aligned}
Var[N(t+h) &- N(t)] \\
&= E\left[(N(t+h) - N(t))^2\right] - E\left[(N(t+h) - N(t))\right]^2 \\
&= (\lambda h)^2 + \lambda h - (\lambda h)^2 \\
&= \lambda h
\end{aligned}$$

付録 3　式 (2.81) $M(t) = N(t) - \lambda t$ がマルチンゲールとなる理由

$(\Omega, F, \mathbf{P})$ を確率空間とする. ある正数 T に対して, $F(t)$, $0 \leq t \leq T$ を F の部分 σ アルジェブラのフィルトレーション ($F(t) \subset F$ かつ $0 \leq s < t \Rightarrow F(s) \subset F(t)$ となる列 $F(t)$) とする. $F(t)$ 適合な確率過程 $M(t)$ (各 t に対して $M(t)$ が $F(t)$ 可測), $0 \leq t \leq T$ が, すべての $0 \leq s \leq t \leq T$ に対して,

$$E[M(t)|F(s)] = M(s)$$

を満たすとき, $M(t)$ はマルチンゲールであるという.

式 (2.81) の $M(t) = N(t) - \lambda t$ に関しては, $0 \leq s < t$ において, $N(t) - N(s)$ は $F(s)$ と独立であり, 期待値 $\lambda(t-s)$ を持つので,

$$\begin{aligned}
E[M(t)|F(s)] &= E[M(t) - M(s)|F(s)] + E[M(s)|F(s)] \\
&= E[N(t) - N(s) - \lambda(t-s)|F(s)] + M(s) \\
&= E[N(t) - N(s)] - \lambda(t-s) + M(s) \\
&= M(s)
\end{aligned}$$

となり, マルチンゲールであることがわかる.

付録 4　1 次元のジャンプを含む確率過程に関する伊藤の公式

$f(t, x)$ は, 偏導関数 f_t, f_x, f_{xx} が定義できて連続であるような関数とする. $X(t)$ を 1 次元のジャンプを含む確率過程とする. このとき, 伊藤の公式は,

$$\begin{aligned}
f(t, X(t)) = {}& f(0, X(0)) + \int_0^t f_s(s, X(s)) \, ds \\
& + \int_0^t f_x(s, X(s)) \, dX^c(s) + \frac{1}{2} \int_0^t f_{xx}(s, X(s)) \, dX^c(s) \, dX^c(s) \\
& + \sum_{0 < s \leq t} [f(s, X(s)) - f(s-, X(s-))]
\end{aligned} \tag{A.4.1}$$

である. ここで, $dX^c(s)$ は, 確率過程 $dX(s)$ の連続部分を表す. また, $f(s, X(s)) - f(s-, X(s-))$ は, $X(t)$ が時刻 s で $X(s) - X(s-)$ だけジャンプした場合の $f(t, x)$ の変化量を表す.

式 (4.29) の導出：
株価が従う確率過程が

$$dS_t = (\mu - \lambda\beta) S_t dt + \sigma S_t dW_t + (Y-1) S_t dN_t \tag{4.28}$$

で与えられている場合, その連続部分を dS_t^c とすると,

$$dS_t^c = (\mu - \lambda\beta) S_t dt + \sigma S_t dW_t \tag{A.4.2}$$

であり，また，ジャンプサイズは $(Y-1)S_t$（時刻 t でジャンプが発生すると株価は S_t（公式では $X(t-)$）から YS_t（公式では $X(t)$）へジャンプする）であるから，式 (A.4.1) に適用し微分形で表示すれば，式 (4.29) を得る．

$$\begin{aligned}df &= \frac{\partial f}{\partial t}dt + f_S(t, S(t))((\mu - \lambda\beta)S_t dt + \sigma S_t dW_t) \\ &\quad + \frac{1}{2}f_{SS}(t, S(t))\sigma^2 S_t^2 dt + (f(t, YS_t) - f(t, S_t))dN_t \\ &= \left(f_t + f_S(\mu - \lambda\beta)S_t + \frac{1}{2}f_{SS}\sigma^2 S_t^2\right)dt \\ &\quad + f_S \sigma S_t dW_t + (f(t, YS_t) - f(t, S_t))dN_t\end{aligned} \tag{4.29}$$

付録 5　正規分布の再生性

$X_1, \ldots, X_n$ を互いに独立な確率変数とする．$i = 1, \ldots, n$ に対して，確率変数 X_i は，平均が μ_i で分散が σ_i^2 の正規分布 $N(\mu_i, \sigma_i^2)$ に従うとする．また，定数 $a_1, \ldots, a_n$ を用いて，新たな確率変数を $Y = \sum_{i=1}^n a_i X_i$ とすると，Y の分布は，$N\left(\sum_{i=1}^n a_i \mu_i, \sum_{i=1}^n a_i^2 \sigma_i^2\right)$ に従う．これを正規分布の再生性と呼ぶ．

式 (4.58) の導出：

ここでは，時間 $\tau := T - t$ の間に発生するジャンプの回数が n 回である場合，確率変数 $X_n := \log\frac{\delta_T}{\delta_t}$ の従う分布を求めるのであるが，正規分布に従う独立な確率変数は $n+1$ 個存在する．1 つは，連続成分 $(\mu - \frac{1}{2}\sigma^2 - \lambda\beta)(T-t) + \sigma(W_T - W_t)$ の分布であり，式 (2.20) を思い出せば，この分布は，$N((\mu - \frac{1}{2}\sigma^2 - \lambda\beta)\tau, \sigma^2\tau)$ に従う．他の n 個はいずれもジャンプ成分 y_i の分布であり，$N(\mu_y - \frac{1}{2}\sigma_y^2, \sigma_y^2)$ に従う．ジャンプの回数が n 回である場合，ジャンプ成分の分布は，正規分布の再生性を利用すると，$N(\sum_{i=1}^n(\mu_y - \frac{1}{2}\sigma_y^2), \sum_{i=1}^n \sigma_y^2) = N(n(\mu_y - \frac{1}{2}\sigma_y^2), n\sigma_y^2)$ であることがわかる．連続成分とジャンプ成分が独立であることから，再び，正規分布の再生性を用いると，$X_n := \log\frac{\delta_T}{\delta_t}$ の従う分布は，

$$\log\frac{\delta_T}{\delta_t} = N\left(\left[\mu - \frac{1}{2}\sigma^2 - \lambda\beta + \frac{n(\mu_y - \frac{1}{2}\sigma_y^2)}{\tau}\right]\tau, \left(\sigma^2 + \frac{n\sigma_y^2}{\tau}\right)\tau\right) \tag{4.58}$$

であることがわかる．

付録 6　2 次元の伊藤の公式

$f(t, x, y)$ は，偏導関数 f_t, f_x, f_y, f_{xx}, f_{xy}, f_{yx}, f_{yy} が定義できて連続であるような関数とする．$X(t)$ と $Y(t)$ を伊藤過程とする．このとき，2 次元の伊藤の公

式は,

$$df(t, X, Y) = f_t dt + f_x dX + f_y dY$$
$$+ \frac{1}{2} f_{xx} dX dX + f_{xy} dX dY + \frac{1}{2} f_{yy} dY dY \qquad (A.6.1)$$

である.

ここでは，公式の $f(t, x, y)$ として $C_t = C(S_t, Y_t, t)$ が対応し，伊藤過程 $X(t)$ と $Y(t)$ に対応して，それぞれ,

$$dS_t = \mu S_t dt + f(Y_t) S_t dW_t^1 \qquad (5.33)$$
$$dY_t = \alpha(m - Y_t) dt + \beta \rho dW_t^1 + \beta \sqrt{1 - \rho^2} dW_t^2 \qquad (5.36)$$

が対応する．よって,

$$\begin{aligned}
dC &= \frac{\partial C}{\partial t} dt + \frac{\partial C}{\partial S} dS + \frac{\partial C}{\partial Y} dY \\
&\quad + \frac{1}{2} \left(\frac{\partial^2 C}{\partial S^2} dS dS + 2 \frac{\partial^2 C}{\partial S \partial Y} dS dY + \frac{\partial^2 C}{\partial Y^2} dY dY \right) \\
&= \frac{\partial C}{\partial t} dt + \frac{\partial C}{\partial S} \mu S dt + \frac{\partial C}{\partial S} f(Y) S dW_t^1 \\
&\quad + \frac{\partial C}{\partial Y} \alpha (m - Y) dt + \frac{\partial C}{\partial Y} \beta \rho dW_t^1 + \frac{\partial C}{\partial Y} \beta \sqrt{1 - \rho^2} dW_t^2 \\
&\quad + \frac{1}{2} \left(\frac{\partial^2 C}{\partial S^2} (f(Y) S)^2 + 2 \frac{\partial^2 C}{\partial S \partial Y} f(Y) S \beta \rho \right. \\
&\quad \left. + \frac{\partial^2 C}{\partial Y^2} \beta^2 \rho^2 + \frac{\partial^2 C}{\partial Y^2} \beta^2 (1 - \rho^2) \right) dt \\
&= \left(\frac{\partial C}{\partial t} + \frac{\partial C}{\partial S} \mu S + \frac{\partial C}{\partial Y} \alpha (m - Y) + \frac{1}{2} \frac{\partial^2 C}{\partial S^2} (f(Y) S)^2 \right. \\
&\quad \left. + \frac{\partial^2 C}{\partial S \partial Y} f(Y) S \beta \rho + \frac{1}{2} \frac{\partial^2 C}{\partial Y^2} \beta^2 \rho^2 + \frac{1}{2} \frac{\partial^2 C}{\partial Y^2} \beta^2 (1 - \rho^2) \right) dt \\
&\quad + \left(\frac{\partial C}{\partial S} f(Y) S + \frac{\partial C}{\partial Y} \beta \rho \right) dW_t^1 + \frac{\partial C}{\partial Y} \beta \sqrt{1 - \rho^2} dW_t^2
\end{aligned}$$

上式の両辺を C で割れば，式 (5.37)〜(5.40) を得る.

付録7　2次元のファインマン–カックの公式

$W(t) = (W_1(t), W_2(t))$ を2次元のブラウン運動とし，その相関係数は ρ とする．このとき，2つの確率微分方程式の組を考える.

$$dX_1(u) = \beta_1(u, X_1(u), X_2(u))\,du + \gamma_{11}(u, X_1(u), X_2(u))\,dW_1(u)$$
$$+\gamma_{12}(u, X_1(u), X_2(u))\,dW_2(u) \tag{A.7.1}$$

$$dX_2(u) = \beta_2(u, X_1(u), X_2(u))\,du + \gamma_{21}(u, X_1(u), X_2(u))\,dW_1(u)$$
$$+\gamma_{22}(u, X_1(u), X_2(u))\,dW_2(u) \tag{A.7.2}$$

この確率微分方程式の組の解は，初期時刻 t における位置，$X_1(t) = x_1$, $X_2(t) = x_2$ に依存して決まる．ボレル可測関数 $h(y_1, y_2)$（派生証券のペイオフに対応）が与えられたとする．初期条件 t, x_1, x_2, $0 \leq t \leq T$ に対して，派生証券価格 $f(t, x_1, x_2)$ は，

$$f(t, x_1, x_2) = E^{t,x_1,x_2}\left[e^{-r(T-t)}h(X_1(T), X_2(T))\right] \tag{A.7.3}$$

で与えられる．ファインマン–カックの定理は，派生証券価格 $f(t, x_1, x_2)$ の満たすべき偏微分方程式が

$$f_t + \beta_1 f_{x_1} + \beta_2 f_{x_2} + \left(\frac{1}{2}\gamma_{11}^2 + \rho\gamma_{11}\gamma_{12} + \frac{1}{2}\gamma_{12}^2\right)f_{x_1 x_1}$$
$$+(\gamma_{11}\gamma_{21} + \rho\gamma_{11}\gamma_{22} + \rho\gamma_{12}\gamma_{21} + \gamma_{12}\gamma_{22})f_{x_1 x_2}$$
$$+\left(\frac{1}{2}\gamma_{21}^2 + \rho\gamma_{21}\gamma_{22} + \frac{1}{2}\gamma_{22}^2\right)f_{x_2 x_2} = rf \tag{A.7.4}$$

で与えられるというものである．もちろん，境界条件は，$f(T, x_1, x_2) = h(x_1, x_2)$ である．

(FK の証明) 式 (A.7.3) を変形すると，$e^{-rt}f(t, x_1, x_2) = E^{t,x_1,x_2}[e^{-rT}h(X_1(T), X_2(T))]$ であり，マルコフ性に関する基本定理から，$e^{-rt}f(t, X_1(t), X_2(t)) = E^{t,x_1,x_2}[e^{-rT}h(X_1(T), X_2(T))|F(t)]$ が成り立つ．また，$e^{-rt}f(t, X_1(t), X_2(t))$ がマルチンゲールであることも示される．よって，$e^{-rt}f(t, X_1(t), X_2(t))$ を微分したうえで，その期待値を取り，dt の項を 0 とすればよい．■

付録8 式 (5.93)，式 (5.94) の導出

付録7に示した2次元のファインマン–カックの公式を利用する．

付録7において，派生証券価格 $f(t, x_1, x_2)$ の満たすべき偏微分方程式

$$f_t + \beta_1 f_{x_1} + \beta_2 f_{x_2} + \left(\frac{1}{2}\gamma_{11}^2 + \rho\gamma_{11}\gamma_{12} + \frac{1}{2}\gamma_{12}^2\right)f_{x_1 x_1}$$
$$+(\gamma_{11}\gamma_{21} + \rho\gamma_{11}\gamma_{22} + \rho\gamma_{12}\gamma_{21} + \gamma_{12}\gamma_{22})f_{x_1 x_2}$$
$$+\left(\frac{1}{2}\gamma_{21}^2 + \rho\gamma_{21}\gamma_{22} + \frac{1}{2}\gamma_{22}^2\right)f_{x_2 x_2} = rf \tag{A.8.1}$$

と $P_1(x, v, t)$ が満たすべき偏微分方程式

A. 付　録

$$\frac{1}{2}v\frac{\partial^2 P_1}{\partial x^2} + \rho\sigma v\frac{\partial^2 P_1}{\partial x \partial v} + \frac{1}{2}\sigma^2 v\frac{\partial^2 P_1}{\partial v^2} + \left(r + \frac{1}{2}v\right)\frac{\partial P_1}{\partial x}$$
$$+ \{\kappa\theta - (\kappa + \lambda_c - \rho\sigma)v\}\frac{\partial P_1}{\partial v} + \frac{\partial P_1}{\partial t} = 0$$

との係数比較を行う．ここで，f に P_1，x_1 に x，x_2 に v が，それぞれ対応していることに注意して係数比較を行うと，

$$\beta_1 = r + \frac{1}{2}v \tag{A.8.2}$$

$$\beta_2 = \kappa\theta - (\kappa + \lambda_c - \rho\sigma)v \tag{A.8.3}$$

$$\frac{1}{2}\gamma_{11}^2 + \rho\gamma_{11}\gamma_{12} + \frac{1}{2}\gamma_{12}^2 = \frac{1}{2}v \tag{A.8.4}$$

$$\gamma_{11}\gamma_{21} + \rho\gamma_{11}\gamma_{22} + \rho\gamma_{12}\gamma_{21} + \gamma_{12}\gamma_{22} = \rho\sigma v \tag{A.8.5}$$

$$\frac{1}{2}\gamma_{21}^2 + \rho\gamma_{21}\gamma_{22} + \frac{1}{2}\gamma_{22}^2 = \frac{1}{2}\sigma^2 v \tag{A.8.6}$$

を得る．

式 (A.8.4)〜(A.8.6) より，

$$\gamma_{11} = \sqrt{v},\ \gamma_{22} = \sigma\sqrt{v},\ \gamma_{12} = 0,\ \gamma_{21} = 0 \tag{A.8.7}$$

であることがわかる．

2次元のファインマン–カックの公式における確率微分方程式 (A.7.1)，(A.7.2) のドリフト項と拡散項に，式 (A.8.2)，(A.8.3)，(A.8.7) を代入すると，式 (5.93)，(5.94) を得る．

文　献

1) 伊藤　翔, 宮崎浩一：ジャンプ拡散過程におけるデルタヘッジの要諦, オペレーションズ・リサーチ, **53**(2008)102–110.
2) 内田康嗣, 宮崎浩一：日経 225 オプション市場のボラティリティ・リスク・プレミアム, 現代ファイナンス（MTP フォーラム, 日本ファイナンス学会）, **23** (2008) 35–59.
3) 加藤　明, 宮崎浩一：日本株式市場局面とインプライドボラティリティの性質, 数理解析研究所諸究録 1548(2007) 210–217.
4) 木島正明 (1994)：『ファイナンス工学 I，II』日科技連出版社.
5) 佐々木豊史, 宮崎浩一, 野村哲史：Edgeworth 展開に基づくオプション評価－原資産収益率が Merton の Jump-Diffusion モデルに従う場合－, 応用統計学, **35**, 2 (2006) 113–128.
6) 野村哲史, 宮崎浩一：日経 225 オプションの織り込む株価過程の連続成分とジャンプ成分, 現代ファイナンス, **18**(2005) 47–67.
7) 野村哲史, 宮崎浩一：インプライド正規・NIG 分布に基づくファーアウト・オブ・ザ・マネー・オプションの評価, ジャフィー・ジャーナル (2006) 3–31.
8) 樋野雅浩, 宮崎浩一：確率ボラティリティモデルを用いたラティス構築に関する研究, 第 15 回. 社会情報システム学シンポジウム学術講演論文集 (2009) 113–118.
9) 藤田岳彦 (2008)：『ランダムウオークと確率解析』日本評論社.
10) J.-P. ブショー, M. ポッター, 森平爽一郎監修, 森谷博之, 熊谷善彰訳 (2003)：『金融リスクの理論──経済物理からのアプローチ─』（ファイナンス・ライブラリー 6），朝倉書店.
11) 宮崎浩一 (2005)：『証券分析への招待』サイエンティスト社.
12) 宮崎浩一, 中尾　司："正規分布と NIG 分布", "日次と週次", 日本株式市場におけるリスク管理とオプション評価, ジャフィー・ジャーナル（日本金融・証券計量・工学学会）(2003) 149–183.
13) 宮崎浩一：Box–Cox 変換とオプション評価, 応用統計学, **34**, 2 (2005) 75–97.
14) 宮原孝夫 (2003)：『株価モデルとレヴィ過程』（シリーズ〈金融工学の基礎〉1）朝倉書店.
15) 森村英典, 木島正明 (1991)：『ファイナンスのための確率過程』日科技連出版社.
16) 矢萩一樹, 宮崎浩一：デルタヘッジによる収益の不確実性に関する検証モデル, 情報処理学会論文誌数理モデル化と応用, **46**, SIG10(TOM12)(2005) 158–171.
17) 山下　司 (2001)：『オプションプライシングの数理』きんざい.
18) Y. Aït-Sahalia: Telling from discrete data whether the under lying continuous-time model is a diffusion. *Journal of Finance*, **57** (2002) 2075–2112.
19) C. Albanese and A. Kuznetsov: Unifying volatility models. *Risk,* March (2004) 94–98.
20) K. I. Amin: Jump diffusin option valuation in discrete time. *Journal of Finance*, **48** (1993) 1833–1863.
21) L. Andersen and J. Andreasen: Jumping smiles. *Risk,* November (1999) 65–68.

22) K. J. Arrow: The role of securities in the optimal allocation of risk-bearing. *Review of Economic Studies*, **31** (1964) 91–96.
23) G. Bakshi and N. Kapadia: Delta-hedged gains and the negative market volatility risk premium. *Review of Financial Studies*, **16** (2003) 527–566.
24) G. Bakshi, N. Kapadia and D. Madan: Stock return characteristics, skew laws, and the diefferential pricing of individual equity options. *Review of Financial Studies*, **16**, 1 (2003a) 101–143.
25) O. E. Barndorff-Nielsen: Exponentially decreasing distributions for the logarithm of particle size. *Proceedings of the Royal Society London*, **A353** (1977) 401–419.
26) O. E. Barndorff-Nielsen: Processes of normal inverse Gaussian type. *Finance & Stochastics*, **2** (1998) 41–68.
27) D. S. Bates: Jumps and stochastic volatility: Exchange rate processes implicit in deutsche mark options. *Review of Financial Studies*, **9** (1996) 69-107.
28) D. Bertsimas, L.Kogan and A. Lo: When is time continuous. *Journal of Financial Economics*, **55**, 2 (2000), 173–204.
29) F. Black and M. Scholes: The pricing of options and corporate liabilities. *Journal of Political Economy*, **81** (1973) 637–654.
30) D. T. Breeden and R. H. Litzenberger: Prices of state-contingent claims implicit in option prices. *Journal of Business*, **51** (1978) 621–651.
31) D. Brigo and F. Mercurio: A mixed-up smile.*Risk*, September (2000) 123–126.
32) M. Britten-Jones and A. Neuberger: Option prices, implied price processes, and stochastic volatility. *Journal of Finance*, **55** (2000) 839–866.
33) G. Brown and C. Randall: If the skew fits. *Risk*, April (1999) 62–65.
34) P. W. Buchen and M. Kelly: The maximum entropy distribution of an asset inferred from option prices. *Journal of Financial and Quantitative Analysis*, **31** (1996) 143–159.
35) P. Carr and D. B. Madan: Option valuation using the fast Fourier transform. *Journal of Computational Finance*, **2** (1999) 61–73.
36) P. Carr and L. Wu: What type of process underlies options? A simple robust test. *Journal of Finance*, **58** (2003a) 2581–2610.
37) P. Carr and L. Wu: Finite moment log stable process and option pricing. *Journal of Finance*, **58** (2003b) 753–777.
38) P. Carr and L. Wu: Time-changed Lévy process and option pricing. *Journal of Financial Economics*, **71** (2004) 113–141.
39) J. Cox, S. Ross and M. Rubinstein: Option pricing: A simplified approach. *Journal of Financial Economics*, **7** (1979) 229–264.
40) G. Debreu: *Theory of Value*. John Wiley & Sons (1959).
41) E. Derman: Regimes of volatility. *Risk*, April (1999) 55–59.
42) E. Derman and I. Kani: Riding on a smile. *Risk*, February (1994) 32–39.
43) E. Derman and J. Zou: A fair value for the skew. *Risk*, January (2001) 111–113.
44) J-C. Duan: Cracking the smile. *Risk*, December (1996) 55–59.
45) B. Dumas, J. Fleming and R. Whaley: Implied volatility functions: Empirical

46) B. Dupire: Pricing with a smile. *Risk*, January (1994) 18–20.
47) E. Eberlein and U. Keller: Hyperbolic distributions in finance. *Bernoulli* (1995) 281–299.
48) D. Edelman: Local cross-entropy. *Risk*, July (2004) 73–76.
49) R. Engle and V. Ng: Measuring and testing the impact of news on volatility. *Journal of Finance*, **48** (1993) 1749–1778.
50) S. Figlewski: Options arbitrage in imperfect markets. *Journal of Finance*, **44**, 5 (1989) 1289–1311.
51) J-P. Fouque, G. Papanicolaou and R. Sircar: Calibrating random volatility. *Risk*, February (2000) 89–92.
52) J-P. Fouque, G. Papanicolaou and R. Sircar: *Derivatives in Financial Markets with Stochastic Volatility*. Cambridge University Press (2000).
53) H. U. Gerber and E. S. W. Shiu: Option pricing by Essher-transforms. *Transactions of the Society of Actuaries*, **46** (1994) 99–191.
54) L. Hentschel: Errors in implied volatility estimation. *Journal of Financial and Quantitative Analysis*, **38** (2003) 779–810.
55) S. L. Heston: A Closed-form solution for options with stochastic volatility with applications to bond and currency options. *Review of Financial and Studies*, **6** (1993) 327–343.
56) S. L. Heston and S. Nandi: Aclosed-form GARCH option valuation model.*Review of Financial and Studies*, **13** (2000) 585–625.
57) H. Hoshika and K. Miyazaki: Which deterministic volatility model fits market price exactly? Evidence from NIKKEI225 option market. *Journal of Japan Industrial Management Association*, **59**, 2 (2008) 451–458.
58) J-Z Huang and L. Wu: Specification analysis of option pricing models based on time-changed Lévy processes. *Journal of Finance*, **59** (2004) 1405–1439.
59) J. Hull and W. Suo: A methodology for assessing model risk and its application to the implied volatility function model. *Journal of Financial and Quantitative Analysis*, **37** (2002) 297–318.
60) J. Hull and A. White: The pricing of options on assets with stochastic volatilities. *Journal of Finance*, **42** (1987) 281–300.
61) J. C. Jackwerth and M. Rubinstein: Recovering probability distributions from option prices. *Journal of Finance*, **51** (1996) 1611–1631.
62) J. Jacod and A. N. Shiryaev: *Limit Theorems for Stochastic Processes*. Springer-Verlag (1987).
63) R. A. Jarrow and E. Rosenfeld: Jump risks and the intertemporal capital asset pricing model. *Journal of Business*, **57** (1984) 337–352.
64) G. J. Jiang and Y. S. Tian: The model-free implied volatility and its information content. *Review of Financial and Studies*, **18** (2005) 1305–1342.
65) E. P. Jones: Option arbitrage and strategy with large price changes. *Journal of Financial Economics*, **13** (1984) 91–113.

66) P. Jorion: On jump processes in the foreign exchange and stock markets. *Review of Financial Studies*, **1** (1988) 427–445.
67) N. Kahale: An arbitrage-free interpolation of volatilities. *Risk*, May (2004) 102–106.
68) M. Kamal and E. Derman: Correcting Black-Scholes. *Risk*, January (1999) 82–85.
69) S. G. Kou: A jump-diffusion model for option pricing. *Management Science*, **48**, 8 (2002) 1086–1101.
70) P. Lee, W. Limin and A. Karim: Index volatility surface via moment-match in techniques. *Risk*, December (2003) 85–89
71) Li, Y. : A new algorithm for constructing implied binomial trees: Does the implied model fit any volatilitys mile? *Jounal of Computational Finance*, **4**, 2 (2000/2001) 68–95.
72) D. B. Madan, P. Carr and E. Chang: The variance gamma process and option pricing. *European Financial Review*, **2** (1998) 79–105.
73) R. C. Merton: Option pricing when underlying stock returns are discontinuous. *Journal of Financial Economics*, **3** (1976) 125–144.
74) G. Milstein: *Numerical Integration of Stochastic Differential Equations*. Kluwer Academic Publishers (1995).
75) K. Miyazaki: Dual analysis on hedging VaR of bond portfolio using options. *Journal of Operations Research Society of Japan*, **46**, 4 (2003) 448–466.
76) K. Miyazaki: Choosing between bonds and equities under long-term risk constraints, *I.I.E. Transactions*, **37**, 10 (2005) 907–917.
77) K. Miyazaki: An invitation to market-based option pricing and its applications, *Journal of Operations Research Society of Japan*, **50**, 4 (2007) 488–514.
78) V. Naik and M. Lee: General equilibrium pricing of options on the market portfolio with discontinuous returns. *Review of Financial Studies*, **3** (1990) 493–521.
79) V. Piterbarg: Time to smile. *Risk,* May (2005) 71–75.
80) P. Protter: *Stochastic Integration and Differential Equations*. Springer Application of Mathematics (1992).
81) M. Rubinstein: Implied binomial trees. *Journal of Finance*, **49** (1994) 771–818.
82) L. Scott: Option pricing when the variance changes randomly: Theory, estimation and an application. *Journal of Financial and Quantitative Analysis*, **22** (1996) 419–438.
83) S. E. Shreve: *Stochastic Calculus for Finance II Continuous-Time Models*. Springer Finance Text book (2004).
84) E. Stein and J. Stein: Stock price distributions with stochastic volatility: An analytic approach. *Review of Financial Studies*, **4** (1991) 727-752.
85) S. R. S. Varadhan: On the behavior of the fundamental solution of the heat equation with variable coefficient. *Communications in Pure and Applied Mathematics*, **20** (1967) 431–455.
86) J. B. Wiggins: Option values under stochastic volatility; Theory and empirical estimates. *Journal of Financial Economics*, **19** (1987) 351–372.

索　引

ア　行

アメリカン　71
アロー–デブリュー価格　40, 53

一般化ウィナー過程　19
一般化放物型分布　121
一般均衡　77
伊藤の公式　195, 197, 198
インプライドNIG分布　126
インプライド確率　92, 95
インプライド確率過程　46
インプライド確率分布　119, 121, 124
インプライド正規分布　126
インプライドツリー　44, 49, 53, 59, 62, 170
インプライドリスク中立確率　40
インプライドリスク中立確率密度関数　44
インプライドリスク中立株価　58, 61
インプライドリスク中立推移確率　58

エキゾチックオプション　129, 178
エッジワース展開　138, 139
NIG分布　119, 122
n期間モデル　26
エンピリカル確率　24, 75
エンピリカル確率測度　70
エンピリカル測度　105

オプション近似評価式　141
OU過程　37, 38

カ　行

拡散成分　165
拡散方程式　19, 63
確率的割引ファクター　78
確率ボラティリティモデル　37, 89
完備モデル　23

幾何ブラウン運動　17, 20
期待効用　82
CAPM　81
キャリブレーション　94, 96, 100, 167
強度　149
局所推移　66, 69, 73, 74
局所ボラティリティ　50, 62, 129
ギルザノフの定理　30, 105
均衡モデル　78, 82, 88

コイン投げ　10
高次キュムラント　138, 143, 145, 147
高速フーリエ変換（FFT）　112, 142
効用　69
コールオプションの評価式　151
コルモゴロフの前向き方程式　64
根源的請求権　40
混合対数正規モデル　171

サ　行

再帰式　100
再結合　24, 46, 61, 100
サンプルパス　148

CIR過程　37
時間的価値　162
自己充足的　102
市場ポートフォリオ　76
指数分布　148
システマティックリスク　76
資本資産評価モデル　76
シャープレシオ　104
ジャンプ　74
ジャンプ拡散過程　148
ジャンプ拡散モデル　32, 35, 66
ジャンプサイズ　35, 74, 75
ジャンプ成分　158, 165
ジャンプ幅　149, 156
ジャンプリスクプレミアム　36, 76
収束速度　161
条件付インプライド推移確率　93
条件付推移確率　94

推移確率分布　17
推移確率密度　17, 63
スマイル　1
スマイル曲線　55
スマイル曲面　32

斉時的　15
斉時マルコフ連鎖　16
生成作用素　104
積率母関数　106
尖度　126, 186

タ　行

対称ランダムウォーク　10
対数株価　108
対数正規分布　81
対数正規リターン　73
対数リターン　27
ダイナミックヘッジ　23
多期間　25
term decay plots　163, 165

中心極限定理　138, 142, 143, 145

壺モデル　38, 94

デタミニスティックボラティリティモデル
　　32, 40, 128
デタミニスティックモデル　31
デルタ　32, 50
デルタ値　52
デルタヘッジ　66, 79, 102, 148
デルタヘッジ誤差　148, 149, 151
デルタヘッジ戦略　180
デルタヘッジ法　21, 28

動的計画法　70
特性関数　106, 108, 112, 118

ナ　行

二期間モデル　25
二項過程　46
二項分布　12, 13
二項モデル　10, 13

ノード確率　100

ハ　行

バリアオプション　135

非完備性　66
非完備モデル　23, 36, 37, 68
非システマティックリスク　81
ヒストリカル確率分布　121
非対称ランダムウォーク　10
標準ブラウン運動　18

ファーアウトオブザマネーオプション　119
ファインマン–カックの公式　114, 199
フォワード価格　54, 61
複合ジャンプ過程　66
複合二項ツリー　96, 173

複合ポアソン過程　32, 34
複製ポートフォリオ　23, 67, 68
符号判別　191, 193
プライシングカーネル　78
ブラウン運動　17
ブラック–ショールズ–マートンの偏微分方
　　　程式　29
フーリエ逆変換　107, 108, 118
フーリエ変換　106, 108

平均回帰過程　97
平均回帰的　37
ベガ感応度　184, 191
Heston モデル　112
ベータ　76
ベルヌイ試行　10

ポアソン過程
　――の強度　33
　――の増分　196
ポアソン過程　32
放物型分布　121
ボラティリティ感応度　184, 189
ボラティリティの関数形　37
ボラティリティリスクの市場価格　103, 104
ボラティリティリスクプレミアム　179,
　　　180, 182, 183, 186

マ 行

マネーネス感応度　184, 187
マルコフ性　14
マルコフ連鎖　14, 97
マルチンゲール　35, 93, 160, 197

(μ, σ^2) ブラウン運動　19

無裁定条件　21, 77, 92, 180

無リスク金利　29
無リスクポートフォリオ　29, 101, 102, 114

モデルリスク　135

ヤ 行

ヨーロピアン　71
ヨーロピアンオプションの評価式　78
ヨーロピアンコールオプションの価格　87
ヨーロピアンコールオプションの価格式
　　　81
ヨーロピアンコールオプションの評価式
　　　31

ラ 行

ラドン–ニコディム微分　78
ランダムウォーク　10

Li アルゴリズム　132
離散近似法　26
離散フーリエ変換　109, 110, 113, 118, 164
リスク回避係数　87
リスク中立エッシャー変換　123
リスク中立確率　23, 67
リスク中立確率分布　121
リスク中立測度　105
リスク中立評価法　23, 101
リスクプレミアム　88
流動性　121

連続性　91
連続成分　158

ワ 行

歪度　176, 178, 186

略号一覧

ATM	:at the money
BN	:Britten–Jones–Neuberger
BS	:Black-Scholes
BSMPDE	:Black–Scholes–Merton partial differential equation
CAPM	:capital asset pricing model
CIR	:Cox–Ingersoll–Ross
CRR	:Cox–Ross–Rubinstein
DV	:deterministic volatility
DVM	:deterministic volatility model
FFT	:fast Fourier transformation
FMLS	:finite moment log stable
FOTM	:far out of the money
ITM	:in the money
IV	:implied volatility
MJD	:Merton jump-diffusion
NIG	:normal inverse gaussian
S&P	:Standard & Poor's
SV	:stochastic volatility
OTM	:out of the money
OU	:Ornstein–Uhlenbeck
VG	:variance gamma

著者略歴

宮﨑 浩一（みやざき こういち）

1967 年　京都府に生まれる
1990 年　早稲田大学理工学部数学科卒業
2000 年　筑波大学大学院経営・政策科学研究科博士課程修了
　　　　 ゴールドマン・サックス証券会社債券リサーチ部長などを経て
現　在　 電気通信大学電気通信学部システム工学科准教授
　　　　 博士（経営学）

主　著　『証券分析への招待』
　　　　（サイエンティスト社，2005）

応用ファイナンス講座 5
オプション市場分析への招待　　　　定価はカバーに表示

2009 年 4 月 20 日　初版第 1 刷

著　者　宮　﨑　浩　一
発行者　朝　倉　邦　造
発行所　株式会社　朝　倉　書　店
　　　　東京都新宿区新小川町 6-29
　　　　郵便番号　162-8707
　　　　電　話　03(3260)0141
　　　　Ｆ Ａ Ｘ　03(3260)0180
　　　　http://www.asakura.co.jp

〈検印省略〉

Ⓒ 2009〈無断複写・転載を禁ず〉　　中央印刷・渡辺製本

ISBN 978-4-254-29590-0　C 3350　　Printed in Japan

G.S.マタラ・C.R.ラオ編
慶大 小暮厚之・早大 森平爽一郎監訳

ファイナンス統計学ハンドブック

29002-8 C3050　　A5判 740頁 本体26000円

ファイナンスに用いられる統計的・確率的手法を国際的に著名な研究者らが解説した，研究者・実務者にとって最高のリファレンスブック。〔内容〕アセットプライシング／金利の期間構造／ボラティリティ／予測／選択可能な確率モデル／特別な統計手法の応用（ブートストラップ，主成分と因子分析，変量誤差問題，人工ニューラルネットワーク，制限従属変数モデル）／種々の他の問題（オプション価格モデルの検定，ペソ問題，市場マイクロストラクチャー，ポートフォリオ収益率）

首都大 木島正明・京大 岩城秀樹著
シリーズ〈現代金融工学〉1

経済と金融工学の基礎数学

27501-8 C3350　　A5判 224頁 本体3500円

解法のポイントや定理の内容を確認するための例を随所に配した好著。〔内容〕集合と論理／写像と関数／ベクトル／行列／逆行列と行列式／固有値と固有ベクトル／数列と級数／関数と極限／微分法／偏微分と全微分／積分法／確率／最適化問題

首都大 木島正明著
シリーズ〈現代金融工学〉3

期間構造モデルと金利デリバティブ

27503-2 C3350　　A5判 192頁 本体3600円

実務で使える内容を心掛け，数学的厳密さと共に全体を通して概念をわかりやすく解説。〔内容〕準備／デリバティブの価格付け理論／スポットレートのモデル化／割引債価格／債券オプション／先物と先物オプション／金利スワップとキャップ

一橋大 渡部敏明著
シリーズ〈現代金融工学〉4

ボラティリティ変動モデル

27504-9 C3350　　A5判 160頁 本体3600円

金融実務において最重要な概念であるボラティリティの役割と，市場データから実際にボラティリティを推定・予測する方法に焦点を当て，実務家向けに解説〔内容〕時系列分析の基礎／ARCH型モデル／確率的ボラティリティ変動モデル

明大 乾 孝治・首都大 室町幸雄著
シリーズ〈現代金融工学〉5

金融モデルにおける推定と最適化

27505-6 C3350　　A5判 200頁 本体3600円

数理モデルの実践を，パラメータ推定法の最適化手法の観点より解説〔内容〕金融データの特徴／理論的背景／最適化法の基礎／株式投資のためのモデル推定／GMMによる金利モデルの推定／金利期間構造の推定／デフォルト率の期間構造の推定

法大 湯前祥二・北大 鈴木輝好著
シリーズ〈現代金融工学〉6

モンテカルロ法の金融工学への応用

27506-3 C3350　　A5判 208頁 本体3600円

金融資産の評価やヘッジ比率の解析，乱数精度の応用手法を詳解〔内容〕序論／極限定理／一様分布／一様乱数／一般の分布に従う乱数／分散減少法／リスクパラメータの算出／アメリカン・オプションの評価／準モンテカルロ法／Javaでの実装

統数研 山下智志著
シリーズ〈現代金融工学〉7

市場リスクの計量化とVaR

27507-0 C3350　　A5判 176頁 本体3600円

市場データから計測するVaRの実際を詳述。〔内容〕リスク計測の背景／リスク計測の意味とVaRの定義／リスク計測モデルの意味／リスク計測モデルのテクニック／金利リスクとオプションリスクの計量化／モデルの評価の規準と方法

首都大 木島正明・早大 小守林克哉著
シリーズ〈現代金融工学〉8

信用リスク評価の数理モデル

27508-7 C3350　　A5判 168頁 本体3600円

デフォルト（倒産）発生のモデルや統計分析の手法を解説した信用リスク分析の入門書。〔内容〕デフォルトと信用リスク／デフォルト発生のモデル化／判別分析／一般線形モデル／確率選択モデル／ハザードモデル／市場性資産の信用リスク評価

首都大 朝野熙彦・首都大 木島正明編
シリーズ〈現代金融工学〉9

金融マーケティング

27509-4 C3350　　A5判 240頁 本体3800円

顧客が金融機関に何を求めるかの世界を分析〔内容〕マーケティング理論入門／金融商品の特徴／金融機関のためのマーケティングモデル／金融機関のためのマーケティングリサーチ／大規模データの分析手法／金融DBマーケティング／諸事例

R.A.ジャロウ・V.マクシモビッチ・
W.T.ジエンバ編
中大 今野　浩・岩手県大 古川浩一監訳

ファイナンスハンドブック

12124-7　C3041　　　A 5 判　1152頁　本体29000円

〔内容〕ポートフォリオ／証券市場／資本成長理論／裁定取引／資産評価／先物価格／金利オプション／金利債券価格設定／株式指数裁定取引／担保証券／マイクロストラクチャ／財務意思決定／ヴォラティリティ／資産・負債配分／市場暴落／普通株収益／賭け市場／パフォーマンス評価／市場調査／実物オプション／最適契約／投資資金調達／財務構造と税制／配当政策／合併と買収／製品市場競争／企業財務論／新規株式公開／株式配当／金融仲介業務／米国貯蓄貸付組合危機

名市大 宮原孝夫著
シリーズ〈金融工学の基礎〉1
株価モデルとレヴィ過程
29551-1　C3350　　　A 5 判　128頁　本体2400円

非完備市場の典型的なモデルとしての幾何レヴィ過程とオプション価格モデルの解説および活用法を詳述。〔内容〕基礎理論／レヴィ過程／レヴィ過程に基づいたモデル／株価過程の推定／オプション価格理論／GLP&MEMMオプション価格モデル

南山大 田畑吉雄著
シリーズ〈金融工学の基礎〉2
リスク測度とポートフォリオ管理
29552-8　C3350　　　A 5 判　216頁　本体3800円

金融資産の投資に伴う数々のリスクを詳述〔内容〕金融リスクとリスク管理／不確実性での意思決定／様々なリスクと金融投資／VaRとリスク測度／デリバティブとリスク管理／デリバティブの価格評価／信用リスク／不完備市場とリスクヘッジ

南山大 伏見正則著
シリーズ〈金融工学の基礎〉3
確率と確率過程
29553-5　C3350　　　A 5 判　152頁　本体3000円

身近な例題を多用しながら，確率論を用いて統計現象を解明することを目的とし，厳密性より直観的理解を求める理工系学生向け教科書〔内容〕確率空間／確率変数／確率変数の特性値／母関数と特性関数／ポアソン過程／再生過程／マルコフ連鎖

早大 谷口正信著
シリーズ〈金融工学の基礎〉4
数理統計・時系列・金融工学
29554-2　C3350　　　A 5 判　224頁　本体3600円

独立標本の数理統計学から説き起こし，それに基づいた時系列の最適推測論，検定および判別解析を解説し，金融工学への橋渡しを詳解したテキスト〔内容〕確率の基礎／統計的推測／種々の統計手法／確率過程／時系列解析／統計的金融工学入門

慶大 枇々木規雄・数理システム 田辺隆人著
シリーズ〈金融工学の基礎〉5
ポートフォリオ最適化と数理計画法
29555-9　C3350　　　A 5 判　164頁　本体2800円

「実際に使える」モデルの構築に役立つ知識を散りばめた実践的テキスト。〔内容〕数理計画法アルゴリズム／実行可能領域と目的関数値／モデリング／トラブルシューティング／平均・分散モデル／実際の計算例／平均・リスクモデル／感度分析

立命大 小川重義著
シリーズ〈金融工学の基礎〉6
確率解析と伊藤過程
29556-6　C3350　　　A 5 判　192頁　本体3600円

確率論の基本，確率解析の実際，理論の実際の運用と発展的理論までを例を豊富に掲げながら平易に解説〔内容〕確率空間と確率変数／統計的独立性／ブラウン運動・マルチンゲール／確率解析／確率微分方程式／非因果的確率解析／数値解法入門

法大 浦谷　規著
シリーズ〈金融工学の基礎〉7
無裁定理論とマルチンゲール
29557-3　C3350　　　A 5 判　164頁　本体3200円

金融工学の基本的手法であるマルチンゲール・アプローチの原理を初等的レベルから解説した書。教養としての線形代数と確率論の知識のみで理解できるよう懇切丁寧に詳解する。〔内容〕1期間モデル／多期間モデル／ブラック-ショールズモデル

D.ラムベルトン・B.ラペール著
早大 森平爽一郎監修
ファイナンスへの確率解析
54005-5　C3033　　　A 5 判　228頁　本体4300円

数理ファイナンスをより深めるために最適な原書第2版の翻訳。〔内容〕離散時間モデル／最適停止問題とアメリカン・オプション／Brown運動と確率微分方程式／Black-Scholesモデル／オプションの価格付けと偏微分方程式／金利モデル／他

中大 今野　浩・明大 刈屋武昭・首都大 木島正明編
金融工学事典
29005-9　C3550　　　　A 5 判　848頁　本体22000円

中項目主義の事典として，金融工学を一つの体系の下に纏めることを目的とし，金融工学および必要となる数学，統計学，OR，金融・財務などの各分野の重要な述語に明確な定義を与えるとともに，概念を平易に解説し，指針書も目指したもの〔主な収載項目〕伊藤積分／ALM／確率微分方程式／GARCH／為替／金利モデル／最適制御理論／CAPM／スワップ／倒産確率／年金／判別分析／不動産金融工学／保険／マーケット構造モデル／マルチンゲール／乱数／リアルオプション他

横国大 浅野幸弘・
住友信託銀行 岩本純一・住友信託銀行 矢野　学著
応用ファイナンス講座 1
年金とファイナンス
29586-3　C3350　　　　A 5 判　228頁　本体3800円

公的年金の基本的知識から仕組みおよび運用までわかりやすく詳説〔内容〕わが国の年金制度／企業年金の選択／企業財務と年金資産運用／年金会計／年金財務と企業評価／積立不足と年金ALM／物価連動国債と年金ALM／公的年金運用／他

国際教養大 市川博也著
応用ファイナンス講座 2
応用経済学のための 時系列分析
29587-0　C3350　　　　A 5 判　184頁　本体3500円

時系列分析の基礎からファイナンスのための時系列分析を平易に解説．〔内容〕マクロ経済変数と時系列分析／分布ラグモデルの最適次数の決定／統計学の基礎概念と単位根テスト／定常な時系列変数と長期乗数／ボラティリティ変動モデル／他

みずほ信託銀行 菅原周一著
応用ファイナンス講座 3
資産運用の理論と実践
29588-7　C3350　　　　A 5 判　228頁　本体3500円

資産運用に関する基礎理論から実践まで，実証分析の結果を掲げながら大学生および実務家向けにわかり易く解説〔内容〕資産運用理論の誕生と発展の歴史／株式運用と基礎理論と実践への応用／債券運用の基礎と実践への応用／最適資産配分戦略

麗澤大 清水千弘・富山大 唐渡広志著
応用ファイナンス講座 4
不動産市場の計量経済分析
29589-4　C3350　　　　A 5 判　192頁　本体3900円

客観的な数量データを用いて経済理論を基にした統計分析の方法をまとめた書〔内容〕不動産市場の計量分析／ヘドニックアプローチ／推定の基本と応用／空間計量経済学の基礎／住宅価格関数の推定／住宅価格指数の推定／用途別賃料関数の推定

首都大 木島正明・首都大 田中敬一著
シリーズ〈金融工学の新潮流〉1
資産の価格付けと測度変換
29601-3　C3350　　　　A 5 判　216頁　本体3800円

金融工学において最も重要な価格付けの理論を測度変換という切口から詳細に解説〔内容〕価格付け理論の概要／正の確率変数による測度変換／正の確率過程による測度変換／測度変換の価格付けへの応用／基準財と価格付け測度／金利モデル／他

首都大 室町幸雄著
シリーズ〈金融工学の新潮流〉3
信用リスク計測とCDOの価格付け
29603-7　C3350　　　　A 5 判　224頁　本体3800円

デフォルトの関連性における原因・影響度・波及効果に関するモデルの詳細を整理し解説〔内容〕デフォルト相関のモデル化／リスク尺度とリスク寄与度／極限損失分布と新BIS規制／ハイブリッド法／信用・市場リスク総合評価モデル／他

首都大 木島正明・首都大 中岡英隆・首都大 芝田隆志著
シリーズ〈金融工学の新潮流〉4
リアルオプションと投資戦略
29604-4　C3350　　　　A 5 判　192頁　本体3600円

最新の金融理論を踏まえ，経営戦略や投資の意思決定を行えることを意図し，実務家向けにまとめた入門書．〔内容〕企業経営とリアルオプション／基本モデルの拡張／撤退・停止・再開オプションの評価／ゲーム論的リアルオプション／適用事例

早大 森平爽一郎監修
ファイナンス・ライブラリー 6
金融リスクの理論
―経済物理からのアプローチ―
29536-8　C3350　　　　A 5 判　260頁　本体4800円

"Theory of Financial Risks:From Statistical Physics to Risk Management"の和訳．〔内容〕確率理論：基礎概念／実際の価格の統計／最大リスクと最適ポートフォリオ／先物とオプション：基本概念／オプション：特殊問題／金融用語集

上記価格（税別）は 2009 年 3 月現在